人物叢書

新装版

菅《すが》江《え》真《ま》澄《すみ》

菊池勇夫

日本歴史学会編集

吉川弘文館

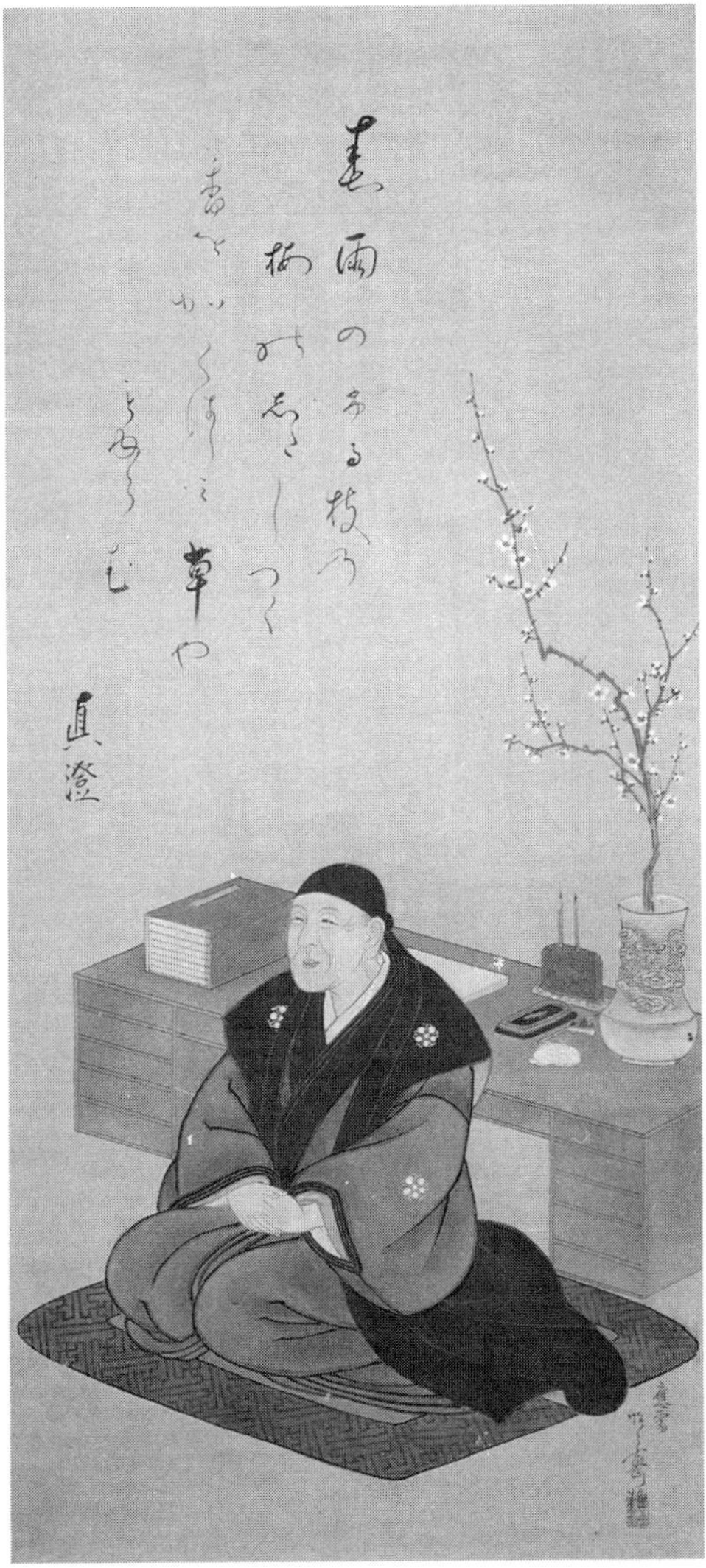

菅江真澄肖像（小室怡々斎模写・大館市立中央図書館蔵）

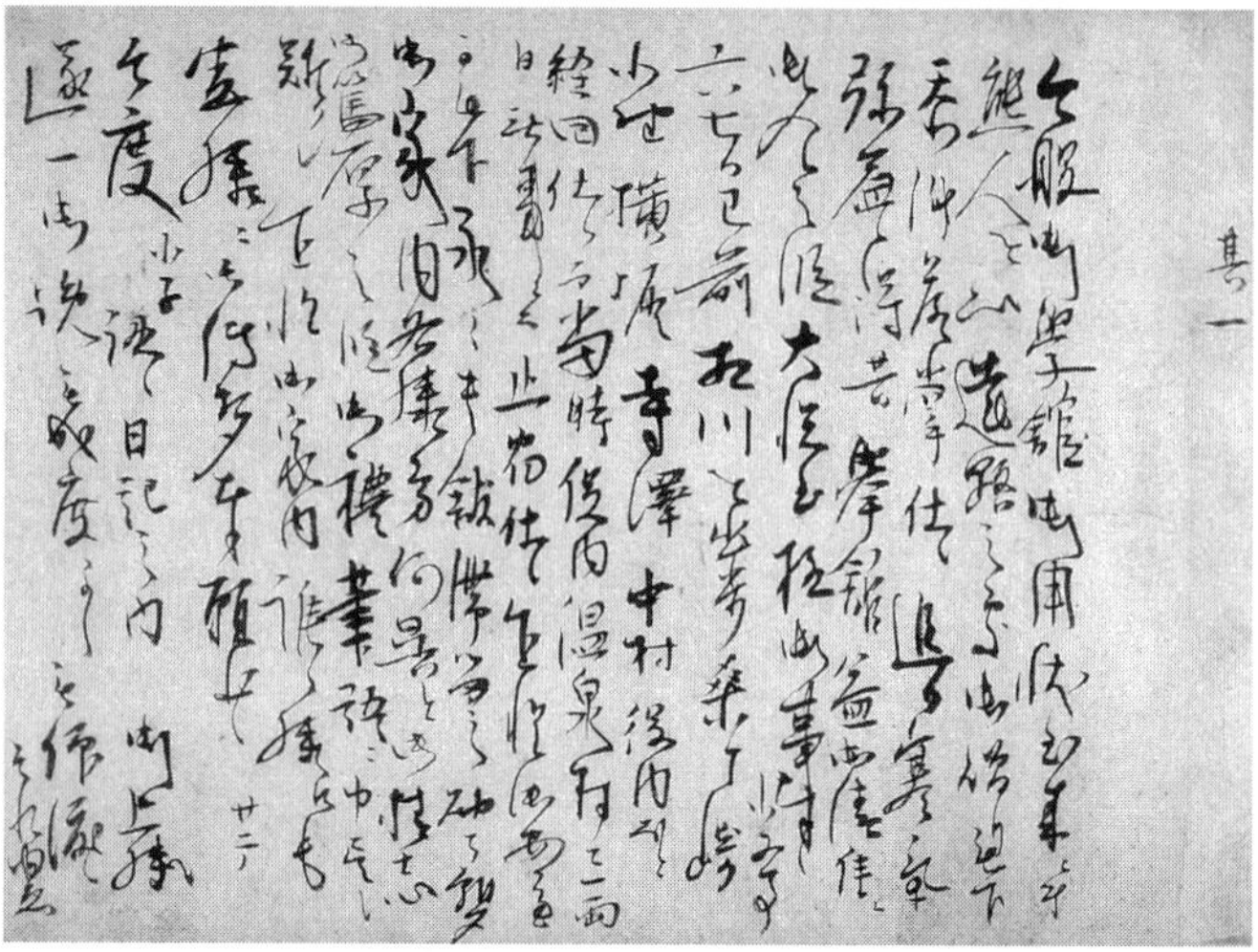

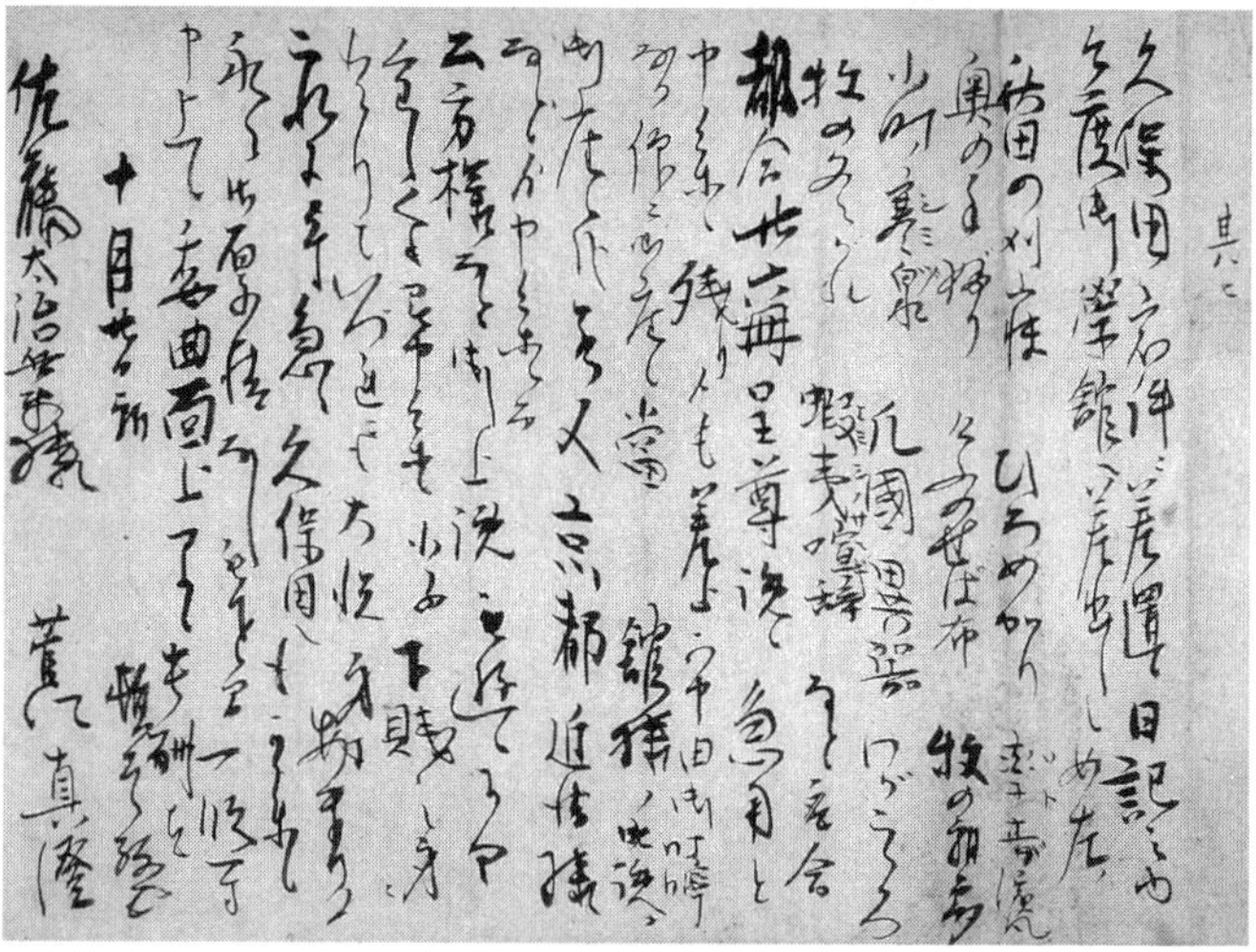

菅江真澄書簡

（佐藤太治兵衛あて，〈文化11年〉10月20日付，秋田県立博物館所蔵）

はしがき

三河の人菅江真澄（白井英二《しらいえいじ》・秀雄《ひでお》）は江戸時代後期の東北および北海道（道南）をよく歩き、それぞれの土地の人々の生活文化や風俗を、日記、地誌、随筆、図絵、和歌といった表現形式を使い、観察・記録した人として知られる。歌人であることを本分としたが、国学《こくがく》、博物《はくぶつ》・考証《こうしよう》、本草《ほんぞう》・医学、さらには宗教的な面にまで関心が及び、知識の幅の広い人であった。真澄の価値をおおいに宣伝した柳田國男《やなぎたくにお》は「遊歴文人」の称を真澄に与えたが、たしかにそれにふさわしい旅にあけくれた生涯であった。

評伝・伝記として真澄を書くことのむずかしさがある。真澄は何か歴史的な事件に関与して活躍したわけでもなく、波乱万丈の立志伝《りっしでん》の人でもない。中央では同時代、無名の文人であった。しかも、自らの生い立ちをはっきりと語らず、東北・北海道の旅でも日記が書かれなかったり失われたりなどして、重要な時期の空白が少なくない。そのために、真澄研究は人生の謎めくところや、わけありげな空白に想像力を向かわせてきた。真澄についてあれこれ語られてきたことが、かえって真澄の像に迫りにくくしている側面もある。

真澄個人の人生を事細《こま》かに調べるより、作品主義と言ってよいだろうか、真澄が残してくれた文や絵や歌を読み解いて、江戸時代後期における北日本地域の、アイヌの人々を含む民衆の暮らしを生き生きと再現してみることに興味を覚えてきた。観察者真澄の記録はそうした失われた過去の、かけがえのない生活・民俗資料の宝庫である。真澄の記事を手掛かりに、他の文書・記録と突きあわせながら、民衆的な奥羽世界を豊かに切り拓いていくことがさまざまに可能である。

ただしそうではあっても、真澄がいつどこを歩き、何を記録したのか、その関心や態度はどのようなものであったのか、一通りの理解を持っていたい。なぜなら、真澄自身もまた江戸時代人であり、時代の息吹を感じながら、学問・文化を一歩前に進める役割を果たしていたからである。本書では感情移入をつとめて避け、真澄自身が書き記していることをもとにして、真澄の行動と観察を淡々と述べることに徹し、そのことによって真澄のめざしていたものが何であったのか浮びあがらせてみたい。自由自在な真澄論を展開してみたくも思うが、それは別の機会としよう。

幸いにして今日、現存する真澄の著作は網羅的に『菅江真澄全集』全十二巻・別巻一

（未来社）に収録されている。秋田の地で研究に没頭した内田武志《うちだたけし》（一九〇九〜一九八〇）ら、先学の努力の達成である。真澄への導きの現代語訳として、これまで内田武志・宮本常一編訳『菅江真澄遊覧記』全五巻（平凡社東洋文庫、のち平凡社ライブラリー）の果たしてきた役割がきわめて大きい。今後もその価値は変わらないだろうが、かなり前の発行であることから、全集以後の諸成果が反映されていない。本書はそのような欠を多少とも補いつつ、コンパクトにまとまった一冊として、『菅江真澄全集』を利用していくさいの便宜となることを願って執筆した。

そのため、本書では煩わしいかもしれないが、真澄がいつどこに宿泊、滞在していたかわかるようにし、真澄が交際した人々の名前は有名・無名問わずほとんど掲載した。一人称的な叙述が交じっている理由でもある。ただ、日々の旅の行程や、何を観察し記録したかは紙幅が許さないので、簡潔を旨とし、取捨選択をしている。和歌そのものも省いた。真澄の作品名は仮題を含め全集本に従ったので、興味がわいたなら年月日、書名などから全集の原文に辿《たど》っていただきたい。

真澄の文人としての個性的な表現・表記も捨てがたく、そのぶん読みにくくなるが現行のかたちに一律に直さず、残したところも少なくない。本文中の片仮名のルビは真澄がつけていたものである。地名にはとくに悩まされるが、できるだけ現在の表記を括弧内に示した。アイヌ語は真澄の表記のまま使用（一部注記）したので、それが正確であるとはかぎらない。さらにいえば、アイヌ文化理解を含め、言葉・民俗・伝説・歴史などの真澄の解釈の是非には、本書はほとんど踏み込んでいない。そこに入り込んでいくと収まりがつかなくなるし、人物叢書のねらいとも違ってくるからである。これらのことを、予《あらかじ》めお断りしておきたい。

二〇〇七年八月

菊池勇夫

目次

口絵

挿図

第一　父母の国三河

一　故郷・家族

菅江真澄の生年

菅江真澄が生まれたのはいつか。秋田市寺内《てらうち》にある真澄の墓碑に「文政《ぶんせい》十二年己丑《つちのとうし》七月十九日卒　年七十六七」と刻まれている。真澄の晩年、身近にいた人たちですらはっきりとした年齢がわからなかった。文政十二年（一八二九）に七十六歳で死亡したと仮定すれば宝暦《ほうれき》四年（一七五四）生まれになる。これが一般に通用しているので、本書でもそれに従っておきたい。

三河国乙見の里人

生前、真澄は故郷や家族についてどのように自らの著作に述べていたのだろうか。まず、出身地について「三河《みかわ》国乙見《おとみ》なる　菅江《すがえ》の麻須美《ますみ》」（『雄鹿《おが》の春風《はるかぜ》』）とか、「此《この》いではなる六の郡を月雪花になすらへてかき集《ツム》は、三河の国乙見《オトミ》の里人菅江の真澄なり」（『花《はな》の出羽路《いでわじ》の目《ナ》（仮題）』）、と記していたことが注目される。前者は文化《ぶんか》七年出羽秋田領の男鹿《おが》半島を旅したときの日記の序文に書かれている。この年あたりから一般にその名で知

乙見荘岡崎

られる菅江真澄を名乗るようになった。後者は文化十年春、秋田領の地誌編纂のプランにあたって記したものである。真澄は出身地として「乙見」をつよく意識していたことがわかる。乙見は、他の箇所にも「あが栖《すめ》る国三河の都《ぬか》(額)田《た》の郡乙見の荘、岡崎《おかざき》の旭山の神の前にかな石といふあり」(『雄賀良能多奇《おがらのたき》』)、「三河国額田郡弟見《おとみ》荘乙見とも岡埼(崎)ノ駅《ウマヤ》」(『布伝能麻迩万珥《ふでのまにまに》』、以下『筆のまにまに』とする)、「わが父秀順かたりて云、三河国額田郡乙見庄岡崎の北野の菅大臣《かんだいじん》ノ社は……」(『乙随筆』)と書かれており、岡崎が乙見荘(庄)に含まれていると認識されている。この真澄の記述を信用するかぎりは、岡崎あるいはその付近の出身と考えるのが自然であろう。

父母の国

ただ、混乱を招きかねない書き方をしているのも否めない。たとえば、「父母の国」という表現で、「梅嶺禅師とて、あが父母の国、三河の宝飯《ホイ》郡新城《シムシロ》といふ郷《トコロ》より産《イデ》て此《この》寺の住持たり」(『はしわのわか葉《ば》』)、「あが父母の国、吉田ノうまやなる殖《うえ》(植)田義方《だよしえ》」(同前)などのように、父母の国がそのあとに書かれる地名に直接かかると読めば、宝飯《ほい》郡《ぐん》新城《しんしろ》とも吉田とも解釈できてしまう。また、寛政《かんせい》元年(一七八九)に西蝦夷地《にしえぞち》の太田山《おおたさん》に登ったあとの帰り道、松前《まつまえ》近くの原口《ハラクチ》村で、土地の長から「三河の国宝飯郡牛窪《うしくぼ》村のすぎやう(修行)者」のことを聞き、「あがくにの名さへ聞さへゆかしきに、まいて、わが親ますかたのちかどなりの里なるをと」(『えみしのさえき』)、故郷を大変恋しく思ったと記し

名古屋
熱田神宮
加茂郡
北野
刈谷
矢作
岡崎
大平
碧海郡
明大寺
乙川（菅生川・大平川）
鳳来寺
新城
額田郡
矢作川
矢作古川
宝飯郡
豊川
幡豆郡
牛久保
八名郡
吉良
吉田（豊橋）
高須新田

三　河

ている箇所がある。牛窪（牛久保）村は宝飯郡で、渥美郡《あつみぐん》吉田（豊橋）の北隣に位置しており、岡崎を基準に近隣の里というには確かに微妙な地理感覚である。豊橋出生説の主要な根拠にあげられるゆえんである。

豊橋出生説

「父母の国」あるいは「あが国」というのは、ほかの「儀弁上人のすめる宝栄寺は、そのかみ、あが国碧海郡苅屋てふ里より、……この科埜《しなの》の国に来る」（『来目路《くめじ》の橋《はし》』）、「あが父母のくにべ三河路にも戸鹿《とが》の岳ありて」（『小鹿《おが》の鈴風《すずかぜ》』）、「な、え《（七飯・七重）》といふ処のあひの《（アイヌ）》、……一とせ、あが国岡崎のうまやに来りて」（『かたゐ袋《ぶくろ》』）といった表現と合わせて考えると、三河国をさして使っていることは明瞭であり、それ以上に吉田、新城、苅屋（刈谷）、岡崎といった地名を出身地として特定できるわけではない。いっぽう、牛久保村についての近隣感覚も、岡崎の額田郡と牛久保の宝飯郡は接しており、松前という遠隔地にあっては近隣と書いてもおかしくはない。真澄が故郷を「乙見」としていることを覆すだけの根拠とはなりがたい。

真澄があげる郷里の地名

真澄の出身地を探るには、著作に三河のどのような地名、名所、寺社などが出てくるのか、それに対する親近性を吟味してみるのもひとつの方法であろう。真澄は、自分は「三河ノ国人《クニウド》」である、若い頃尾張の国にいたので三河の国と疎遠だが、「をさなき《（幼）》より聞なれて知る事多し」（『筆《ふで》の山口《やまぐち》』）と述べている。かえって子供のころの郷里の見聞が脳裏に刻まれているに違いない。

岡崎への親近性

それらを列挙するのは紙幅の都合上省略するが、結論的にいえば、額田郡、宝飯郡、碧海郡、加茂郡に関する地名などが多くあげられ、とくに岡崎およびその付近に慣れ親しんできたように思われる。前述の岡崎の旭山の神の前の「かな石」をはじめ、「太平《おおひら》（大平）村の西に一ノ沢、二ノ沢、三ノ沢といふあり」（『月の出羽路』）、「岡埼（崎）ノ駅《ウマヤ》の北へ一里斗往《ばかりいき》て箱柳《はこやなぎ》といふ山郷《ヤマガ》あり」（『筆のまにまに』）、「明大寺《みようだいじ》村古道にして菅生《すごう》ノ河南に在り、古跡多し」（同前）、「三河国岡崎の駅、名栗いにしへ大なる栗の樹ありしゆへ、此名ありて、なぐり村といひしが今は町となりて投町《なぐりちよう》といふ」（『かたゐ袋』）などと書いているように、土地勘が、他の地域以上にみられたことは確かである。また、土地にまつわる伝承でも、たとえば、乙《オト》川荘小豆坂《アヅキ》（古戦場）の近くに「耳取堤《ミヽトリナハテ》」というところがあり、日暮れて通れば「耳取り」という「へんぐゑ（変化）」の者が出て、人の耳を引切って去る（『月の出羽路』）、あるいは

浄瑠璃姫伝説

三河国矢作《やはぎ》の金高《かねたか》長者の丁女《ムスメ》である「浄留利《じようるり》（浄瑠璃）姫」が「御曹司《おんぞうし》牛若君」を慕って、「菅生川《スガフ》」に身を投げたので、今そこを「浄瑠璃淵」と呼ぶ（『筆のまにまに』）、などと詳しく紹介している。真澄にとってかけがえのない郷里の伝承なのであった。もちろん、このような土地勘のあるなしが、ある時期に居住していたことを示唆するにしても、ただちに出生地を証明するものではない。

菅大臣

真澄は白井が本姓であったが、菅江姓に改めたのは何に由来するのだろうか。「菅大臣御神」（菅原道真、天神）について、文政六年（一八二三）正月、久保田（秋田）の住居にあって、大切な神々や身近な人たちの亡霊を祀ったときに、「みとしの御神をはじめ、黄金山《クガネヤマ》ノ御神、大汝《オホナムチ》ノ御神、小彦名《スクナビコナ》ノ御神、菅大臣ノ御神、白井太夫ノ御神……」（『笹ノ屋日記《ささのやにっき》』）と述べていることや、「わが父秀順かたりて云、三河国額田郡乙見庄岡崎の北野の菅大臣ノ社は、菅公飛梅《かんこうとびうめ》を内に納めて造り奉《たてまつ》る神像たり」（『乙随筆』）と、岡崎の天神社の由来を父から聞いてよく知っていたことなどから、特別な感情を抱いていたように窺われる。そこから、菅江の菅は菅大臣から採ったもので、菅原道真につながろうという系譜意識の表出であると考えることも不可能ではない。

菅生川

しかし、菅江は江とつく以上、大きな川や入り江がイメージされているのではないか。すなわち菅生川の存在であるが、右にあげたほかにも、「大平《おおひら》川の末、菅生川と名かはり、矢矧《ヤハキ》河に落入る其《その》渡リに近く、志加須賀《シカスガ》の渡《わたり》あり」（『華の山口』）、「岡崎をかさき川崎の名古《モト》は菅生村也、大屋川の末を菅生川といへり」（『華能《ふでの》しからみ』）と、菅生川を繰り返し説明している。真澄は大平川の別名が大屋川、また別の箇所ではその川を乙川《おとがわ》ともいい、豊川、乙川、矢作《やはぎ》川を三河の三川と呼ぶとしている（『雪の出羽路』）。岡崎城下で東の方から流れてきた乙川と北の方から流れてきた矢作川とが合流するが、合流前の乙川が菅生川であった。

竹村治左衛門

また、「岡崎も菅生郷《フガフノサト》と云ひしとなむ」（『筆のまにまに』）というのが真澄の理解であった。菅江には岡崎の菅生川が確かに反映している。「三河のくに（国）う（人）と、菅水斎」（『百臼之図《ももうすのかた》』）と記した感覚も同様のものがある。

岡崎・菅生川
（中央奥の橋近くに浄瑠璃淵・成就院がある）

こうしてみると、乙見荘といい菅生川といい、かぎりなく真澄の郷里意識は岡崎あるいはその付近にありそうだ。ただし、出生地を明確に示す史料が出てこない以上、そのことをもって渥美郡（豊橋市）出生説が完全に否定されたわけではなく、岡崎が真澄の出生地として有力であるというにとどめておきたい。

真澄の死後だいぶ経ってからのことであるが、石《いし》井《い》忠行《ただつら》（秋田藩士、一八一八～一八九四）の『伊《い》頭《ず》園《えん》茶話』二十（明治十年、十一年頃、秋田県立公文書館所蔵）のなかに、仙《せん》北郡六郷《ぼくぐんろくごう》の竹村治左衛門が記した「菅井真澄翁之在処」に関する書簡（安東様宛）が掲載されている。治左衛門の「愚父」が「三河国熱海郡雲舟荘入文《イブミ》村白

高橋克己

山本善蔵

井氏某之二男菅井真澄、菅公之家臣白太夫之末孫之由、白井氏なるを菅井とまきらし候事、真澄翁ある時ひそかに咄致候」を書きとめていたのだという。真澄の死後、竹村の親類が上京のおり、死亡を告げ知らせたところ、真澄の親類がこれに驚き、集って「時斎」したといい、「余程の大家」で「郷士」のように見えたとしている。生家を探索した人々を悩ましてきた記述である。同じく竹村から聞いた高橋克己によれば、訪ねたのは六郷村熊野宮神主熊谷政治であった（真崎勇助『やみ津々理』巻八）。菅井（菅江）はもちろん、雲丹は吉良《きら》であるとすれば幡豆郡《はずぐん》であり、また入文《いぶみ》村の村名はあるものの八名郡《やなぐん》に属し、熱海（渥美）郡とするのははなはだ正確さに欠けている。

また、真澄の遺骸を埋葬し墓を建てるのに貢献したのが鳥屋長秋《とやのながき》であるが、その甥の山本善蔵がやはり真澄の故郷を訪ねたところ、「農家なからゆゑよしある家と見え、かさ門《モン》の構ひ」であったという（『伊頭園茶話』二十）。近藤恒次は、秋田人が尋ねたのは真澄が「まなびのおや」とした植田義方の高須《たかす》新田の別宅だったのではと推測しているが（『賀茂真淵と菅江真澄』）、後述の義方との関係から、そのように考えると辻褄があいそうである。

つぎに真澄は自分の家族のことについてどの程度に書き残していたのかみてみよう。前述のように、岡崎の天神社の由来を語った父の名を秀順としていた。また、文政六年

父菅江秀真

正月の霊祀りのさいには、先に引用した神々のあとに「おの（が）父《オヤ》菅江ノ秀真《ヒデマサ》ノ神霊《ミタマ》、千枝姫ノ神霊、磐比咩ノ神霊、那賀吉ノ神霊、鄧咩比米ノ神霊、須波比売ノ神霊、檞谷治郎右衛門尉成忠、山本、丹波、山田、また、雄勝郡山田家、諸々《モロ〳〵》の神霊、蠣埼家ノ文子《アヤコ》ノ御方神霊、陸奥ノ国胆沢郡長者神第《ヤシキ》鈴木常雄、また、畠中忠雄、糠ノ部ノ郡和歌山、熊谷、菊池統、河嶋、中嶋、渡リ島下国家」といった人たちの名前をあげている。晩年を迎え、「生ひそだちたる三河、尾張のわきて忍ばれ」る心境であった。ここでは父の名を秀真としている。千枝《ちえ》姫は母であろうか。以下、兄弟、親族らしき人の名前が見えるが確かなことはわからない。陸奥・出羽の旅先で世話になった人々については後で述べることになる。

亡母の霊祭り

母は真澄が長い旅に出た天明三年の時点にはすでに亡くなっていた。それは、信濃の本洗馬《もとせば》に滞在中の真澄が、七月十三日の盆に家に入って「たままつり（霊祭り）」の閼伽《あか》棚《だな》に向うと、「世になき母弟の俤《おもかげ》」が浮かび、知らない国まで立ち添ってくれているのかと涙が落ちてきて、水掛草（みそはぎ）を手に取って歌を詠んだ（『委寧能中路《いなのなかみち》』）、と記していることから判明する。異本によると、「歌かきて御仏の御前にすへたり」と、和歌三首をささげている。同地で真澄を慕った三溝政員《まさかず》の『政員の日記』（『新編信濃史料叢書』十）によると、同年の十一月末のある日が、三河の国白井秀雄のぬしの「なきたらちめの三年の魂祭る日にあた」ったとしており、三回忌だとすれば天明元年の十一月末のある日に母が死亡していたことになる。郷里を旅立つとき「父母にわかれて」と書いているから、それが文学的修辞でないならば、父は別な女性と再婚していたことになる。旅に出たまま郷里に帰ろうとせず、また音信不通にもみえる事情はどこにあったのか、それは不明というしかない。

真澄の叔父

真澄の親族では禅宗の僧侶をしていた叔父のことが日記に出てくる。天明四年七月一日、信州筑摩郡の湯の原（湯ノ原）で温泉につかったが、そこで玉島《たましま》（岡山県）の円通寺の国仙和尚と偶然出会っている。この和尚は「わが叔父なりけるぜじ（禅師）の、のりのこのかみ（法の兄）にて、つねに聞をよびて、世中に名だたる人」であり、「ゆくりなう今まみえしもうれしく、なにくれとかたら」ったという（『来目路の橋』）。真澄自身、旅先で寺院を訪ね泊ることが多く、僧侶との交際が濃密である。このような寺院への親近感には叔父の禅師の存在が影響を与えていたであろうし、あるいは子供のころ寺院で過ごした経験があったのかもしれない。

鶇羽軒白井秀菊

真澄の先祖については、文政六年夏五月に真澄が渡辺公（秋田藩医渡辺春庵）に与えた『菅江氏家方』（家伝薬の製法書）に「鶇羽軒百歳翁」すなわち白井秀菊翁の記述がみえる。秀菊は「上祖白井太夫より七代ノ孫」にあたり、「産婦に良薬をあたへて民村に草庵を造り」、鵜羽軒と称したという。また、「寿星散」を処方して「人にあたふに、その里に難産のなき事をあやしみて、秀菊翁は神仙ならむ」といわれるようになった。翁は八十歳を越えてからは百歳と言っており、その玄孫が五十歳であったことからすれば百三十余歳まで存命し、「大和路にいにきとのみ」最期は言い伝えられているという。民間医療者としての家柄を真澄は自己アピールしていたことになる。

白井太夫

白太夫（度会春彦）

「白井太夫」にも言及しておく必要があろう。内田武志は真澄には「白太夫の子孫」という意識が強かったとし、それを手掛かりに生家の職業について推測している。白太《しらた》夫《ゆう》は近世浄瑠璃の世界で、近松門左衛門『天神記』や竹田出雲《たけだいずも》らの合作『菅原伝授手習《すがわらでんじゅてならい》鑑《かがみ》』などに菅原道真《すがわらのみちざね》の忠臣として登場し、また講談などでその名がよく知られるようになった架空の存在である。白太夫すなわち度会春彦《わたらいはるひこ》という伊勢神宮の神人が道真の説話に登場してくるのは、室町期頃の『菅家瑞応録《かんけずいおうろく》』以降のことで、それ以前の『天神縁起』の絵巻類（絵解）には出てこない。伊勢神道系の神道講釈が白太夫の誕生に深く関わっていたという（中村幸彦「『菅家瑞応録』について」、『菅原道真と大宰府天満宮』所収）。真澄は厳密にいえば白太夫とは記していないが、白井姓であることを白太夫・道真の関係に重ね合わせ、先祖を白井太夫と称したのは間違いない。ただし、それは歴史の古さに支えられた何か特別の系譜意識にねざしているというより、今はやりの白太夫説話を利用して、家

神仙イメージ

伝薬の妙法を伝える百歳翁の「神仙」イメージを強調するために言い出した、そのような疑いが濃い。

真澄の生家をめぐっては大きな農家、郷士、神官、修験者、回国者の宿などと言われてきたものの、まだ定かな像は結ばれていない。ただ、少なくとも、民間医療者の系譜を意識し、親族に禅宗の僧侶がいたことは明らかである。真澄は亡霊を祀るさいに神霊と呼び、神道に深く傾斜していた。これらから、医薬や宗教に慣れ親しみやすい環境に生まれ育ったのは状況的に動かないだろう。

二　学問形成期

尾張への愛着

真澄は「生ひそだちたる三河、尾張のわきて忍ばれて」(『笹ノ屋日記』)と、晩年述べているように、郷里の三河とともに尾張に対する愛着が強かった。尾張については、「おのれあげまきのむかし、尾張ノ国に在りしとき、熱田ノ神社《ミヤシロ》の神禄《ミフミ》(録)とて見し事あり」(『筆のまにまに』)、あるいは「おのれ童《アゲマキ》のむかし、尾張ノ国に在りて、名古屋ノ橘町といふ処の古物店に……」(同前)などと述べており、「あげまき(童)」の頃から尾張で暮らしていたかのように書いている。

「あげまき」(総角)は童形の髪型であるが、元服以前の少年時代のことばかりをさしているわけではなさそうである。三河を旅立ちした三十歳のころ、「われあげまきのむかし」に信州の更級《さらしな》や姨捨山《おばすてやま》の月見に出かけたと述べるが(『委寧能中路《いなのなかみち》』)、一方でその旅は「十とせ余りむかしの秋」(『科野路旅寝濃記』)ともしており、そうすれば二十歳近くの年令でなければならない。一人立ちするまえの学問修養期を文学的修辞でそのように表現しているのだろう。

丹羽謝庵

やや年令が前後することになるが、まず尾張時代の真澄についてわかっていることから述べることにしよう。どのような学びの機会をもったのか不明の部分は多いが、名古屋の画家丹羽謝庵《にわしゃあん》(嘉言《よしのぶ》、一七四二〜一七八六)に安永六年より書(漢文)を学んでいる(『菅江真澄全集』別巻一、以下『全集』と略記)。岡崎の旧国分家文書にある真澄自筆の、「超」と自らの名を記した『般室記《ばんしつき》』(安永《あんえい》七年十月)、『石居記《せききょき》』(安永八年春)は、「よしのふのぬし」すなわち嘉言の庵室のもとにあって書かれた歌文である。嘉言は『謝菴醒筆』に「三河岡崎の白井知之《ともゆき》」と記し、「白生」は生まれながらにして和歌を知っていると、その天資と切磋琢磨する姿勢を高く評価していた。

嘉言の『湖東游記《ことうゆうき》』『胆吹遊草《いぶきゆうそう》』は、嘉言以下、源忠貞(篤卿)、白井超(字高甫)、外村諒久(彦翁、彦根人)の四人が、安永九年(一七八〇)五月二日名古屋城下を出発し、同四日、

伊吹山の薬猟

近江の伊吹山《いぶきやま》に登り、当帰《とうき》、川芎《せんきゅう》、防風《ぼうふう》などの薬草を採取したときの紀行で、白超（白井秀超）が詠んだ和歌を書き載せている。琵琶湖の竹生島《ちくぶしま》に遊んで九日に戻った。真澄はのちに、「おのれいと〳〵わかかりしとき、それのとしの五月五日、薬猟《クスリカリ》すとて近江の胆（伊）吹山に人にいざなはれ登」ったと書いているが（『筆のまにまに』）、一日ずれているものの、嘉言らとの採薬の旅をさしているのは間違いない。また、男鹿《おが》の寒風山《かんぷうざん》について、「山の形《スガタ》は、近江の伊吹山の面影あり」（『恩荷奴金風《おがのあきかぜ》』）と述べていたのも、その登山の確かな記憶である。

和歌の才能

知之（秀超）の和歌の才能については、嘉言が知之十二、三歳ころに初めて詠んだ和歌を『謝菴醒筆』に書きとめ、「洞宗」（曹洞宗）の和尚がこれを聞いて感心したよしのことを記しており、子供の頃から注目されていたようだ。安永三年に刊行された『初老寿詞集』（『岡崎市史』一三）は、岡崎材木町の三浦三甫の四十歳を祝って編まれたものだが、

岡崎の知之

これには名古屋や岡崎の文雅の人たちが和歌を寄せ、そのなかに岡崎の知之のものも掲載されている。この知之が真澄であるとすれば二十一歳頃にあたり、名古屋・岡崎を結ぶ文人ネットワークのなかに身を置いて修業し、和歌の作り手としてすでに一人前と認められてのことだったろう。

真澄の秋田時代のことであるが、尾張出身の四十歳余の「盲人《メシヒ》の法師」に「あつたの

栗田知周

かみぬし栗田左衛門知近の事」を聞くと、「したしかりけるよし」語ったという（『をかたのっと』断簡）。真澄は栗田知近（知周）と面識があったので質問したのであろう。前述のように「あげまきのむかし」熱田神宮の神録を見たと言っているが、知近を介してのことであったか。熱田神宮については他にも「熱田ノ宮の垣《ミカキ》の内に楊貴妃ノ宮とてあり……」（『花のしぬのめ』）とも記し、真澄はよく知っていた風である。

内山真竜

尾張時代であろうか、「おのれいと若かりけるとき」に遠江の真竜《マタツ》や駿河の土麿《ヒヂマロ》などを訪れたとも記している（『筆のまにまに』）。真竜は遠江二俣の国学者内山真竜《うちやままたつ》（一七四〇～一八二一）のことで、真竜の日記に、安永六年（一七七七）二月二十日「三州岡崎伝馬町白井幾代治知之者来乞哥、此人今体冷泉家風ヲ習者也、止宿」、翌日「客去」とあり、幾代治《きよじ》すなわち知之が歌人真竜を訪ねていたのは確かである。

栗田土満

駿河の土麿は遠江《とうとうみ》国城飼《きこう》（城東《きとう》）郡の平尾八幡神主栗田土満《くりたひじまろ》（一七三七～一八一一）で、万葉調の和歌を詠んだ人であった。尾張・三河のみならず評判の高い歌人・国学者を訪問し、歌の実力をためしつつ教えを乞うたのだと思われる。

アイヌの伊勢参詣

真澄はいつごろから名古屋で勉学を始めたのであろうか。『かたゐ袋《ぶくろ》』（寛政《かんせい》元年序）に、二十年余り前、それが正確なら真澄が十五、六歳頃のことになるが、「な、え」（七重・七飯）という所の「あひの」（アイヌ）が髪髭を剃り「しやも」（和人）に混じって伊勢参詣のために「あが国岡崎のうまや」に来て、六供坊の何がしの寺に泊った、その言葉などアイヌとは思われなかった、などと書いている。その頃はまだ岡崎に居住していたのだろう。

花井臼

また、『百臼《ももうす》之《の》形《かた》』を編むきっかけになった花井臼の一件、すなわち名古屋の唐本屋勘右衛門の家（花井の家）にあった「くたけたる臼」を香にして冷泉為村《れいぜいためむら》卿にもたらし評判となったのは安永元年（一七七二）のできごとというから（『全集』九解題）、十九歳頃にはすでに名古屋に出ていたことになる。「あげまき」の頃から尾張にあったといっても、尾張時代の足跡を追ってみると、判明するのはいずれも十代末から二十代の半ば過ぎの頃のことであった。そこからは和歌の名手としての真澄ばかりが浮かんでくる。

真澄の医業意識

しかし、丹羽嘉言らとともに採薬の旅をしていたように、本草や医学にも関心をもち学んでいたのは間違いない。晩年に、秋田領の所々にある「接骨《ホネツキ》薬《グスリ》水虎《カッパ》相伝」の「医術」について、「尾張の浅井家の如し」と述べていたが（『雪の出羽路』）、尾張で医薬を学んでいたことを窺《うかが》わせる微証にはなろう。そして、なにより、真澄が天明五年七月、久保田の吉川《きつかわ》五明《ごめい》（一七三一〜一八〇三）を訪問したさい、『五明住所録』に「尾張駿河町　白井英二医」と記されたことは重要である。歌人であると同時に医者であることの自覚があり、そこには白井秀菊以来の家職としての医業意識が強く働いていたように思われる。

医者との交際

真澄は天明三年旅立ちのあと信州に入るが、その信州では、七窪（七久保《ななくぼ》）の「三石三春といふくすし、あがふる郷に来てしりつる人」（『委寧能中路』）、「松本の郷のくすし沢辺何がしは、十とせのむかし、その里の小松有隣、吉員など、月のむしろにかたらひし人」（『委寧能中路』）、「いもゐ」（芋井）の里のくすし山本晴慎を訪ねたさいには「いと久しなど、むかし相見しものがたりせり」（『来目路の橋』）とあるように、過去に交際のあった医者と自ら望んで再会している。医者としての真澄の職分意識がそのような訪問先にもあらわれている。その後の出羽・陸奥の旅でも同様であった。

名古屋時代のことについていえば、「童《アゲマキ》のむかし」に名古屋の橋町の古物店で、くさぐさの調度を見ていて、琵琶の筐《ハコ》に引かれ、どんな名器か人々に問うことがあった（『筆のまにまに』）。これなども古い物に興味を持つ真澄の性癖を示し、考証的・考古的態度につながっている。

植田義方

真澄の学問形成を考えるさい、三河吉田《よしだ》（豊橋）の植田義方《うえだよしえ》（一七三四〜一八〇六）との関わりが、大きな意味をもっていただろう。植田義方について、賀茂真淵《かものまぶち》翁に学び、俗名は「うゑ田や七三郎」と言って、自分も「一たひまなびのおや」とした人である、たいそう長命な翁で、秋里籬嶋《あきさとりとう》の『東海道名所図会』にも義方が所々に出ている（『木曽路名所図会』欄外書込）、と書き、学びの親、学問の師匠としての位置づけを与えているからである。また、天明《てんめい》六年正月末のことであるが、平泉のあたりを歩いていた真澄は毛越寺《もうつうじ》の衆徒《すと》某二人が比叡山に登るといって旅立つというので、この法師たちに故郷への書を頼んだが（『かすむこまかた』）、その出した先が「あが父母の国、吉田ノうまやなる殖田義方」であり、その書《フミ》の返事《カヘシ》が同年四月に真澄のもとに届いている（『はしわのわか葉《ば》』）。旅先の真澄が「父母の国」三河とどのような手紙（情報）のやりとりをしたのか、いまのところ義方が唯一の受信者として知られるにすぎない。義方の家は宿場の問屋であったから、義方を媒介に父母や郷里の人々へも真澄の手紙が届けられていた可能性はある。

真澄から義方への贈品

植田義方は吉田宿本町《ほんまち》の高須嘉兵衛の二男に生まれ、同宿札木町《ふだぎちょう》の問屋植田喜右衛門家に養子に入った。植田家の親類でもあった賀茂真淵の門人となり、和歌、俳諧や詩文をよくし、地域文化のリーダー的な存在であった。植田義方には旅先の菅江真澄から物品が送られ、それが同家に保存されている。物品は(1)陸奥真野萱原の尾花（天明七年丁巳（未）十一月七日、白井英二生ヨリ送来ル）、(2)松前鶴之思ひ羽（天明八戊申十一月一日至、白井英二贈之）、(3)西蝦夷地ヲタルナヰ夷人ノマキリ（寛政十一年己未九月廿日至、白井英二ヨリ）、(4)呂斯委夜《ろしいや》乃世珥《のぜに》（享和元年辛酉六月十二日至、陸奥津軽深浦白井英二）の四点である（近藤恒次『賀茂真淵と菅江真澄』）。(3)のマキリは失われているが、下北半島の田名部より三里ほどのスナゴマタ（砂子又）の田中平兵衛が西国所々を参詣した帰りに届けてくれたものであった。(4)は一七九一年に発行されたロシアの二五カペイカ銀貨一枚である。寛政四年ラクスマンが来航したのは、真澄が松前から下北に渡海してまもないときであったが、どこからそれを入手したのかはわからない。

国風俗

白井秀超・幾代二

植田家にはそのほかに『外浜奇勝《そとがはまきしょう》』と『雪乃母呂太奇《ゆきのもろたき》』の断章を一冊に綴じた真澄の自筆本が残されている（近藤前掲書）。これも真澄が送ったものである。また、同家所蔵の『国風俗』（東遊風俗歌）の写本奥書には、真淵所蔵自筆書入本を写していった経過が記され、本居宣長《もとおりのりなが》、田中道麻呂（道麿《みちまろ》）のあとに「同（安永）七年戊戌《つちのえいぬ》八月十八日白井秀超」の名がみえ、そこに「白井幾代二主ノ書也」と付箋がつけられている。弟子にあたる秀超・英二に「主」の敬称はやや不自然であるが、由緒正しい写本を写して義方に与えた秀超（幾代二）に敬意を表してそのように書いたものか。

国分伯機

それでは真澄はいつごろ植田義方を学びの親としたのだろうか。植田義方と岡崎の国《こく》分《ぶ》家とは親戚関係にあったことが明らかにされている（新行和子『菅江真澄と近世岡崎の文化』）。真澄が吉田近くの生まれなら子供の頃から義方に出入し和歌などを学んでいたとみてもおかしくないが、岡崎であるとすると、新行の指摘のように両者の接点をなす国分伯機《こくぶはっき》の市隠亭《しいんてい》を通じてのつながりであったことになろうか。旅に出てから義方にたびたび珍しい物や草稿を送っていたことは、旅に出る前の何年かは義方との密な関係が築かれていなければ考えにくいことであるが、そうした師弟関係が子供時代に遡るのか明らかではない。

童の時

『筆のまにまに』のなかで、真澄は「おのれ童の時」に遠江の「秋葉詣《マキリ》」のついでに中ノ合《なかのごう》（中ノ郷）村の飛神ノ社に寄ったと述べている。勾玉《マカタマ》を飛神《とびがみ》として祀っているのでその名があり、神主渡辺某に勾玉をみせてもらっている。同様の記事が『かたゐ袋』にもあり、「あが国植田なにがしの云」として『金葉集（金葉和歌集《きんようわかしゅう》）』にある「寄石恋」と題された和歌に詠まれる「とふ《（飛）》石神」が、この飛神であろうかと記す。これを聞いたのが「童の時」とすれば、子供の頃より義方に学んでいた証にはなる。

太田之路伎

他に真澄が名前をあげている人物には、『筆のまにまに』に「いにしへ、日本武尊《やまとたけるのみこと》のもたまひし燧嚢《ヒウチフクロ》の古図《カタ》を、たきの綾足より伝へしとて、三河の志良岐が贈りしを、近きころまでもちしが」云々《うんぬん》とみえる志良岐がいる。太田之路伎、すなわち赤坂宿の旅宿梅屋新右衛門のことと考えられ（近藤前掲書）、建部綾足《たけべあやたり》に絵や歌を学んでいる。また、天明三年（一七八三）故郷を旅立ってのち信州の飯田《いいだ》宿でたまたま出会った中根某という人物がいる。中根について「ふた歌を手ならふはじめより、あさゆふなりむつびたる」（『委寧能中路』）と書いているから、子供時代の手習い仲間ということになろうか。

真澄は大和の大峰《おおみね》に登った経験を持っている。『華《ふで》の山口《やまぐち》』という文政五年（一八二二）の

吉野の嶽に登る

日記に、「一とせ大峯山上まゐりの人とらにいさなはれて、吉野の嶽にのほ」ったとき、桜苗を売り歩く童から買い取って植樹したという思い出を記している。またその登山と関係していると思われるが、「いとわかかりけるころ」の七月《フミヅキ》六日夜、大和の七日ノ市に宿泊し、翌朝宿を出立するとき、主《アルジ》の妻から女《メ》ノ童のために「歌にまれ発句《ホク》にまれ、せめて一筆《ヒトフデ》もの」を書いてほしいと頼まれ、歌を詠んで紙に書いてあげたという（『雪の出羽路平鹿郡』）。ここでも、和歌を詠む真澄のすがたがみられるが、修験者となるための峰入りの修行を真澄が体験したのであろうか。他にも、奥羽の山を登っていて、金の御嶽（吉野）、大峰を思い出すことが少なくなかった。

富士詣

　旅の経験としては、「童なるとき」というが、人に誘われて「富士詣《マウテ》」したことがあった（『筆のまにまに』）。このときは三穂（三保《みほ》）ノ浦、久能《くのう》御社（久能山東照宮）などを巡り、清水の白子氏の家に泊り、大淀三千風《おおよどみちかぜ》の書を見せてもらったという。前述の秋葉詣もこのときであったか。また、津軽の百沢寺《ひゃくたくじ》に行ったとき、都にたとえていえば、大徳寺《だいとくじ》に似ていると書いているから、京都体験もあったに違いない。下北の地で、都にいる父母のもとに帰ったと夢を見ているのも、京都が知る土地だからであろう。さらに、信濃の姨捨山の月見に十代の末頃に旅行している。その当時知り合いになった人々と再会するが、それについては第二で述べることにしよう。

三　旅立ちへ

市隠亭での秀超

安永九年（一七八〇）五月の伊吹山《いぶきやま》の旅以降、天明三年（一七八三）の旅立ちまで、真澄の活動の中心は岡崎にあったようである。年不詳であるが、八月十二日の夕、市隠亭に友人達が集い、あるじの求めによって「からうた」や「やまと歌」を銘々つくり、秀超（真澄）も歌一首を詠んだ（『市隠亭記』）。この市隠亭は岡崎伝馬町の塩問屋の主人国分伯機（通称次郎左衛門、隠居後右兵衛）が設けた書斎で、岡崎の文人サークルの拠点となっており、秀超時代の真澄もそこに出入していた。丹羽嘉言の庵室について書いた『般室記』、『石居記・をかの春雨』が岡崎に伝存したのは、そのようなパトロン的な伯機と真澄の関係によるものだろう。真澄が真竜を尋ねたときに岡崎伝馬町と居住地を述べたのも、あるいはこの市隠亭の場所を念頭に置いていたのかもしれない。

歌を所望される

旅立ち前の真澄の活動は、後に信州本洗場《もとせば》で交際のあった加児永通《かにながみち》のもとに置かれた『ふてのまゝ』に綴じられた断章類によって窺うことができる。そのひとつ「子のとし試筆」は安永九年の執筆かと思われるが、そこには真澄が、「夏目なにかしのちこ（稚児）の書たりける雪といふ文字のうへなるところにうたかけとてある人もて来りしに」詠んだ歌や、「ある人たのみこしたるけるによしのみのぬし夏山に松の秀たるかたをかきけるかたはらに」詠んだ歌などが記されている。歌人としての地域社会での真澄の評価がさだまり、書や絵に和歌を所望されることが増えてきたのであろう。また、文通が絶えていた人に歌を贈ったり、福島の里（岡崎藩の福島《ふくしま》新田か）の八十八歳を迎えた人に歌を贈ったり、伊勢国の行岡なにがしの四十歳記念に詠んだ歌などもある。

兵藤某の七回忌

この「試筆」によると、四月十八日には朝早く起きて竜泉寺《りゅうせんじ》の観世音に詣でて歌を詠んでいる。翌年（天明元年）になろうか、二月二十二日には兵藤なにがしの七回忌があり、岡崎郷の大林寺にはその流派の人々が集り、真澄も仏前に和歌をたむけた。歌人・文人として一人立ちしようとする真澄のすがたが浮かんでくるが、「試筆」としているのは、歌と文を組み合わせた作品形式を自らのものとするための習作との位置づけなのだろう。

枝下紀行

文体という点でいえば、『ふてのまゝ』に綴じられた『枝下紀行（仮題）』という断章も、その後の日記体に直接つながるものとして重要かと思われる。それはある日、三河国加茂郡枝下《しだれ》という山里の村に行ったときの紀行で、文章を主に和歌を添えた作品形式は『委寧能中路』以降の日記に近くなっている。三河の各地を歩きながら、紀行文日記体の修練を積み重ね、それに自信を持ちはじめたとき、いよいよ他国への旅の決意を固

浄瑠璃姫六百回忌追善

めていったものと思われる。

この時期、真澄の活動として特筆すべきは、浄瑠璃姫《じょうるりひめ》六百回忌追善のための詩歌を呼び掛けたことである。これも『ふてのまゝ』に収められているが、安永十年（天明元・一七八一）三月十二日の日付のある源秀超の名で書かれた『浄瑠璃姫六百回忌追善詩歌連緋序』がそれである。源としたのは源氏の牛若丸にまつわる伝説だからであろうか。

その序によると、むかし、矢作の里に住んでいた金高の妻と伏見中納言師仲卿との間に生まれたのが浄瑠璃姫である。源の牛若と恋仲になったが、牛若はみちのくに下った。ある日、牛若が戦でふがいなく斬られたとのそらごとを信じて、乙川の流れに身を沈めた。そこを浄瑠璃淵という。今年の春は姫の六百回忌にあたるので、こころあるともがらは、から歌、やまとうた、あるいは連歌緋《（俳）》諧でいにしえを弔ってほしい、というのであった。

後年にも真澄は、「金高《かねたか》長者の娘浄瑠璃姫丑若麿《ウシワカ》をしたひて、乙川の淵に投《シヅミ》たる事」（『雪の出羽路平鹿郡』）など、たびたび地誌や随筆類に三河の浄瑠璃姫伝説を紹介している。『筆のまにまに』には右の序と同様の「浄留利といふ謡曲《ウタヒモノ》」の概要を記し、めのとの冷泉が姫の持っていた鏡などでつくった観世音は明大寺《みょうだいじ》村の成就院《じょうじゅいん》に今も残っているとし、他に鳳来寺《ほうらいじ》の岩本院の宝物や、浄瑠璃の冷泉節にも言及している。矢作川・岡崎地方の人々によく知られた浄瑠璃姫伝説に深く執心していた。

故郷出立

さて、このような岡崎での準備期間を経て、天明三年（一七八三）二月末に故郷を出立することになる。出立の様子については、「たびごろもおもひたち父母にわかれて、春雨のふる里を袖ぬれていで」（『委寧能中路《いなのなかみち》』）と書いてあるだけで、知るよしもない。

旅の目的

真澄の旅の目的は何であったか。『委寧能中路』の冒頭に、「ひのもと（日本）」にありとある古き神社を拝みめぐり、幣を奉りたいと述べている。その後『来目路の橋』にも同様の目的を持ち、名だたる所を隅々まで分け入って見ようと、あちこち馳せめぐっていると記す。北奥の浄法寺村でのことであるが、真澄が老法師に、旅人はどこに行くのかと問われたさい、「世にありとある、かしこきところをこそたづね奉り侍れ」（『けふのせはの、』）と答えている。日本各地の式内社など古い歴史を持つ神社をはじめとして、名所旧跡をくまなく訪れて見てみたいという願望であった。その願望は、根本は歌人の歌枕の旅に類したものであって、信州の旅で真澄を慕った三溝政員に別れを告げるさい、越の海や、陸奥の松島など、所々のすばらしい野山を残りなく見廻り、「古き歌の心をわきまへ新しきをもかひ求めて」、故郷に帰りたいと語っていたことからも明らかだろう（『政員の日記』）。

次のように述べていたことも重要である。『粉本稿《ふんぽんこう》』と題された図絵集がある。その

異なる所・器・例への関心

序文に、我は国々をめぐり歩き、世に異なる「ところ」、異なる「うつわ」、異なる「ためし」に心をとどめて、それを書き写して自分の親に見せたい、同様にそれを見たことのない友達のためにも、及ばない筆にまかせて、「かたのあらまし」を写したいと述べているように、その土地の特色ある所（景色・寺社・遺跡）、器（器物）、例（習慣・行事）を写生しておこうというのであった。真澄の日記に出てくる別な表現でいえば、「くにぶり」「くにのならひ」「ふるきためし」「いにしへぶり」への関心ということになる。そして故郷に持ち帰り、絵の巧みな人の協力を得て図絵集でも編みたいと考えていた。

くにぶり・いにしえぶり

真澄の日記は、文と歌にくわえ挿絵があることを特徴としている。『粉本稿』は単独の図絵集だが、真澄の日記は次第に挿絵が増えていく傾向にある。文・歌・絵の三位一体のバランスの取れた表現形式をめざす、それが真澄の自負あるいは気負いだったかもしれない。

第二　信越・奥羽の旅

一　信　濃

菅江真澄の最初の日記『委寧能中路《いなのなかみち》』は、天明三年（一七八三）三月半ば、飯田《いいだ》の宿に着いたところから始まり、同年十二月まで書かれている。三河路を離れ信州に入るまでの日記は盗まれ失われたという。かつて姨捨山《おばすてやま》の月見の旅で来たさい、知己《ちき》となった飯田の友人を訪ねようとしたが、この三月一日の大火で焼けて家がなかった。様子を人に聞くと、亡くなったり重い病だというので訪ねるのをやめた。旅宿の前で偶然にも、手習いの幼馴染の中根某に会った。昔のことを語りあいながら、中根の案内で風越山の麓あたりに桜の盛りを見て歩き、酒を商う店に入った。十八日、ある人に誘われ、竜阪辺を花見して歩いた。十九日、天竜川の川原に行くと、荒瀬の波のなか、筏《いかだ》が米を積んで遠江へ下っていた。二十一日、再び、風越の山際に行く。二十四日、あたご坂を下り、城山の花盛りなどを見物した。二十八日、松河辺で雨の中花見をする。

中根某

信　濃

四月一日、市田へ行き、原町の里の池上某を訪ねた。あるじから、飯田城主脇坂氏のことや、この国に流された不受不施《ふじゅふせ》派の日樹《にちじゅ》上人（武蔵国本門寺）のことなどを聞く。池上の家に日を経た。十四日、人々と花を折り歩く。山振《やまぶき》（山吹）が咲く原町の「いはひでん」（祝殿）はあら神で、処刑された女のたたりを鎮めるため神に崇めたものであった。

蚕の種

三石三春

四月十五日、池上の家を出立し、七窪《ななくぼ》（七久保）に向った。山吹の里を行くと、女たちが野山に桑の「みづ」（若葉）を採りに入って行った。蚕の種は「みちのおく」の商人から買って、山寺（隣政寺）の庵の法師に預けておき、四月八日の釈迦仏の「をこなひ」に人々が峰に登り、蚕種紙を手ごとに持ち帰って孵化させるという。松川を渡って賢錐《かたぎり》（片桐）に着く。近隣の女に久陀《くだ》狐がついたので験者《けんざ》を呼んで祈禱したと、道行く人が語っていた。七窪では、さんという和歌を詠んだ志深い賤女のことを聞く。三石三春《みはる》を訪ね、十日ばかり滞在した。三春は真澄の故郷に来たことのある知人であった。

早乙女

五月五日、三春の家を立った。「苅しき」（刈敷）にする若葉の梢を刈って馬につけ、女であれ男であれ、「まねぐり」と呼んで百回、千回と田に運んでいた。与田切《よたぎり》の川を、こし（越）の国と菅笠《すげがさ》に書き付けた女の三人連れが渡って来た。大田切《おおたぎり》で川を渡り、外《トノ》島《シマ》（殿島《とのじま》）の村の長、飯島某の家に泊った。六日、光久寺の棠庵上人を訪ねると、隠元禅師が持っていたという「如意《にょい》」を見せてくれた。七日、あるじ飯島某に、五月雨で川水が高いので晴れるまでとどまるよう勧められた。十二日、田面では男女がうち交じり、田植え歌をうたっていた。苗を植えるのが遅い早乙女《さおとめ》を「あな（穴）にす」と言って、その周りを手早く植えて立ちんぼにし、指差してからかっているのが見えた。十五日、あるじとともに田歌を聞こうと歩いた。新婚の婿・嫁に泥水をかける「さとのならはし」があった。

洞月上人

五月二十三日、天気がよく外島を出立した。波が荒い天竜川の岸まで人々が見送ってくれ、舟に乗って殿村《とのむら》に渡った。松島を過ぎ、宮木《みやき》の宿に泊った。二十四日、むかし会ったことのある小野《おの》村の最（祭）林寺の上人を訪ねたが、三年前に遷化していた。塩尻の阿礼《あれい》の社に詣でた後、本洗馬《もとせば》の里に出た。大池《おおいけ》村宗福寺の洞月《どうげつ》上人（角翁恵瑞、洞月は歌号）はむかし懇ろにしていた人なので、土地の人に聞くと、今はこの地の青松山長興寺にいると教えてくれた。訪ねると、よく知っている老人がおり、久しい人に会ったと、涙をぬぐいながら語ってくれた。まもなく上人が帰り対面した。二十五日の上人の歌に、「十とせあまりあはで」とあるので、真澄が姨捨山月見のとき世話になった人なのであろう。以後、翌年六月末まで本洗馬に拠点をおいた日々を送ることになる。

可児永通

五月二十七日、寺に里の人々が訪れ、熊谷直堅、くすし義親《よしちか》（里見義親）と和歌を詠みあった。二十八日、くすし可児《かに》永通《ながみち》（春誠）の家を訪れ、和歌を贈答した。永通が婿入りした熊谷家に真澄の自筆本『伊奈濃中路《いなのなかみち》』『科野路旅寝濃記』『ふてのまゝ』『いほの春秋《はるあき》』（仙台空襲で焼失）が伝えられたように、永通は真澄が信濃で最も深く親交を結んだ人であった。はじめ永通の家に厄介になっていたと思われ、やがて『いほの春秋』のなかに、「ある日、可摩永といふ岡のひとつ家にあそびて、けふをくらしぬれば、やま住

釜井庵

沢辺雲夢

のこ、地して」とあるように、釜井庵《かまいあん》に住むようになった。

六月七日、岩垂《いわだれ》に人に誘われて行く。不尽塚《ふじづか》の森があった。岩垂某の家に一泊したが、蚕のまゆがたくさんあった。十二日、青松山の御寺《みてら》に出かけた。十四日、熊谷氏が閑居する庵の牡丹《ぼたん》をめで、また三溝隆喜《さみぞたかよし》の家を訪れ瞿麦《なでしこ》を見た。十五日、里の祭りで、真澄、永通、直堅は神社の広前に和歌を奉じた。十六日、直堅の家に行き、十八日には永通の家に洞月上人が訪ねてきた。二十五日、松本のくすし沢辺某（沢辺雲夢）は十年前に、その里の小松有隣、吉員などとともに月見の席で語らった人だったので、松本へ祭りを見に行く人に手紙と歌を託した。夕、沢辺より返歌が届いた。二十七日、永通の家で歌会があり、集った義親、隆喜らとともに歌を詠みふけった。二十八日、熊谷の家の尻にある窟に入った。二十九日、隆喜の句に「和句」（句合わせ）した。

釜井庵（塩尻市立平出博物館提供）

七月一日、神社を詣でて歩いたが、八幡社に来る

浅間山噴火

と、袖に竹の実をこき入れていた少女と出会った。竹の実が多くなる年はなりわいがよくない、というのを嫌って、「豊年のくるしるしなるらし」と歌に詠み込んだ。翌日、洞月上人の方丈の室を訪れた。夕暮れ近く、ものの音がたいそう響いたが、浅間が岳が焼けあがる音とのことであった。五日、ある人に言われ回文《かいぶん》の歌を詠む。七日、直昇(熊谷氏)、政員《まさかず》(三溝氏)、吉女、富女、直堅、永通、備勝、秀雄(真澄)といった人たちが集り、七夕を題に歌を詠みあった。八日、夜半より音が鳴り響き、起き出してみると、昨日にまさり、雲が高く涌き出るように煙が上っていた。小石、大岩を吹き飛ばし、逃げ遅れた人たちがどれだけ命を奪われたか計り知れないなどと、語り合っていた。昼頃よりいっそう激しくなった。

平林因信

七月九日、三溝隆喜に誘われ二子《ふたご》に出かけた。野良に陀都麻《だつま》という草花が多く、食べ物が乏しいときにはこの草を摘んでかて(混ぜ物の食料)にするという。小俣《こまた》村の大和某の家で似雲法師の手になる屏風を見る。岩魚《いわな》、鰍《かじか》売りの女の道案内で、神戸《カウド》村の丸山某を訪ねた。それから二子村に行き、因信(平林因信、庄屋)の家に泊った。十日、当特《まさひとり》(飯村氏)より招きの文があり、因信、隆喜とともに訪ねた。十一日、因信の家を出、慶林寺に入り文的上人に会い、夕暮れ本洗馬に帰った。

七月十三日、暮れ頃、女童たちがささらをすりながら歌い、群れ歩く。門火が焚かれ、家に入り閼伽棚《あかだな》に向かうと、世になき母や弟の俤《おもかげ》が浮かんだ。十四日、青松山長興寺の施餓鬼会《せがきえ》に詣でた。十五日、夕涼みに桔梗《ききょう》が原まで出かけた。十六日、蘆田（芦ノ田）村の奥山にある鏡石を見に行った。二十日、犀川を朝早く渡り、桔梗《ききょう》が原に出て、内《うち》田《だ》村の入口にある食斎堂で休んだ。荒河を渡り、金峯《きんぽう》（峰）山牛伏寺《ざんごふくじ》に登って、観音菩薩に手向けた。桔梗が原に暮れた。二十四日、五穀の稔りを願う、「風の祭」（風祭《かざまつり》）があった。

白頭翁露白

七月二十五日、熊谷直堅とともに松本のくすし沢辺（雲夢）の家を訪ねたが不在だった。埴原《はいばら》に住む忠雄（百瀬氏）を訪ね、三人で歌を詠みあった。二十六日、桔梗が原に五尺庵のあるじ、八十歳を越えた白頭翁露白（俳人、青柳氏）を訪ねると、昨日、戸より入れておいた真澄の句に和句してあった。八月一日、近隣の直堅の家に行く。七日、今井に行き、かねひら（兼平）明神の神司梶原景富にはじめて会った。景富が『やまとふみ（日本書紀）』の神代巻《かんよのまき》を読むのを聞いた。

梶原景富

八月十三日、真澄は姨捨山の月見に友人たちと本洗馬を旅立った。この旅については『わかこゝろ』と題して別に一巻とした。その巻末に姨捨山に同行した人々の和歌が記され、僧洞月、永通、啓基、富女、義親、直堅、秀雄、僧藍水、備勝、勝女、当特、静有、景富といった、女性二名を含む十三名の名前が知られる。この日は松本の式内社岡田神社を拝んだあと、関屋を越えた。苅谷原《かりやはら》（刈谷原）の桐光寺の前に「たか（高）札」がさしてあり、行倒れの身元不明の三十歳余の女をここに埋葬し、稚児ひとりを残したと書いてあった。会田《あいだ》に泊った。

姨捨山の月見

八月十四日、太刀峠、青柳《あおやぎ》の宿を経て、麻積《ウミ》（おみ）の里に休み、猿《さる》がばん場《ば》（猿ヶ馬場）を登り、中原《なかはら》に宿を定めた。十五日、姨捨山の月見である。山の半ばの杉村というところから峰を登っていくと観世音をまつる草庵の堂があった。むかし、この庵に二夜籠って月見したことが懐かしく思われた。いったん、麓の更科郷の八幡《やわた》に下り、八幡宮の神事に詣でようと行くと、物貰いの験者や、売り人などで賑っていた。浅間山の噴火の様子を刷り物の絵にして売る者もいた。この里で中宿し昼寝していると、誹諧《はいかい》（俳諧）の連歌をする人たちが、多くの国々から誘いあい来ていた。日が傾き、姨捨山に登った。姨石の上に百人ばかりが月の出るのを待った。漢詩・和歌を詠む者、月見を忘れてうたげする者、集ってなむあみだぶつと唱えている男女など、さまざまな光景がみられた。八幡に下り、昼宿した家にたくさんの人が円居し歌を詠みあった。

俳諧の連歌

八月十六日、神宮寺に詣でたあと、善光寺《ぜんこうじ》に向った。昨夜見かけた対馬《つしま》の雛川清歳が話しかけてきた。幼い頃より朝鮮に渡ってその言葉を学び、通辞を職としてきたが、過ちを犯して、さすらっているのだという。小松原《こまつばら》、小市《こいち》などを経て善光寺に詣でた。十

紀井田辺の香風

七日、稲荷山に古了というくすしを訪ねたあと、猿がばん場を越えて青柳の宿に泊った。十八日、浅間のいでゆに行き、湯守の自庵（小口治庵）に泊った。十九日、そこを立ち、村居（村井）を経て休んでいると、紀《き》伊《い》国田《た》辺《なべ》の訓殿が通った。香風といってはいかい（俳諧）の連歌に通じ、姨捨山の月見で一夜語らった人だった。香風は宣甫の家に行き、真澄は可児永通の家に着いた。暮れの円居に香風に会うと、ふるさとへのみやげといって、十府の菅（十符《とふ》の菅薦《すがごも》）、宮城野《みやぎの》の萩など見せてくれた。二十日、香風と別れた。その夜、姨捨山で詠んだ歌の冊子に前文をつけて欲しいと頼まれ、断りがたく書いた。『わかこゝろ』はその前文と同行者の和歌を書き載せて終っている。

飛驒一宮神主梶原家熊

再び『委寧能中路』の記述に戻る。八月二十一日、恒徳（原恒徳、八右衛門・大庄屋）の家を訪ねた。九月三日、飛驒一宮の神主である梶原家熊《かじわらいえくま》（舎熊《いえかげ》）が、都に登り従五位下遠《とおと》江守《うみのかみ》に任官したといって、今井に帰郷した。景富の父にあたる人で、家熊に歌を贈った。九日、常陸《ひたち》の国の宗淳が都に行く途上しばらく逗留していたが、この日別れるというので歌を詠んだ。なお、この日記には見えないが、九月十三夜に宗淳、直堅、永通、秀雄の四人が和歌を詠みあった断簡がある。十月八日、家熊が飛驒国へ帰るというので、歌を贈る。十一日、塩尻近くの阿礼《あれい》神社に詣で、十二日から十三日にかけ、山に紅葉狩りに出かけた。二十一日、砂田《いさごた》の式内社三宮《さんのみや》の御柱の神事を見に出かけ、柱を立てる様子を書きとめている。和田村に泊った。

十一月一日、永通の近隣で、今朝の雪の眺めをしようと円居したが、ここち《(心地)》を損ない行かなかった。二日、八箇嶽《やつがたけ》（八ケ岳）の雪をみて戯れ歌を詠んだ。十二月十日、料金を取って米搗きをする水車を見て詠んだ。十五日、あしの田（芦ノ田）村の若宮八幡に詣でると、石の雄元を秘めて祀っているという。

雄甫の和歌

天明三年は、右の日記の他に『雄甫詠艸《ゆうほえいそう》』という五月頃から年末に至るまでの、雄甫すなわち真澄が詠んだ歌を題とともに集めた一冊がある。そのなかに、忠雄の家の手枕の滝を詠んだ歌、塩尻の中嶋某母七十歳の賀や、宗淳との別れ、師走半ばの政員の妻迎え、梶原景富の神代の巻読了に贈った歌などがあり、真澄の交際を窺うことができる。

天明四年（一七八四）正月は、本洗馬の「やま住の庵」（釜井庵）で迎えた。序文に天明四年春とある『いほの春秋《はるあき》』は、信濃に来て以来の春秋の季節の移り変わりを随筆にしたものであるが、小正月を中心とした正月の民俗にも観察の目が注がれている。

諏訪社に詣でる

『すわの海』は天明四年一月十五日から五月末までの日記である。一月十五日、諏訪社に出かけた。塩尻では御柱といって道中に高い木を立てていた。諏訪に着くと、子供たちが鳥追歌をうたって歩いていた。春宮（諏訪下社）に幣を奉り、筒粥《つつがゆ》の神事が終わるまで見物した。秋宮（諏訪下社）に詣でたあと、湖に出て御渡りを見にいくと、人々が氷の上を「かち木」（かんじき）をはいて渡っていた。

吉員・有隣の墓詣で

一月二十二日、今井村の兼平《かねひら》明神を拝み、それから宝輪寺へ行き尊応法印と会った。翌朝、英一蝶《はなぶさいっちょう》の絵を見せてもらう。寺を出て松本に向い、かまた（鎌田）に旅寝した。翌日、沢辺雲夢を尋ねたが不在だった。林村の広沢寺に行き、むかし一緒に月見した知人の吉員（百瀬氏）の墓を訪ねた。「文山幽雅」という卒塔婆がさしてあった。また、有隣（小松氏）の墓は回向院にあるというので詣でた。その郷を去り、江原の白頭翁の門を叩いた。あるじは句はせずに歌を詠み、これに返歌した。

二月初め、梶原ぬし（景富）が熊谷氏の家で、「君臣祓」を講ずる。十七日、今井に出かけ、景富が講ずる例の『やまとふみ』の「万物出生段」を聞いた。兼平明神の社に詣でると、藁でこしらえた人形があった。里の人が伊勢参詣したときに作り、これに水をそそぎ清めるのだという。十八日、床尾《とこお》の郷の重栄のもとへ行く。二十八日、直堅の家で、洞月《どうげつ》上人らが集り花の歌を詠みあった。

諏訪上社御頭祭

三月二日、直堅とかまへ（釜井）の岡に桜を見に行く。四日、なしの木の桜を見に行く。六日、酉の日だったので、諏訪上社の神事（御頭祭《おんとうさい》）に詣でようと出かけた。ました（間下）を経て、をしりという渡りで舟に乗ろうとすると、景富と一緒になった。有賀の里にあがり、鳥居をくぐった。前宮の直会殿には鹿の頭七十五が真名板の上に並んでいた。また、贄の供物として、白鷺、白兎、きぎす（雉）、山鳥、鯉、鮒などいろいろな鳥獣魚が供えられていた。『粉本稿』にはその写生画がある。道でふと出会った林常世に誘われ、その家に泊る。翌朝あらやしき（新屋敷）を出て帰った。

小野社に詣でる

三月十四日、伊那の郡へ行こうと、かねて打ち合わせていた重栄とともに床尾を立った。塩尻の治英の家を訪れると梶原景富が来ており、『やまとふみ』を読むというので泊った。翌日、うたふ坂（善知鳥峠）の山路を歩き、小野の里の永田某の家に泊る。十六日、信濃国二宮の小野社に詣でた。「大檀那諏方四郎神勝頼」（武田勝頼）の名を刻んだ鐘があった。この日も小野に泊った。十七日、雨沢《あめざわ》、渡戸《わたど》を経て、横川《よこかわ》村の宮沢勝美の家に泊った。十九日、ここを出立して宮城《みやき》（宮木）へ至り、矢島氏のもとで休み、沢という所の桑沢某の家に泊った。例の人々が集まり、重栄が『やまとふみ』を講じた。

伊奈・高遠に至る

二、三日滞在して出立し、大出《おおいで》の里に至り、正怡の塚に行った。寺を出て、その子何某に暇乞いした。塩の井で休み、いなべ（伊那部）のくすし吉川《ヨシカハ》某の家に泊った。二十四日、人々が集まり夜通し囲碁をしていた。二十五日、出立し、駅の長の根沢某の家に休息、遠祖の甚平という者が君のそれ《（逸）》鷹を追い、美濃の山中で息絶えた話などを聞く。小出嶋には曽我兄弟に殺された工藤祐経《くどうすけつね》の子の犬房丸の墓があった。外嶋《とのじま》（殿島）村の飯島某の家に泊った。二十六日、貝沼が原、桜井の森など見ながら、高遠《たかとお》に至り、神司の井野岡某の家に宿した。二十七日、鉾持《ホコチ》の社を拝む。六道原、笠原、卯ノ木を通り、三《みっ》日町《かまち》の萩原氏の家に泊った。高岡の御堂では不動祭があり、多くの人々が詣でていた。二八日も同家に泊り、後水尾院《ごみずのおいん》第八の宮が扇に書いた歌に涙し、畳紙《たとうがみ》に写した。二十九日、松嶋駅の北村にある臼杵宮や、里はずれの秋葉の社を見る。沢村に泊った。

雨乞の和歌

四月一日、北小河内の原氏の家に入る。あるじが言うには、建ててから百二年も経つ古い住家であった。辰野郷に泊った。二日、浅間が嶽がまた燃えたと、人々が語っていた。赤羽某が山に日の出を描いた絵を持ってきて、これに歌をというので書いた。小野に泊った。三日、村々の雨乞が効いたのか朝から雲り、やがて雨が降ってきた。下条《しもじょう》の里では関沢因敬という神司が雨を祈り終えたという。真澄は「すは(諏訪)のみやにあめこひ(雨乞)しときに」を上と下において、歌七つを書き、神に奉った。小野を出て、床尾に至った。四日、本洗馬に帰った。翌日、熊谷某の家に牡丹を見に行く。日記にはないが、四月十八日に、秀雄(真澄)、永通、備勝、真堅(直堅カ)、洞月が詠みあった和歌を記した断簡が残っている。

三村親意

四月末、備勝の家に遊んだ。人々がまねぐりして田に刈敷をしていた。早乙女の歌声がすずしげであった。五月初め、里美義親の稚児がみまかったので追悼の歌を詠んだ。五月五日、故郷の空がなつかしく思われた。二十日、小野沢《おのざわ》の三村親意のもとに行くと、

『四季のまど』という文を見せてくれた。二十二日、親意の家を出て、小坂村の元知を訪ね泊った。二十三日、やがて故郷に帰りたい旨元知に話し、歌を詠みあい別れた。小坂と大池の間にある清水寺に、むかし会ったことのある上人を訪ねた。上人は武蔵国の寂好法師の書を見せてくれた。山を下り、大池村の崇福寺に行き耕雲禅師と語らった。景富の家に泊った。

雨止めの和歌

五月二十四日、景富の家に伝わる来《らい》くにとし（国俊）の玉つるぎを見る。雨続きで畑麦が心配されたので、雨止めの気持ちで景富と歌を詠みあった。ここに二夜あり、故郷に行くという真澄と、佐久《さく》に行くという尊応上人との間で歌を贈りあった。また、小野沢の美武良（三村）が集める『四季のまど』にも何か書くように求められ、歌と文を寄せている。

『来目路《くめじ》の橋《はし》』は天明四年（一七八四）六月三十日、「ふる里のかたしきりに偲ばれて」、本洗馬の郷を出ようとするところから書き始められている。うまのはなむけに、宿のぬしながみち（永通）、文をよこした今井の梶原景富、青松山長興寺僧洞月、くまがへなをかた（熊谷直堅）、備勝の翁、琵琶橋の辺に住むくすし義親、葦の田（芦ノ田）のほふり吉重（松沢吉重《よしあつ》）といった人々との間で歌の贈答があった。故郷に帰るというものの、まず高志《こし》の洲（越後）に行くと真澄は告げている。なお、日記には出てこないが、長興寺十五代洞月は前出の寂

和歌秘伝書

好から伝授された『和歌秘伝書』を、この六月に「秀雄雅丈」に対し授けている。真澄が歌人として旅を続けていくうえで、ありがたい贈り物であった。

三溝政員

人々と別れたあと、朝夕とくに睦まじくしたという三溝政員の家に行き、政員の母とも別れの挨拶を交わした。永通に歌二首を書き残し首途《かどで》すると、政員も旅の装いをして追い付いてきた。松本に着いた。牛楯（牛立）の滝を見ようと清水村を通り、宝輪寺の尊翁法印を訪ねたが、佐久郡の寺に行き不在だった。道を行く翁に案内してもらい雄滝を仰ぎ見た。湯の原の宿に泊った。

玉島の国仙和尚

七月一日、湯浴びして過ごした。この湯で、真澄の叔父である禅師の法流の兄にあたる、玉島の里（岡山県）の円通寺の国仙和尚に出会い、語り合っている。翌二日、見送ってきた政員は本洗馬に帰った。三日、薄《すすき》大明神に詣で、神司上条権頭某と会った。松本に出て峨月坊（蔵六亭）を訪ね、ここに滞在した。五日、松本の城主（戸田氏）が国入りし、それを拝もうと村々からの男女で満ちていた。海月上人、儀弁上人、定儀、吉尋、吉遐などが来て、歌を詠みあった。八日、定儀が住む秀亭庵を訪ねた。九日、松本近くの浅間の温泉に誘われて行った。出湯で広恵という人と知り合いになり、翌日蔵六亭に真澄を訪ねてきた。十一日、真砂亭の倉科琴詩を訪ねた。

七月十二日、よき道連れがあったので、松本を立った。犬飼村を過ぎ、田沢村の長の輩好《ともよし》の家を訪ね泊った。十三日、同じ宿にあり、時習庵の主が来た。去年秋、姨捨山の月見のとき、一緒に泊ったはいかい《（俳諧）》の連歌の山海という人だった。十四日、輩好の宿を出、穂高《ほたか》神社に詣でた。休んでいる旅人が語るのを聞くと、

米値段下がる

米の値段が夏頃まで一升一五〇文であったのが、このごろ七十文に下がり、田実れば世の中はよいと喜んでいた。細野で同行の友と別れ、池田郷の宿に着いた。

とありおとし

　七月十五日、案内をたのみ度安里於登志《とありおとし》（登波離橋）を見に行った。深い谷を見て、魂が身から離れるような気分になった。「苫姫利（とあり）」とは二人の愛人を持つことで、この里に伝わる石臼歌を書きとめている。十六日、阪上田村丸（坂上田村麻呂）が鬼を討ったという、有明山の麓の不動明王に里人が詣でようと群れて行った。大町に至り、伊藤某の家に泊った。門ごとに松火を焚いていた。男は女の姿をまねし、女は男のふりをして踊り、夜が明けた。

　七月十七日、里を立ち、橋本で休み、歌道《カドウ》村の人麿《（人麻呂）》大明神などを経て、穂苅《ほかり》村宮沢の皇足穂《すめたるほ》（命《のみこと》）神社に詣でた。新町に宿を借りた。十八日、あるじにとどめられていると、上条村に住む皇足穂神社の神主しほいり《（塩入）》氏が訪ねてきた。十九日、くすし義伝が訪ねてきた。

くめじの橋

二十日、上条村、水内《ミノチ》村を経て、日記の題名となっている犀川《さいかわ》に架かる久米路《くめじ》の橋を渡った。田野口に宿を取った。二十一日、道すがら姨捨山を見て、去年登ったのを

なつかしく思った。戸倉《とぐら》に泊り、暁の月を見る。二十二日、坂木《さかき》（坂城）の阪城《さかき》神社、矢代《やしろ》（屋代）の粟狭《あわさ》神社などを拝み、松代《まつしろ》に入り、池田《いけだ》の宮、祝《ほおり》神社を参拝した。

七月二十三日、松代を立つ。氷鉋《ヒガノ》村の氷鉋《ヒカノ》斗《ト》売《メカン》神社《ミヤシロ》に参詣したあと、善導寺の等阿上人を訪ねた。丹波嶋《たんばじま》で犀川を渡った。政子の前（北条政子）のまもり仏や、かるかや（苅萱）堂を拝み、いもゐの里（長野）のくすし山本晴慎を訪ね泊った。この人もむかし会った人だった。二十四日、善光寺の御堂に詣で、来迎の松、かるかや堂などを巡った。

善光寺の施餓鬼会

昨日施餓鬼会《せがきえ》があり、飢死の亡き霊を弔った。また、七月一日より十日まで仮屋を建てて、「かたゐ」二千余人に物を食べさせたという。山本の家に帰った。二十五日、円乗寺の悲琚上人を訪ねたあと、近隣の香玄上人のもとへ行き、馬禅長という人と語らった。

戸隠山に登る

七月二十六日、戸隠山《とがくしやま》に登る。中院に詣でて行くと、比丘尼石、観音菩薩の堂があり、女はこの堂かぎりで帰ることとされていた。奥院に額づいた。その後、中院に戻り、勧修院の大徳《だいとこ》普達を訪ねた。歌を差出すと、光忠という士や普達から返しの歌があり、また比叡山より来て住む亮観は詩韻を作り応えた。寺の近くの家に宿を取った。二十七日、御射山《ミサヤマ》祭の祝いで、紅豆の飯を炊き青箸（薄や萱の折箸）で食べるのが、この国のならわしであった。飯縄山《キツナヤマ》（飯綱山）の麓で、子連れ熊が真澄の行く前を走り過ぎ、その恐ろしさは魂が身を離れる心地がした。越《コシ》の里に泊った。二十八日朝、山本晴慎を訪ねた。

北向きの道陸神

妻科《つましな》神社に詣でると、近くに北向きの道陸神《トウロクシン》があり、日本に三つあるうちの一つという。宿に戻り、昆義という人も来て、一夜歌を詠みあった。

越後新井宿に入る

七月二十九日、晴慎の家を出立した。揚ケ松（上ゲ松）の山中には石脳油《クサウヅ》（石油）を汲む井があった。西条《にしじょう》に行くと、雁田《カリタ》の神があり、石のおばしがた（男茎形）があり、腰より下の病に効くのだという。田子《たこ》の屋で休んで浅間が岳（浅間山）を見ていると、あるじが噴火の様子を語ってくれた。野尻《のじり》の駅に入った。湖水があり、上杉謙信の従弟長尾義景がたばかられて、船底の栓を抜かれ殺されたという。誹諧をする湖光という人が宿に訪ねてきて句を詠んだので、それに応えて付けた。三十日、盗人の熊坂長範《くまさかちょうはん》の伝説がある長範坂を通り、関を越えると越後の赤河の里だった。道すがら、物知り顔な爺が飯《イ》縄《ズナ》山、戸隠山、妙光（高）山を指差して教えてくれた。新井に宿を借りた。越後に入ったものの、親しみからか、今なお信濃国を巡り歩いている夢を見る真澄であった。

二　庄内・秋田

越後の新井宿に着いた以降の信濃路の日記は『高志能長浜《こしのながはま》』と題するものであったが、そのごく一部が『混雑当座右日鈔《こんざつとうざうにつしょう》』の紙背として、あるいは『無題雑葉集《むだいざつようしゅう》（仮題）』に

高田の雁木

なにさ・かさ

どもつかう

収められ残っているにすぎない。前者によれば、天明四年（一七八四）八月一日、中根、梁田を経て田中、吹上という村を通り高田《たかだ》の駅に着いた。高田は冬籠りの積雪対策として軒の下を広々と作り、袖をぬらさずに行きかう大郷《オホザト》であると記している。他に春日山《かすがやま》や大場《おおば》村の親鸞上人の旧跡、華蔵院などに触れる。また、後者は、漁りの業を教えたという小浜の手繰彦伝説、太子の浦の聖徳太子伝説、野住《のづみ》（野積）の海雲山西生寺の阿弥陀仏を述べた箇所である。草稿以外にも、真澄は『高志栞《こしのしおり》』で是観（後述）の日記を引用して、自分も柴田（新発田）に四、五日滞在して、新発田《しばた》ノ忠輔など三、四人で五十公野《イシミ》の社に詣でたことがあるとする。角田《カクダ》浜の窟《いわや》なども印象に残っていたようで、その後の日記に出てくる。これらをつなぎあわせると、北国街道を高田・直江津に出て、それから日本海沿いに北上し、寺泊・新発田と歩き出羽をめざしていたことが窺われる。

『齶田濃刈寝《あきたのかりね》』によると、天明四年九月十日、真澄は出羽国鼠《ねず》が関《せき》に入り、駅の長富樫某の家に泊った。庄内に入った最初の印象は、言葉の尻にさをつけて、なにさ、かさと土地の人が話していることだった。十一日、小岩川《こいわがわ》の西光寺の天真上人を訪ねた。「やまぢ」という北風が吹き、同寺に滞在し、十五日朝出立した。はまの温海《アツミ》では、娘を「あそびくぐつ」（遊女）にやる習慣という。鈴田に来ると、過ぎる年は飢《やわ》しかったが、今秋はたいそうよいと人が語っていた。五十川《イラカハ》辺を行くと、頭には「どもつかう」（どもこも、頭巾様の被り物）を着て、そのうえに「頭巾」をかぶり、また「手布《タンノ》」（手拭様のもの、タナ）でおとがいから頭の上まで結び、眼だけ出して歩いていた。これには男女の区別も冬夏の区別もない。さえの神の森といって、五尺もある木の男根を藤かづらに繋いでいたが、異なる神として、顔をそむけ礼をしない人が多かった。三瀬《サンぜ》の宿に泊った。うばそく（優婆塞・修験）本明院の家には義経・弁慶が負ったという古笈があった。

九月十六日、矢引《やびき》の山坂の上の一軒家に、柱に繋いだ猫が鳴いていた。波風が荒れる理由について、近ごろ盗人を海に投げ入れたとか、木流しのため祈雨しているからとか、旅人が口々に言っていた。栃屋《とちや》に来て、過日別れた出家の良瑞に会おうと禅寺の常林寺に入り、泊った。十九日、寺を出て、大山《おおやま》に至る。この辺の浜では箭根石《やのねいし》（石弩）を拾うという。城下の鶴岡に入ると、里は栄え、日ごとに市が立ちにぎわっていた。鮭の塩引を秋味という。七日町《なぬかまち》に泊った。あるじが、開口寺（酒田・海向寺）と岩本村の寺（本明寺）に生菩薩《いきぼさつ》（ミイラ）がいると語ってくれた。

羽黒山に詣でる

九月二十日、羽黒山《はぐろさん》に詣でようと出立した。手向《とうげ》の町には、松の聖にあたるという高札をさした家があった。二王門、五重の塔、石割ざくら、西行戻り、児《ちご》堂などを見ながら登り、羽黒権現の御前に幣をささげた。案内の翁が、柱になもあみだぶと書いた念仏

念仏車

車を熱心に回していた。麓に下りると、あまときんを着た松の聖の二人が、うばそく

（優婆塞）や志羅《しら》（俗人）を従えて念仏橋と呼ぶ石橋を練り歩いていた。文珠坊に宿を借りた。芭蕉が一夜泊ったとき残した短冊があったが、近年失ったと、あるじが語った。羽黒山の古宝を聞くと、弁慶筆の法華経・阿弥陀経や、笈なども残っているという。

庄内・由利・雄勝

ぼうおくり

九月二十一日、苅河《かりかわ》（狩川）を過ぎると阿古谷《あこや》稲荷があった。額づく人に聞くと、みちのくに名高いあこやの松であるという。余目《アマルミ》の某の家に泊った。日暮れからぼうおくりがあったが、「ぼう」とは「ゑやみ」（疫病）のことである。二十二日、新堀《ヰホリ》で最上川を舟に乗り渡った。三尺余りの弓を腰に負う老梓巫女《あずさみこ》が仲間の綱に引かれ歩いていた。酒田で吹浦《ふくら》の関を越えるために関手を取った。道の傍らに「もがさ」（疱瘡）の神を祀り捨てていた。新田目《あらため》で日が暮れた。二十三日、尾落伏《おちふし》（落伏）村の剣竜山永泉寺に案内してもらい入った。役正角《えんのおづの》（小角）が開き、慈覚大師が鳥海山の手長《てなが》、足長《あしなが》を退治したと伝え、後に律師本源道也が那須の殺生石《せっしょうせき》で知られる玄翁《げんのう》禅師に寺を譲ったのであるという。二十四日、寺では湯あみの日にあたり、開山禅師玄翁の杖を湯殿に横たえ湯を注いでいた。

吹浦・女鹿の関

九月二十五日、吹浦の関屋で関手形を見せて通り、その先の女鹿《メカ》の関で渡した。三碕《みさき》（三崎）阪に至ると、慈覚大師の御堂には、もがさ、はしかから守ってくれるというので人が詣でていた。小佐川《こさがわ》（小砂川）の磯屋を訪ねると、白豆を折敷に盛って差出してくれた。手かけと言って来客に何であれ差し出すならわしであった。翌日も同じ家にあり、あるじが飛島《とびしま》への船路で遭遇した「ゑびす」と呼ぶ鯨のことや、「だし」（東風）、「山ぢ」（北風）、「ぢみなみ」（南風）といった風のことを聞く。二十七日、出立し、関村に来て、ここがうやむや(有耶無耶)の関の跡かと想像した。塩越《しおこし》の浦に泊った。ここにとどまり、九月二十九日、障子の向こうでは、「かみ長」という「くぐつ」(遊女)が盃を取り酔って泣いていた。相宿りの旅人たちと、「こもかうむり」(薦被り)、「なべ」、という一夜妻について語りあった。

象潟の島々

小舟に乗って蚶潟《きさかた》(象潟)の島々を眺めた(文化元年の地震で隆起)。藻苅舟が流れ藻を集めていた。これを編んで夜具とし、きさがた蒲団と呼んでいる。蚶満寺《かんまんじ》の西で舟から降り、西行《さいぎょう》、親鸞《しんらん》、芭蕉《ばしょう》などにちなむ所を見て歩いた。

アッシを着る

行きかう人々は蝦夷《えぞ》の島人(アイヌ)が「木の膜」(木皮)で織った「アッシ」を着て、まきりという「ゑぞかたな」を腰につけていたのが目に留まった。三十日、塩越を立った。芹田《せりた》では川を綱舟で渡った。道の傍らの高い柱は、雪道に迷わないためのものであった。本荘の火災が見えた。その里の端に宿を求めた。

十月一日、相川(鮎川《あゆかわ》)にも綱舟の渡しがあった。前郷《マエコウ》に泊った。二日、小菅野《コスゲ》、上《かみ》条《じょう》と来て、昨日と同じ川を葛を綱にして吉沢《よしざわ》に渡った。市に行くのか、多くの人が綱舟を利用していた。矢島《やしま》の郷に泊り、滞在した。四日、鰰などの魚を売る市が立っていた。六日、出立したが、大雨で舟を渡さず、伏見《ふしみ》村に宿を借りた。乙女らが夜なべ仕事で、むまだ(科)の木の皮を糸によって袋にしていた。七日より雪が降り続く。十日、出立して川を渡り、雪道を行くと、梭橋《おさはし》といって谷川に木を間遠く編んだ橋がかかり、これをかろ

まちの日

古き言葉

柳田村の草薙家

うじて渡った。越中から来た薬商いの男二人の後ろについて、雪の山路を歩んだ。かんじきを履く杣木を曳き落とす山賤《やまがつ》に尋ねると、この山を下ると「おくに」(御国、秋田領)であると教えてくれた。下っていくと、路傍に高い柱が立ててあり、田畑のものを盗んだ者はこの柱にくくりつけるべし、と書いてあった。たむろ沢(田茂ノ沢)に泊った。

十月十一日、雄勝《おがち》郡西馬音内《にしもない》に着き、滞在した。十三日はここの「まちのひ」(市日)であった。鮭の頭をひとつ盗んだのをあるじの女が見咎《とが》めて「どす、ぬす人、ものいだせよ」などと罵っていた言葉に真澄が関心を持ち、「ふるきこと葉」が残っていることに注目している。土地の言葉を通してくにぶりを理解しようという態度であった。十九日、杉の宮に至ると古い神社があり、里の翁が大和の三輪《みわ》の神が飛んできたなどと物知り顔に語った。雄物川《おものがわ》を渡り、柳田《やなぎだ》村の草薙《クサナギ》某の家に宿を乞うと、翁は雪が消えるまでここにいるようにと情け深く言ってくれた。

真澄は好意にあまえて滞在し、家の回りを囲う雪垣や屋根の雪下ろしの様子、雪袴(行袴)を着、蓑帽子をかぶり、「つらかましないふき」(強い吹雪)などと語り歩く者たちの行き来、童をおぶる老女が煙草吹き時だといって家に入る光景など、冬を迎えた里人の暮らしを日記に書きつけていく。ある日、近き里の某の家に出かけた。野も田面も真っ白で、波のように雪が吹き、海の上を行くようだった。人々は、眼の病にならないよ

めすだれ

万歳・あきのさし

うに、めすだれ、めあてといって薄いものを額からたらして歩いていた。

十一月半ば、湯沢《ゆざわ》に行った。雪は五、六尺余りもあり、子供たちが履《は》き橇《ぞり》というもので軒ひさしからすべって遊んでいた。日が暮れ、ある山里に宿を借りた。家の子供がしなだ（科の木皮）を縄によって馬のおもづらを編んでいた。うばそくが門を叩き入ってきて、これが六日の柴燈《さいとう》の護摩の札だと差出していた。翌朝出て、道に迷いながら草彅の家に帰った。年が暮れ、「いねつむ」（稲積む、寝ないで正月を迎える）大晦日の夜となり、故郷を思った。

『小野のふるさと』は「小野小町のふる跡」を尋ねた日記で、天明五年（一七八五）の正月を柳田の草彅家で迎えたところから始まっている。内田武志によると、その題は後人がつけたもので、真澄の意識のうえでは『齶田濃刈寝』の続きであった。

一月一日、草彅家であろうか、鴨居や柱に稲穂、粟穂の餅を掛け、おかのもちを家の男の数だけ作り、神に捧げていた。霊棚、仏前には、栗、柿、干蕨、鯡、昆布、五葉の枝を添えて供え、なまぐさい魚も厭わない。閼伽《あか》棚にはおけらの古根をいぶしていた。疫病を避けるという。四日、湯沢の山田某の家に行った。東海林《しょうじ》某がかわらけを勧め、湯沢をうたげのこころで歌につくれ、つくらないと酒をたくさん盛ると言うので、断りがたく詠んだ。七日、粥はおよそ故郷と同じで、万歳、あきのさし、ふくだわら、ぢちのこがねの箱など、「かたゐ」（門付けの芸人）が家々に出入りしていた。童が来ると、あるじが松の葉に銭を貫いて、この馬痩せて候と言い、与えていた。十日、岩崎の石川某の家に出かけた。初庚申の日で、ほたきや（台所）のうつばりに縄をおとこむすびにしていたが、盗人除けのまじないであった。十四日、またの年越しで、湯沢に帰った。

豊凶の年占

一月十五日、鳥追菓子をつくり、子供が家ごとに持ち運んでいた。夕方、子供たちが木貝などを吹き鳴らし、群れながら村々を巡り歩く。夜になると、田むすび、こめだめしといって豊凶を占っていた。十七日、柳田の里に行き、十九日湯沢に出た。風邪をひき、五日ほど日記を書かなかった。二十五日、新金谷村《しんかなや》（金谷新田）の高橋氏の家に行き、湯沢の長谷寺に住む万明禅師に会った。二十六日、柳田へ向かう路で、雪虫が飛んで来て袖の上などに付いた。雪虫が飛ぶようになると雪が降らなくなるという。三十日も、また年取りするといって、厄年を祝うためしであった。

薢売り

二月二日、初午で、げんどうの森の安具里子《あぐりこ》の宮に人々が参詣に出かけていく。五日、湯沢に行く。六日（または七日か）、彼岸の日にあたり、梓巫の住む家には人が訪ね、口寄せといって亡霊を呼んでもらっていた。七日、市中を歩く薢《ところ》売りから薢を買い、閼伽棚に供え自分も食べた。九日、久保田に住む真教、宗信という人と語った。十日、岩崎に行き三、四日で湯沢に帰った。十七日、柳田の里に遊び、草彅氏の家に泊った。二十

守り木の習俗

鷹待ちの屋

種蒔き桜

前句付

日、ある里に妻を迎える行事があり、婿が嫁を背負うとき嫁の尻に当てる毛利木《もりき》（守り木）の習俗について記す。二十二日、湯沢に行く。二十九日、柳田に来る。

三月三日、郡を領する館で闘鶏があるというので、子供たちが鶏を抱えて歩いていた。六日、岩崎村の石川氏の家に行き、五、六日過ぎて、山陰の雪も消えたので野遊びした。鷹待ちの屋が見えたが、秋の頃鳩を繋いでおき、飛んできた鷹に網を引きかぶせて捕獲するのだという。里の中の道を歩いていると、藁葺きの家のなかで、眼の見える梓みこが弓をはじきながら亡霊のことを語っていた。十一日、庚申待ちで夜を越したが、朝地震があり、人々は万歳楽〳〵と唱えていた。十五日、田畑を打ち始める、やさら、てんげの祝いに家ごとに餅を搗いている。二十三日、垣根に柴桜が咲いていた。種蒔き桜ともいい、彼岸桜のようなものであった。

三月二十四日、湯沢に帰った。この夜、むかし「またぎ」（猟師）の句に「らく」（皮細工などを生業とする民）が付けて詠んだというのを聞き、面白く思った。この国には前句付けの上手が多い。二十七日、金谷村に行き、畑守の翁が源義家にまつわる地名伝承を語ってくれた。二十八日、野火が高く燃え上がっている。女が馬の口を取り、田を返していた。この女のことを「させ」と呼び、馬の尻より馬鍬を押し行くを「しくは」という。

四月三日、柳田村へあぜ道を行くと、女たちが種蒔きをしていた。四日、風邪を引き

眉毛を剃る

寝ていた。障子をあけて外をみると、水を汲むめらし（娘）が、こうのけ（眉毛）を剃った他国の女を見て驚き、家に飛び込んできて、わかぜ（若男）と言い合っていた。成人した女も眉を剃らないのが土地の慣わしだった。八日、杉の宮の神祭りだったが、風邪気味で行けなかった。占いを業とする「ゑびすかせ」が家の門に立ってうたっていた。

真崎北溟

　四月九日、湯沢の山田某の家に行き、久保田の真崎北溟と語り合い、北溟の題五つに真澄が歌を詠んだ。翌日、北溟が出立にさいし漢詩を詠んだので、真澄もこれに報い和歌を詠んだ。あるじに花見に誘われ神明社に行くと、舞殿に男たちが集り、鼓・三味線で遊んでいた。真澄も手招きされ酒、肴《さかな》を勧められ、さらに野遊びの老若の女七人も加わり、歌い踊った。

小野小町の旧跡

　四月十一日からは、くすし榎本氏英の家にあった。十二日、市に商うものを見て、その草の名を記す。十三日、ある翁に誘われ、川瀬の網引きを見に行った。十四日、小野小町の旧跡を尋ねようと湯沢を立った。出羽の郡司（小野）良実が住んだという家の跡は桐ノ木田にあった。小野村の金庭山覚厳院に行ってうばそくに聞くと、遠祖は三十八代前の円明坊で良実に付き添ってきたものという。小町の古い琴が家にあったが、津軽の守の使いが買っていったと話してくれた。良実が建てたという熊野社に詣でると、こがね（黄金）の宮、和歌の宮があった。里の子が、小町姫は九歳の年に都に登り、また年ごろになってこの国に来たと語り、田の中の小高い所に芍薬《しゃくやく》を植え、それが今もあるという。

雨乞小町

案内されていくと「ゑびす薬」（芍薬）の花が茂っていた。この花の盛りを待って田植えをする習慣だった。枝や葉を少しでも折ると空が曇り雨が降るので、雨乞小町だと語ってくれた。またある家で休むと、あるじが語るには、ひでり続きのある年、芍薬のもとで斎戒《さいかい》して「ことはりや日のもとなれば」とうたうと、雨がたちまち降って効果があらわれ、さらに小町姫に物を供え、人々の妻、娘の美しい者たちを集めて歌をうたい酒を飲んで囃《はや》すと、雨がいよいよ降り出し大雨になったという。雨乞いと結びついた農耕の小町伝説であった。院内に泊った。

院内銀山

四月十五日、院内銀山に行く。石田三成のいくさに敗れた落ち武者のこと、村山宗兵衛による銀山開発など、院内銀山のいにしえについて人に聞いた。銀を採掘する槌《つち》の音が山に響き、女たちが声を揃えてざるあげ歌をうたっているのが聞えた。院内に下ると、この里の司である大山某の葬式があった。湯沢の山田某の家に帰った。

四月十六日、氏英の家に行き歌を贈答した。十七日、松井某の家に遊び、三浦道寸が書いた古歌をみせてもらった。十八日、知己となった商人が銀山の麓で山吹の花を折ってきて歌を願ったので、これに詠んであげた。この日、真澄はみちのくを見に行きたい

切畑山の悪路王伝説

と思い立ち、柳田に行き、近日の別れを告げた。二十日、宮伝の村に行き、東海林某の家で語っていると、佐々木某という漢詩を詠む人が来て円居した。翌日、貴船の宮に詣でた。二十三日、出立にさいし雨が降り出したので、あるじ東海林桃二があまづつみ（雨具）をくれた。けらこを着て材木を担う見なれた翁と会い、一緒に歩いてくると、翁は、田村としひと（利仁）に切られたという松岡の切畑《きりはた》山の悪路王《あくろおう》伝説を語った。

四月二十四日、新金谷《しんかなや》（新金屋）村に泊った。翌日、近隣の村の嫁入りを見に行き、例の守り木の習俗をここにも記す。柳田に来た。二十六日、女童が「とどこ」（蚕）に食べさせる桑を摘み歩いていた。高橋某と野遊びした。いと清らな女が老人に誘われていくのは小野の人であったが、このような顔のよい女は世の中にはいないと、酔い泣きした。明日金谷《かなや》（金屋）に行くことにする。二十八日には付近の神社を拝み歩いた。幸神《サイノカミ》には大小の陽形《おばしかた》が立ててあった。二十九日、金谷を出て湯沢に向った。馬調べで、道にたくさんの馬が曳き出されていた。この夕は氏英の家に泊った。ここで『小野のふるさと』は終っている。

吉川五明

この後、天明五年五月から七月にかけて日記は残っていない。出羽秋田から陸奥津軽へ向かった旅であるが、前述のように、真澄（白井英二）が久保田《くぼた》の俳人吉川五明《きつかわごめい》（一七三一～一八〇三）を訪ねたのが天明五年七月二十二日であった。久保田の七夕（竿灯）も見たようである。また、『凡国異器《ぼんこくいき》』（大槻民治写本、天明六年）や『粉本稿《ふんぽんこう》』のうち秋田関係の写生画から、何を見たかおよそ推測される。『凡国異器』には、仙北《せんぼく》郡角館《かくのだて》の神司墳・鹿島祭り、同郡横手の鹿島祭、男鹿《おが》の大保田《おおぼた》村弥陀堂・本山《ほんざん》赤神権現・真山《しんざん》・大山橋・守火・漁人張設網などの図があり、『粉本稿』にも阿仁《あに》銅山の図や、男鹿の真山・本山・守火・氷魚網の図がある。すべて見たかはともかく、真澄は湯沢から横手・角館を経て久保田に入り、男鹿・阿仁を歩きながら、やがて日本海沿いを北上したものと思われる。

三　津軽・南部

一里の長さ

『楚堵賀浜風《そとがはまかぜ》』は天明五年（一七八五）八月三日に始まる。出羽・陸奥の国境の山中には神社が二つあった。関屋を越えて大間越《おおまごし》に出ると、一里の長さが四十四町になった。黒崎《くろさき》に泊った。この浜では高所から海の波をはねつるべで汲んで筧《かけい》に流し、それを貝釜に落とし入れ塩を焼いていた。四日、男鹿の島から神が矢を射たという的岩があった。わらじを買ったが、路芝という草でつくり、破れがたいのだという。森山で鮑をつく小舟に乗せてもらい、石が立ち並ぶところを廻った。深浦に泊った。五日、広戸《ひろと》、追良瀬《おいらせ》を通り、驫木《とどろき》に宿を求めた。六日、金井箇沢《かねいがさわ》（金ケ沢）、関村の辺に来ると雨が激しくなり、

沖の難破船

沖では船が帆を降ろし柱のみ立てて、髻《もとどり》を切ったのであろう乱れ髪の男が合掌するのが見えた。赤石川《あかいしがわ》の増水で渡れず、牛島の苫屋形《とまやかた》に無理を言って泊めてもらった。

八月七日、港・浦では船が沈み人があまた死んだと騒いでいた。また田の稲穂も風で倒れたと嘆いていた。一昨年（天明三年）の「けかち」（飢饉）にもまさるかもしれない、わが国は前世にどんな犯しがあって、このような憂き目をみるのかと、声がどよみ、皆泣いていた。川を越えられず、金井が沢に戻り、小埜某の家に泊った。八日、牛島に至り、川を渡って鯵ケ沢《あじがさわ》に着いた。ここでも船が難破し、「たから」（漂流物）を拾うために小舟を乗り出していた。九日、疲れからか風邪気味だったので、この宿にとどまった。

天明飢饉の惨状

八月十日、朝早く出立し、ケンホという遊女がうたう戯れ歌が聞えた。あなめ〳〵と独り言を言っていると、それを聞いた人が、卯年（天明三年）冬から辰年春までに餓死した者たちであると、生き馬を殺し人を食らう悲惨な飢饉の様子を語ってくれた。その人自身は藁餅や葛蕨の根を掘って食べ生き長らえたという。この「ものがたりまことにや」と、家が倒れ、骨組み・柱だけが立つのを見て想像する真澄であった。五所河原《ごしょがわら》（五所川原）に泊った。十一日、鶴田《つるた》村を過ぎて行くと、燃料となる、さる毛、谷地《やち》綿《わた》を馬に付けて運んでいた。阿曾辺《あそべ》の森という田村麻呂の鬼切物語があった。藤崎に着き、真蓮寺に一

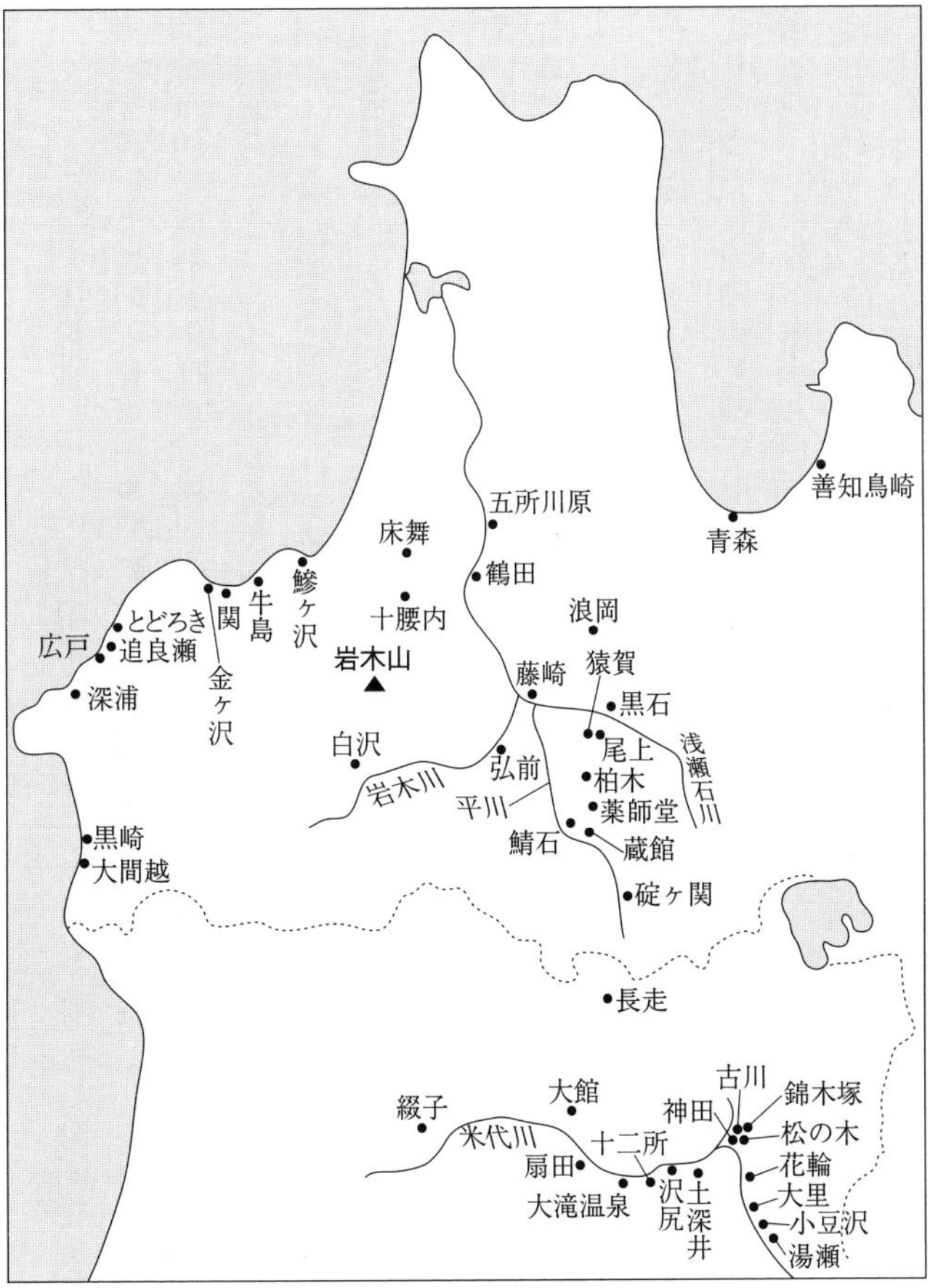

善知鳥崎
青森
五所川原
床舞
鶴田
鰺ヶ沢
牛島
関
とどろき
追良瀬
広戸
十腰内
岩木山
浪岡
猿賀
藤崎
黒石
深浦
金ヶ沢
白沢
弘前
尾上
浅瀬石川
柏木
岩木川
平川
薬師堂
鯖石
蔵館
黒崎
大間越
碇ヶ関
長走
古川
錦木塚
綴子
大館
神田
松の木
米代川
十二所
花輪
扇田
大里
大滝温泉
沢尻
土深井
小豆沢
湯瀬

津軽・比内・鹿角

夜を頼んだ。

間山祐真

八月十二日、津軽野に出で、広崎《ひろさき》（弘前）に至った。笹森町《ささもりちょう》の諏訪行宅の家を訪れた。行宅は吉川惟足《よしかわこれたり》の流れを慕っていた。神司山辺行徳も来て円居した。十三日、間山祐真に誘われてその家に行き、歌を贈答しあった。夕、人々が月見にこの宿に集まり、あるじ（祐真）、妻りち子（律子）、笹森建福と和歌を楽しんだ。祐真（一七六三～一八二五）は弘前藩士で、和学・歌道に通じ、指導的な立場になっていく人である。十四日、あるじとともに、高屋繁樹の仮庵を訪ねた。市路を歩く男女は木の皮の履物をはき、しそといって風呂敷のようなものをかぶっていた。夕暮れになり、祐真、建福、あるじ繁樹が集い、あまたの歌を作った。

岩木山伝説

八月十五日、笛、鼓の音がどよめき、さんげ〳〵と唱え岩木山に詣でていた。岩木山の安寿《あんじゅ》姫伝説、丹後舟の忌避、万字《まんじ》・錫杖《しゃくじょう》という鬼の伝説などを聞いた。行徳の家に祐真、建福、正乗（小野正乗）、繁樹、行徳が集まり名月を詠みあった。祐真の妻りち子より「十五夜の月」を頭に置いた七種の歌が贈られ、真澄（白井秀雄）も同様に詠み、返歌した。十六日、あるじ行徳の家を祐真とともに出た。祐真から十腰内《とこしない》の地名伝説を聞く。

猿賀神社に詣でる

猿賀《さるか》村の深砂大権現《しんじゃだいごんげん》に詣でた。正月七日の草鬼の神事などを書きとめている。ここで送ってきた祐真と別れ、黒石《くろいし》の里に行き、斎藤行索の家を訪ねた。なお、十二日から十六日までは異文『そとがはまかぜ』が残されており、この間に詠まれた和歌が詳しく記録されている。

歌うたいの博士

八月十七日、出立していくと、女三人が歌をうたいながら過ぎていった。宝暦の頃、白沢《しらさわ》村で、検見《けみ》の武士が酒の酌をする女に歌を強いたところ、女は声高く「白沢は出風入風あさあらし、下はひへ《（冷え）》たち実もとらず、ひ《（引）》いてたもれやとの《（殿）》、けみ《（検見）》」とうたった。皆があきれたが、老いた武士はこれを聞き年貢を軽くしたという。その話を聞き、このような女こそが「歌うたひのはかせ《（博士）》」（まことの歌詠み）であると思った。行岳《なみおか》（浪岡）に来て、宿を取った。

松前渡海を占う

八月十八日、津軽阪を越えた。馬曳きが炭焼藤太《すみやきとうた》の塚、炭竈の跡が残っていると語ってくれた。青森の湊に入ると、安潟《やすかた》（安方）町は火事でみな焼け、烏頭《うとう》の社も焼かれたという。むかし善知鳥《うとう》を将軍に献じた例があると、浦の翁が語った。真澄はこの神社で松前渡海を占ったが、三年を待つべしとの天の教えだったので、このたびは断念した。

地逃げ

飢饉に不安を感じての占いだったのだろう。十九日、浜路を有多宇末井《うとうまい》（善知鳥崎）の梯を見に行こうと出ると、飢えないよう地逃げする者たちに出会った。前のけかちには松前に渡って助ったという。このまま行くと自分も飢え人になると思い、引き返した。浪岡に戻り、先に一夜寝た宿に泊った。この村では馬を食べて命をつなぎ、死骸を食い歩く犬のほえる恐さなど、泣きながら語ってくれた。

八月二十日、尾上《おのえ》より、柏木町《かしわぎまち》、吹上《ふきあげ》などを経て薬師堂《やくしどう》村に泊った。二十一日、乳《にゅう》井《い》村、鯖石《サハセ》（さばいし）を経て大道に出た。蔵館《くらだて》の温泉では病人が湯浴みしていた。村々を歩いてくると、今日も住む家を捨て故郷を退く人たちが数多くみられた。山子・杣《そま》が秋味《あきあじ》に積んでくるかすべなどを籠に入れて山中に入って行く。碇《いかり》ヶ関《がせき》に来て、関を越えようとしたが、関手がなく許されなかった。弘前へ戻るように言われたが、ここに宿を取り、長に詫びて身の上を語り、関手をもらうことができた。

八月二十二日、関手を渡して越えた。大人《おおひと》が入ったという鬼湯があった。津軽と秋田の境のしるしに、柵をめぐらした一本の杉（矢立杉）があった。再び出羽の国に入り、長《なが》走《はしり》村に宿を求めた。二十三日、路の傍らに無縁車があり、卒塔婆のかな輪を回している「かたゐ」に出会った。馬を食らい人を食べたことを改悔懺悔《かいげざんげ》しているのだと話してくれた。大館《おおだて》に至り、さなづら、花餅など売っている軒端に休憩した。近くに綴子《つづれこ》村があり、『日本書紀』にある「しゝいりこ」（肉入籠）はここかと推測した。扇田《おうぎた》に来たが、里は火事で焼けており、まだ骨組みだけの仮家に宿を借りた。二十四日、大滝《おおたき》温泉、十二所《じゅうにしょ》の関を越え、沢尻《さわしり》の山中に宿を求めた。この村は出羽と陸奥の境であった。二十五日、山川の水が深く、同じ宿に泊った。

関手

無縁車を回す

続く天明五年八月二十六日からは『けふのせはの、』と題された日記となる。南部鹿《か》角《づの》郡に入り、土深井《トブカヰ》から新田（神田とも）の村に来て泊った。

錦木塚

二十七日、稲を刈る女に聞いて錦木《にしきぎ》塚に行った。錦木の物語をここに詳しく記し、真澄は男女の亡霊に手向け二首の歌を詠んでいる。畦道に戻ると先の女が、中むかし、七月半ばになると塚の中から機織る音が聞えたなどと語ってくれた。

毛布・狭布

古河《ふるかわ》（古川）の村長黒沢兵之丞の家では「毛布」を今も織るというので訪ねた。あるじに聞くと、今は鳥の毛を混ぜて織ることはない、機織の布の幅が狭いのでそのように言っているのだろう、現在も南部布といって狭い布を織り出しているとのことだった。松の木村には石の陽形《おばしかた》を並べた祠があった。花輪《はなわ》の里では紫染めを業としていた。大里《おおさと》村の作山某の宿に泊り、滞在した。

八月二十九日、菊池何某という村の長が訪ねてきた。翌九月一日、福用山大徳寺に遊び、恵音という僧と語らった。その帰り、宿の童にあげるくだものを買おうと店に入ると、翁が、文などをやぶり葛篭や箱のようなものに渋糊で貼っていた。それを見ると、大化の昔に恵正法師が書き残したという『錦木山観音寺由来記』だったので筆写した。後に真澄は『陸奥国毛布郡一事』のなかにも、この由来記を書き記している。

九月二日、小豆沢《あずきざわ》の大日如来に行った。秋津虫（蜻蛉《とんぼ》）に酒の泉のありかを教えられ富人になった、だんびる長者の話があった。

湯瀬のマタギ

湯瀬《ゆぜ》の温泉に泊ると、山刀を腰にさした翁

がおり、マタギといって狩人だった。翁は、若い頃国々をはせ歩き、遠江、三河までも歩いたという。暮れると、糸宿といって、女たちがうみそ（績麻、麻糸つむぎ）をするため苧笥《おけ》（おぼけ）を抱えて集まってきた。

田山の盲暦

九月三日、折壁の里で関手改めを受け通った。田山《たやま》の里に出た。めくら暦があり、これで田植えや、耕作の時を知るためしであった。吉沢某の家に泊った。四日、苗城沢《なしろさわ》（苗代沢）村の梨木峠を行くと、牛追いの男が今日は百里行って宿にするから急げと、先を歩く子供を促していた。聞けば、六町で一里、一塚とは七里、四十二町のことだった。曲田《まがた》の村に宿を取った。男たちが、鹿は世におもしろきもので、夜祭りで籠もり明かした朝、笛・鼓の声に浮かれて、野飼いの馬にまじり、角を振立てて踊るのを見たといい、獅子舞はこの鹿踊を見て始めたのだろうと語ってくれた。

天台寺に詣でる

九月五日、末の松山を見ようと出立した。浄法寺《じようぼうじ》の吉祥山福蔵寺に入り、活竜上人と語らった。一夜を勧められたが、心がせくので寺を出た。道で老法師に、どこにいくのか問われた真澄は、世にある、かしこきところを訪ねていると話すと、桂清水に案内してくれた。御寺（天台寺）の観世音は行基菩薩の作、いにしえ聖武天皇の建立にかかるなどと、御前に額を下げて語るのを聞いた。金葛に宿を借りた。

末の松山

九月六日、一戸《いちのへ》のはずれを行くと、藤原家隆が詠んだ末の松山の麓だった。今は波うち（浪打）峠と呼んでいる。再び一戸に戻り、小沢に来て宿を求めた。家のあるじの女に米を一粒も持っていないので泊められないと断られたが、ひたすら願って泊った。粟の飯に塩漬けの桃の実を添えてくれた。米をはかる升を枕にした。家の翁が、火を焚き、斧やまさかりを磨いで並べていたので殺されるのかと不安になった。また荒々しい男二人が入ってきて、寝ているのは誰かと聞いている。ますます恐くなったが、やがて、若者も起きて出て行った。起き出して聞くと、山へ行ったという。疑いを持ったことに恥じて、また寝た。

粟飯

女が臼を搗く

九月七日、女郎花《おみなえし》のような粟飯を少しだけ食べて出立した。御堂《ミドウ》に来ると、観世音菩薩があり、厩戸《うまやど》の皇子《おうじ》が像を置き、田村麻呂が堂を建てたと伝えていた。八戸の辺は水が溢れ、なかなかの騒ぎだと旅人たちが語っていた。沼宮内《ヌマクナイ》に泊った。八日、巻堀《まきぼり》に金勢《こんせい》大明神があった。渋民《しぶたみ》村長根にある千本松という根分かれ松が枯れていた。この下枝に、鼻緒の取れた草履や草鞋が掛かっていたが、わらは《（わ）》やみ（瘧）が直るように願ごとをし、癒えたら掛けるのだという。女たちが歌いながら臼を搗くのを見ると、銭三十ばかりと多くの鍵を紐で貫いた鍵銭を腰に付けており、杵を取るごとに鳴っていた。岩木山には安寿姫、岩手山に津志王丸を祭る、あるいはその逆に言われているが、本当のことを聞いてみたいと思った。盛岡に出て、北上川の辺に宿を借りた。

花巻の医伊藤修

九月九日、小舟を二十ばかり連ねた舟橋を渡った。あまどころを製して薬として売っていた。日詰《ひづめ》の志賀理和気神社《しがりわけじんじゃ》に詣でた。石鳥谷《トヤ》（いしどりや）の里に泊った。十日、花《はな》巻《まき》のくすし伊藤修《ヲサム》の家に泊った。旅人二人が訪ねてきたが、五瀬（伊勢）の国を出て国めぐりをする檍正唯、岩波良清という歌よみ（詠）、はいかい（俳諧）する人だった。十一、十二日とこの人たちと過ごした。十三日、一緒に出立しようとしたが、真澄はとどめられ、二人を見送った。早池峰山《はやちねさん》に瀬織津姫を祀ると聞き拝礼した。また十握の宮といって、日本

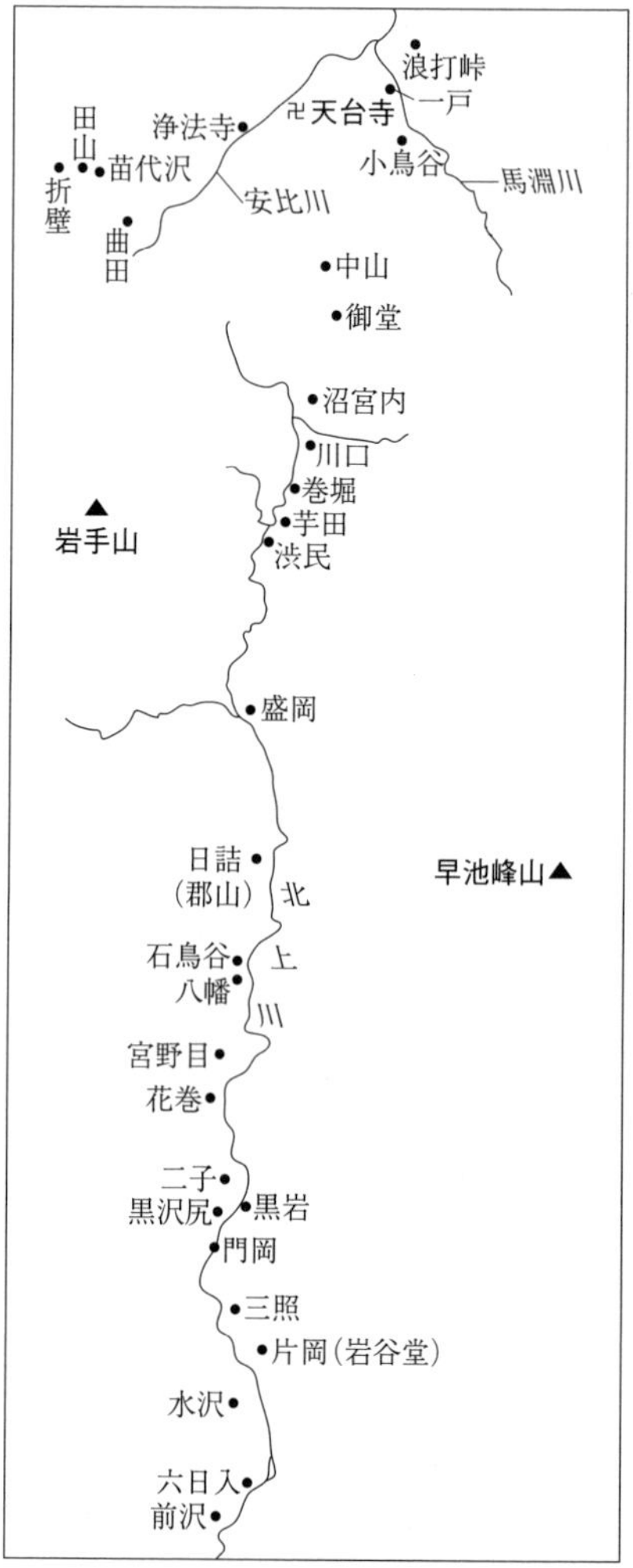

南　部

武尊がゑみし（蝦夷）を退散させるため陣を布いたという仮屋の跡があった。

老女の話し言葉

二、三日風邪を引き日記もつけなかったが、十七日夜、隣で火事が発生し、真澄も書物など運び出し、あるじ修を助けた。十八日、修は家の後ろにあった仮屋に移った。修に見捨てないでしばらくは滞在するよう言われ、とどまった。老女が薬を貰《もら》いに来て話していたが、言葉が分からず、意味を聞いて古き言葉かと思った。この仮屋で日数が過ぎたが、村谷守中という人が情け深く、綿があつく入った衣をくれたのがうれしく、「ものたうびしひとにをくる」の十二字を歌の上と下に一字ずつおいて六首を作った。

境界の白狐伝承

狐の館

九月二十七日、出立にあたって、あるじ修（渓路）、守中、文英、買糸、至岳、素綾と歌・句の贈答をした。二子《ふたご》の八幡社が阿弥陀仏を祀っているのは不思議な感じがした。飛馳森《トバセ》というのは天正十八年滅びた和賀主馬かみ（頭）の城址であった。黒沢尻《くろさわじり》の昆某の家に泊った。二十八日、あるじに誘われ、安倍の古館の跡を見に行った。むかし、和《わ》賀《が》郡と江刺《えさし》郡の境界争いがあったが、そのころ白狐がにぎて（幣）をくわえて駒が嶽に去ることがあり、稲荷の神がその筋（境界線）を教えてくれたという伝承があった。境には二股の木を植え、あるいは炭を埋めて、これを炭塚と呼ぶのだという。二十九日、三《み》九日《くにち》の末の九日で、茄子《なす》の羹《あつもの》をどの家でも食べていた。三十日、あるじから、この西にある後藤野《ごとうの》では「狐の館」が見え、七戸《しちのへ》の三本木平《さんぼんぎたい》では「狐の柵」という山市が立つと、蜃気楼の話を聞いた。
十月一日、黒沢尻を出た。あるじが安倍政任の館の跡近くまで送って来た。歌を書いて与えると、あるじ看山が筆を乞い、句を詠んだ。真澄がそれに付けて詠み別れた。南部を離れ、江刺郡の門岡《かどおか》村に入った。片岡《かたおか》（岩谷堂）に宿を借りた。

四　仙台

鈴木常雄

仙台領に入ったあとの、天明五年の行動は詳しくは不明であるが、胆沢《いさわ》郡六日入《むいかいり》村の鈴木常雄の『楽山亭日記』には、十月四日、三河の秀雄という「雅客」が常雄を訪ね、翌日には別れたが、これが濫觴となり年を越して親しく交わることになったと記されている。また、三河秀雄の名で、胆沢郡西根《にしね》村の諏訪神社に「法楽八景和歌」を奉納したのは十月二十五日のことであった。

村上良知

『かすむこまかた』は天明六年（一七八六）正月、胆沢郡徳岡の村上良知の家で迎えたところから始まる。一月一日、若水で墨をすり、筆を試すといって人々は歌を詠み、その筆を借りて真澄も詠んだ。二日、年の寿《ことほ》ぎで人が出入りし、童には松の小枝《サエダ》に銭を貫ぬいて与え、これを「馬に乗《ノセ》る」という。三日、申の日で、馬を馬柵《マヲリ》から出して駒遊びさせ

馬に乗せる

カセギドリ

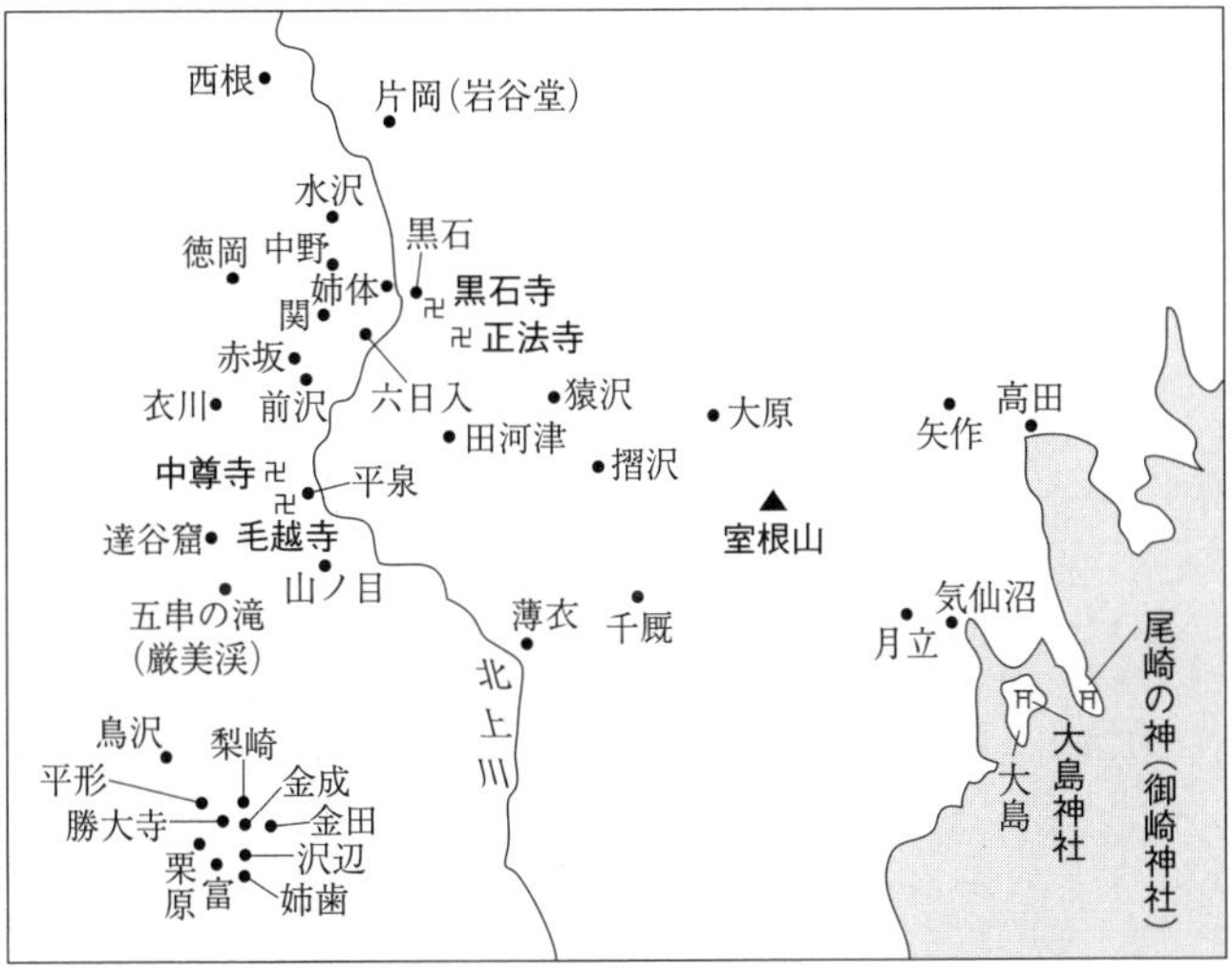

仙　台　1

ていた。六日の節分には、「天に花開《サケ》地に登《ミノレ》、福は内へ鬼は外へ」と豆をうちはやす。七日、年初めより無《マメ》事《ダテ》という意で、朝は白粥《シロカユ》に大豆《マメ》を入れたものを食べていた。良知や、その弟良道とともに立春を詠む。道遠とも文で和歌を贈りあった。

一月十一日、物始《ハダテ》の日で、雪のうえで鉏鍬《スキクワ》を打ち返したり、芒尾花や藁で稲田を植えるしぐさをしていた。十二日、昼過ぎから若男《ワカヲ》らの鹿踊《カセギトリ》、挊鶏《カセキドリ》が群れて人の家を廻り歩く。十五日、粟の餅《モチヒ》を黄金《コガネ》の餅と呼んで食べている。家々の嘉例《シツケ》で、今日、田植えといって藁を門田の雪にさしたり、豆を植えるといって豆柄《まめがら》をさす家があった。「花をかける」と称して、白粉《シロイモノ》を手につけて、誰となく人の顔に塗りつけて歩いている。前沢《まえさわ》や水沢《みずさわ》では「へそべ」(釜底墨)を油に溶かし、それを塗り歩くという。十六日、子供たちの鳥追いがあった。拵鳥も今日の昼を限りに終った。十八日、田植え踊りがやってきた。

中尊寺に詣でる

一月二十日、磐井《いわい》郡平泉《ひらいずみ》の常行堂の摩多羅神《またらじん》の祭を見に、宿の良道らに誘われて出かけた。田の面の雪のなかに鶴形《ツルガタ》を立てていた。及川某という武士《サモラヒ》が始め、鶴がそれを見て降り立ったところを鉄砲で撃つという。前沢で約束していた鈴木常雄と会った。常雄は常道という人を伴っていた。衣川《ころもがわ》の橋を渡り、常雄、良道などと衣川にちなむ歌を詠みあった。中尊寺に詣で、経蔵にある金泥の納経など見せてもらい、また金色堂《こんじきどう》に入って内部を拝観した。そのあと高館《たかだち》の義経堂に行こうと思ったが、雪が深くまたの機会とした。

摩多羅堂の神事

摩多羅神の広前《ミマエ》に額づいた。まだ人が集っていなかったので、付近を見歩き、千葉某のもとへ行った。日記ではこの後に、毛越寺《もうつうじ》や、柳の御所、鈴木三郎重家の館跡、金鶏山などの史跡や、『清悦物語』『上編義経蝦夷軍談』といった文献を紹介している。暗くなったので千葉の宿を出て、摩陀(多)羅神の堂に入ると、やがて神祭《マツリ》が始まった。その式次第や、田楽に始まる舞・謡曲の演目などを子細に記録した。終って、千葉氏の家に帰った。

毛越寺の僧に手紙を託す

一月二十一日、昼頃に起き出し、酒の飲みあいになった。床の間に「心静酌春酒」の掛物があり、これを題に常雄、良道らと歌を詠んだ。翌日も、あるじが氷頭膾《ひずなます》を出し、一日酒宴で暮れた。二十三日、人々と別れ、真澄ひとりがとどまった。このあたりの古き所々を見たいと話すと、あるじがいつまでもいなさいと懇《ねんご》ろに言ってくれた。しばらく滞在し、二十六日、千葉某の案内で、達谷《たっこく》村の山王の窟《イハヤド》を見に出かけた。田村麻呂が真鏡山西光寺を建立し、百八体の毘沙門天を安置したというが、二十体ほどが残り、それを修理して十体ばかりが立っていた。千葉の家に戻った。二十七日、毛越寺の古跡に行き、いにしえを偲んだ。二十八日、毛越寺の衆徒某二人が比叡山《ひえいざん》に登るというので、その法師に故郷への手紙を頼み、「ふる里を夢にしのぶのすり衣おもひみだれて見ぬ夜半ぞなき」（故郷を夢にみて偲ぶ思いに心乱れない夜はない）と気持ちを詠んで、その文に書き入れた。二十九日、今日も年越しだといって、家々の門を飾るなどして、年忌みをした。

琵琶法師の浄瑠璃語り

二月二日、厄年祝《トシナホシ》で人が行き交っていた。三日、注連縄引《トシナハ》きの祝で、小豆粥を食い酒を飲んで遊ぶ日だった。六日、琵琶法師が来て、曽我《ソガ》、八島、尼公物語《にこうものがたり》、湯殿山の本《ホン》事《ジ》、千代《チヨ》ほうこなど、浄瑠璃を語り、夜が更けるまで聞いた。七日、再びと言って千葉の家を出た。前沢で霊桃寺の長老としばらく物語し、それから徳岡に至り、村上の家に滞在した。八日、疫癘《エヤミ》を避ける祭りがあった。十四日、子供たちが鹿舞《カセギヲドリ》や田植踊り、念仏踊り、剣舞《ケムバヒ》をして遊んでいた。剣舞は高館物化《タカダチモツケ》といい、高館落城の後さまざまの亡霊が現われ、それを弔うためのものという。二十一日、某都某都《ナニイチクレイチ》という二人の盲瞽《メシヒ》の法師が来て相宿りした。三弦《サミセム》を取り出して弾くと、子供たちが出てきて、むかしむかしを語れと言う。家室《イヘトジ》が、「琵琶に磨確《スルス》」を求めると、むかしむかしと語り始め、「とつひ《(ぴ)》んはらり」（結びの文句）で終った。

二月二十二日、六日入の鈴木常雄の家に至った。明朝、あるじ常雄が仙台に急用で旅立つといい、畠中忠雄の里を訪ね、松島にも行ってみたいものだと語った。うまのはなむけに人々は酒を飲み、真澄は歌を贈った。二十三日、常雄は行道を連れ出立した。二十四日、徳岡の村上良知のもとへ、子供に道案内させて行った。二十五日、歌物語の書物を繰り返し読んだ。三十日、忠功寺の玄指という僧《ホフシ》の百日斎忌《モ、カノトフラヒ》の法要があり、歌を詠み手向けた。真澄はここで『かすむこまかた』を終え、三月からは「ことふみ」に記すとしている。

『かすむこまかた』とは別に、表題のない天明六年一月から九月までの日記草稿（異本）がある。松前藩士氏家直英（後出）家に伝存されていたのを白山友正が発見し、『未刊南部仙台遊覧記』上下と命名して活字化した（『未刊菅江真澄遊覧記』）。その九ヵ月間のうち、『かすむこまかた』（一～二月）、『はしわのわか葉』（四～六月）と題した日記が存在するので、内田武志は三月分を『かすむこまがた続（仮題）』、七月～九月分を『はしわのわかば続（仮題）』として全集に収録している。

姉歯の松

小迫の勝大寺

天明六年三月一日、金成《かんなり》近くに世に異なる祭りがあると聞き、出立した。平泉に至る。二日、山の目の配志和《ハシワ》神社の神司日光院の垣根に梅の木があり、その紅の花の匂いに菅家の子敦茂卿がこの里に流されたといういにしえを思い、歌に詠んだ。金生（金成）に至り、金田の里に泊った。三日、姉歯《あねは》の松を見に行った。気仙《けせん》郡高田《たかた》の某の娘が都に上るさいこの里で死んだので植え、その妹が都に上るとき、「あがあねのはか松」と言って悲しんだという。梨子崎《なしざき》（梨崎）の村で、白髪の翁に聞くと、その松はむかし枯れ、伐ってここの八幡宮に納めたが、わらば《(わ)》やみ（瘧）に効くといって削り取られるので、明楽院の屋の箱の内に秘めてしまったとのことである。小迫《おばさま》の道祖神を拝むと男根がいくつも並べてあった。目的地の小迫山正太寺（勝大寺）に着く。芝の上で演じられた、本《モト》妻《メ》と妾女《ウラメ》、田村の君と鈴鹿の前の「ひさまひ」、那須与一の扇の的射、田楽などを見物し、詳しく記す。沢辺の宇佐八幡社の別当、教覚院の屋に泊った。

三月四日、姉歯の松に再び行き、昨日の翁に笑われながら、姉歯の橋の所在を聞いたが、そのような場所はないという。水越川という細い川に土橋があり、岸の屋に入って

金田八幡の量海

炭焼藤太の物語

聞けば、この橋が姉歯の橋であると聞き伝えていると、女翁がいろいろ引いて説明してくれたのがおかしかった。富村《とみむら》に入ると、「蝦夷の島人」が隠れていたという岩穴があった。真澄はこのあと、栗原村の白馬山栗原寺、大荒木村の鈴木三郎の館の跡、鳥沢《とりさわ》村の「たいどう（大同）の桜」、平方《ひらかた》（平形）村の「つくり橋」、有賀《ありが》村八幡社の弓立の杉、矢立の杉のことなど、村々の旧跡、伝説を記しているが、これらの地を巡り歩いたのであろう。頼義、義経、頼朝など源氏との由縁を語るものが多かった。東館《トタテ》の金田八幡に幣をささげ、同社の別当清浄院量海法印のもとに泊った。頼義、義家が金田城を構えて八幡の社を建て、藤原清衡が八幡山金田寺を創立したといい、この地には炭焼き藤太、すなわち、金田の長者藤太夫の物語があった。

三月五日、量海が、藤太夫の翁面、鬼・竜・おろちの歯などを見せてくれた。法印の案内で勝大寺に詣でた。論教坊の家で、鈴鹿の前の面、田村御笛など寺宝を見る。東館に帰った。六日、量海の母の七回忌の法要があり、真澄は傍らにいて歌を詠んだ。七日、再びと言って立とうとすると、山から出土した瓦片、木の葉石、矢の根石などを土産にくれた。藤太夫、をこやの前の五輪の墓に至り、鶏坂を越えたところで、法印と別れた。赤坂に泊った。この日、真澄が徳金房量海に『和歌秘伝書』を授け、それが同家に伝わっている。

安倍貞任の琵琶の柵

芳賀慶明

三月八日、ぜんあみという所に着く。あるじの翁に案内され、稗貫《ひえぬき》の館や、梵字箇池の中島（秀衡建立の無量光院跡）、猫間が淵などを巡り、判官館にのぼった。真澄は義経が蝦夷が島に渡ったというのはいぶかしい、などと述べている。安倍貞任《あべのさだとう》の琵琶《びわ》の柵《さく》はどこか翁に聞いたが知らなかった。翁と別れ、衣川に行くと、けんだん（検断）桜があり、ここが琵琶の柵かと想像した。むくろぎの村に泊り、十日、六日入に至った。十一日、徳岡に行った。十五日、良知とともに前沢に行き、霊桃寺に泊った。十六日、近隣の山に野火がかかった。安平某の仮屋で月見し、寺に帰った。十七日、近くの山々にも野火が移っている。徳岡に帰った。十八日、鳥海胤次の賀に、求められ一首詠む。

三月二十日、大原《おおはら》に行こうと出発した。霊桃寺の尊師と語ったあと、知人と藤巻川の丸木橋を渡り、麻生の鈴木某に泊った。二十一日、常雄の家に着いた。あるじは二月末公に召され、幸なる報いを賜ったので、喜ぶ人々に酒を呑ませ、和歌を詠みあい、真澄も加わった。翌日も翌々日も酒宴が続いた。二四日、北上川を舟で渡って行き、田河津《たこうづ》の為信を訪ねた。二十五日、馬を雇い、馬引く男と語りながら行った。摺沢《すりさわ》のあたりで、山中の金吹きの屋から、たたらの音、歌う声が聞えてきた。大原に着き、芳賀慶明《ヨシアキラ》（一七五三～一八〇四、肝入、歌人・俳人、芦東山に師事）の仮屋を訪ねた。二十七日、新築の家の萱吹きが済んだ祭として、カマスに餅を入れて打撒きし、子供がそれを拾っていた。大工の長なのか、小さい鎌を作って屋根の六ヵ所にさしていた。二十九日、いまだ花が咲かないが、慶明とともに大原飛騨守宣広の古館に登った。

『はしわのわか葉《ば》』の天明六年四月一日、三月の頃から花を待って大原の里にあったが、今日は里に市が立ち、見歩くと、家々の紅梅が盛りであった。三日、人に誘われ、片山里に出かけた。麻苧《アサヲ》の畑に枯《カレ》尾花を挿して歩く人がいたが、問うと麻に虫がつかないようとの呪いであった。畑中に咲く柴桜の一枝を望むと、老人が折ってくれた。ある家に入って休み、湯づけを食べた。四日、子供たちが紙鳶《テンバタ》の糸を引いてあげて遊んでいた。大原に戻った。五日、花の盛りなので、わりご、ふくべ、火縄（煙草用）を持って花見に出かけ、移り歩いた。六日、慶明に誘われ松井の飛泉《タキ》を見に行き、歌を詠みあった。

四月七日、慶明の宿を立った。例によって歌の贈答をなし、清雄《せいゆう》（白石の俳人松窓乙《しょうそうおつ》二《に》）という人からも句を贈られた。田の畔には、鹿おどしといって、馬の毛を焼き黒めたり、藁を束ねて焼いたのを串にさし立てていた。猿沢《さるさわ》の村で、軒近く花が面白く咲いていたので、道遠き国の旅人だが、疲れたので休ませてほしいと頼むと、「よき事、休らひて」と言ってくれたのがうれしかった。東山《ひがしやま》の田河津の辺りは紙漉きの家が多かった。芭蕉の『奥の細道』はこの東山で漉いた紙を四つ折りにして書いたものだと、真澄は記している。為信の家に泊った。

黒石寺の蘇民将来

四月八日、里の童を先立ちにして、大金《オホガネ》の岨（崖）の桜を眺め、拈花山正法禅寺に詣でた。さらに、山内《ヤムナイ》の修験寺、妙見山黒石寺《こくせきじ》に向かった。大同元年に建てたといい、慈覚大師作の薬師仏を秘めていた。正月八日の蘇民将来は、世に珍しいあらがい祭りだと紹介している。黒石《くろいし》に出ると、路傍に小屋を建て、そこに貨銭《ゼニ》二貫を長縄《ナワ》に貫き掛けておいたのを、童、老人が昼でもしっかり守っていた。この銭が盗まれたときには利銭を添えて禍《ツミ》を贖《あがな》うのだという。案内の童はこの里の子だったので、ものを与えて別れた。加美川を舟に乗って、六日入の鈴木常雄の家に入った。

中尊寺の猿楽

四月九日、初午の祭りに中尊寺へ出かけた。前沢《マヘザワ》の霊桃《レイタウ》寺を訪ね、上人を誘った。衣川の検断《ケムダム》桜を見て、中尊寺に至ると、白山《シラヤマ》姫の社前に設けた舞台では、開口の祝詞のあと、若女の舞、老女の舞などがあり、古風《フル》めかしかった。やがて衆徒が集り、猿楽（田楽）が始まったが、これは今めかしく感じた。中尊寺を出て義経堂に登った。源九郎判官の由来《ユエヨシ》について、『義経蝦夷軍談』の松前渡りの箇所を簡単に紹介している。人々と別れて、平泉のよく知った民家に泊った。十日、今日も猿楽舞があった。達谷《タツコク》の窟《イハヤ》の方へ行き、五串《イツクシ》村の五串の滝（厳美渓）では、飽きることなく飛泉《タキ》を見たたずんだ。再びここに来て、奥深く訪ねてみようと思った。田面《タヅラ》の道をくると、苗代の水口にしめを引いていた。

大槻清雄・清古

山ノ目の大槻清雄を訪ね、長子の清古（丈作・清臣）と和歌を贈答し、泊った。

四月十一日、大槻の家の近くの配志和神をはじめ、神明社、八幡社、鎌足の社、安日《あび》の社、神星の社、土守の社など見歩き、各神社の由来を記している。十二日、桃生郡鹿《カノ》股《マタ》の有隣《アリチカ》の翁が真澄を所々尋ねたが、今日も会えなかったと歌を残して帰った。十三日、胆沢郡にまだ咲き残る花があるだろうと、大槻清古とともに山ノ目を出た。六日入の鈴木常雄を訪ねた。十四日、あるじ常雄や大槻清古などを誘い、水沢の塩釜の桜を見に行った。歌や詩を作っていたが、雨が激しく止まなかったので皆は帰り、ひとり大林寺の曇華上人を訪ね泊った。十五日、塩釜社に花見に行こうと、上人や近くの人々と出かけた。「社頭花」を題に、寛戡《ヒロカツ》、信包《ノブカヌ》、親賢《チカヨシ》、僧曇華《ドムグエ》、氏喜《ウチヨシ》といった人たちと歌を詠んだ。暮れて大林寺に人々が集い、歌会をした。常珍《ツネヨシ》という人の歌に返歌した。

山里の婚姻習俗

四月十六日、寺の後ろの田で焼米《ヤイヨネ》を撒く男がおり、聞くと稲田に虫がつかない呪いだという。十八日、ある翁に近くの山里に婚姻《ムカハサレ》があるので見せようと誘われ、寺を出た。嫁が剃刀を使わないで産毛を剃る糸剪《イトガリ》や、髪結、化粧、あるいは婿の家にあら男《ヲ》が守木《モリギ》を新婦の腰に当てて背負ってくる、守木の習俗などを見て、真澄は古実風《フルメケルフリ》が多いと記している。馬で水沢に帰り、祥尚《ヨシヒサ》の家を訪ね泊った。

四月十九日、祥尚の家の歌会に、邇高、小幡為香、紡松《タケツネ》らが集ってきた。二十日、大林寺に曇華上人を訪ねた。二十三日、曇花（華）、氏喜の翁、信包と歌の贈答をして人々と別

植田義方からの手紙

れ、塩釜神社に詣でた。社司《カミヌシ》佐々木繁智の家を訪ねたあと、徳岡の村上氏のもとに来て、あるじ（村上良知）の兄弟の良道と語らった。二十七日、父母の国吉田の植田義方から返事の手紙が届き、それを繰り返し読んだ。十九日、ほととぎすが鳴くのを聞き、五月鳥《サツキドリ》、田植え鳥あるいは小鍋焼《コナベヤキ》という郷もあり、小鍋焼を一人で食べた弟が狂い死にし、ほととぎすが叫び泣いた話などを日記に書きつけている。

男女のけじめなし

五月二日、良道と歌の贈答をして別れる。良知は前沢にいたので、良知の子供の道案内で行き、良知とも別れの歌を贈りあった。この夜は霊桃寺に泊った。五日、節句に幡を軒に立てるのは男子のある家であるが、この里では女子を持つ家でも子供がいない家でも立て、男女のけじめがなかった。安平広長《アムヘイヒロナガ》を訪ね泊った。六日、那須資福の牡丹《ホウタニ》が真盛りというので誘われ出かけた。七日、八日と、近くの良友の家に例の人々が集った。九日、別れに、あるじ良友、広長、広影、正保という琵琶法師、霊桃寺の僧《ホフシ》茵雲、那須ノ資福、方長、桃英と、歌あるいは漢詩の贈答をした。六日入の鈴木常雄の家に行った。常雄は、黒助《クロダスケ》の山里に百歳の老嫗《ウバ》がおり、その長寿を祝い酒肴を贈りに行くというので、真澄も同行した。途中、江刺郡黒石の行道を誘った。老女はとても百歳には見えず、十三歳で嫁に来て、八十翁の子があり、五十の孫があった。行道の家に泊った。

盲法師の語り

五月十日、常雄は急用の文があり帰った。南部閉伊《へい》郡宮古《みやこ》の藤原という処の盲法師が

田植えに泥を打つ

泊っていたので呼び出すと、紙張りの三絃を出して『尼公物語《にこうものがたり》』を語った。小盲人《コホウシ》も「黄金砂《コガネスナ》まじりの山の薯蕷《イモ》……」などと語った。十一日、竜門の滝を見たあと、行道と別れ、北上川を渡って常雄のもとに着いた。二、三日雨の晴れるのを待っていたが、前沢の杉ノ目真門という人に誘われ、真門の家に行った。十九日、出立にさいし、真門、片雲禅師、秋房、要寛という人と歌を贈答した。六日入に戻った。

五月二十一日、長い竹綱《タカツナ》で馬を繰り回し、田の面の土をかきならしていた。竹綱を取る女を「させご」という。田植えの日は長い萱の折箸で食べるためしであった。二十五日、田植えを見に行った。二十六日、朝から雨が激しく降り、去年、今年来た婿は田面の乙女らに泥《コヒヂ》を打たれ、泥まみれになっていた。早苗を取る日に雨が降れば豊年《トヨトシ》なりと、喜び合っている。二十八日、姉体《あねたい》のくすし安彦《あびこ》ノ中和《ナカマサ》、盛方、祥尚、八十歳の守清より歌を贈られ返す。二十九日、常雄とともに、麻生《アサフ》の千葉道利を訪ねた。六日入に帰った。

六月一日、夜が明けると「蚤《のみ》ノ舟《ふね》」といって、羊蹄草《シノハ》の実を撒いた。蚤はこれを舟とし、みな海に帰り去るという。五日、近隣の里の杉ノ目真種のもとに行き、一夜語らった。六日、常雄の家に帰った。七日、出立すると言うと、常雄が身の守りに、保元平治の頃より伝わる破れた鎧を少し分けてくれた。二十四代常雄の先祖常信は源義家の家来で、義朝や北畠顕家の感状などを伝えていた。婿の常茂に近くまで見送られた。姉体《アネダイ》の

奥の葉山

安彦中和のもとに着き、三、四日滞在した。十二日、石手堰《イハデキ》の神に中和とともに詣でた。

六月十四日、中和が見送って来て、正法寺《しょうぼうじ》に詣でたあと別れた。酒店で濁酒を飲んでいた男が腰鮒《コシブナ》（腰銭）を使い果たしたと酔い泣きしていたが、ブナは蝦夷人のブンマ（賃料）かと真澄は語釈した。田河津《タカウヅ》で宿を借りた。十五日、猿沢《さるさわ》村の中津山忠《タヾシ》の家に着き、泊った。大原寺に参り、葉山社の由来を寺の優婆塞に聞いた。奥の葉山と呼ばれ、小葉山《ヲバヤマ》の観世音は円仁作という。十六日、大原の里に着いた。芳賀慶明の家を訪ね、月見しながら語りあう。二十日、近日出立すると話すと、秋が来るまでとどまって暑さを凌ぐよう懇ろに言ってくれたので、滞在することにした。

室根山に登る

六月二十四日、八幡の宮に詣で、住僧と語らった。二十五日、牟婁峯山《ムロネヤマ》（室根山）に登ろうと、慶明をはじめ人々と行った。新山、本山の神社二つが並んでおり、人々はわりご、竹筒をひらき杯を取った。帰りに麓の山里の家に休んだ。家の妋人《トジ》が蕎麦《ソバムギ》の餅《モチヒ》を勧め、未嫁《ヲトメ》が濁酒を出してくれた。今年は豊作だろうと田草取りが畦に休んで語っているのが聞こえてきて、稲作が良ければ、民家は何の憂いもないと、飲めや歌えやと果てしなかった。手火炬《テヒマツ》を振って大原に帰った。二十七日、小林という山里の良善院の清隆法印を訪ね、石砮《イハヤノネ》五つ六つ、および雷斧石《カミノヲノシ》を贈られた。二十九日、都都喜石《ツツキイシ》（続石）の神に詣でた。再び、良善院の清隆法印を訪ねると、酒・肴のもてなしを受けた。芳賀の宿に帰った。

『はしわのわかば続（仮題）』の天明六年七月三日、慶明の家を出立するにあたって歌を贈りあった。笹の田峠を越え、気仙郡矢作《やはぎ》に至った。その後高田方面に出たものと推測されるが、日記が欠けており不明である。七日には気仙沼であろうか某家におり、新仏の家では、三年の間、茶幡を軒に掲げて通行者を呼び寄せ、ものを食べさせ茶を飲ませる習慣があった。十日夜、大きなついまつ（続松）を押し立てて門火を付け、たいそう降る雨にも負けず天地を輝かしていた。十五日、あるじと別れの歌を詠みあい、また惟長という人に漢詩を贈られた。同じ里（気仙沼）の熊谷直剛の家に泊った。

新仏の家の接待

七月十六日、霊まつりの具を舟形に作った菰に入れ川に流していた。十七日、洪水で橋が落ち、田が流された。十八日、計仙麻《けせま》大島神に詣でようと、今日の市に来た帰り舟に昌信という人とともに乗せてもらい渡った。舟子が靄《もや》のかかる日には幽霊船が出るので急げ急げと言っていた。真澄が聞くと、船が浪にとられ、海で死んだ者の魂がとどまって出てくるのだという。大島《おおしま》にあがり、長の小野寺某のもとに着いた。十九日、大島神は亀が森にあり、保食神《うけもちのかみ》を祭っていた。霧の中に尾崎《おさき》の神（唐桑半島御崎神社）が見えた。尾崎の神の徳により、大船のかしぎの子供が海に落ちたとき、鯨《くじら》の頭にいただき助けられたという。鯨のことを「たふとさま」と呼んでいる。

計仙麻大島神に詣でる

鰹・鮪の漁

七月二十日、小野寺の家の軒から舟出した。鰹《かつお》を釣る舟が沖に漕ぎ出している。鮪《しび》が寄ってきた合図に、高所にいた男が白布の幡を押し立てると、網子たちの小舟が乗り出し網を引き回した。有文の家に入り語ってから、直剛の家に帰った。二十四日、海岸山普門院観音寺で、あるじの法印と語った。開山慈覚大師の石の独鈷、義経の古笈があった。二十五日、有文の家で人々と歌を詠みあう。三十日、女が門に立ち、「おしらこ」(おしら様)のことを語っていた。

八月一日、高萱の茎を折ってものを食べる例であった。うまのはなむけに、あるじ直剛、あるじの女ちら女、屋の娘くを女、道剛、昌信、義方、広忠から歌を贈られた。木村某は名取川の埋木をくれた。延期して三日に出立した。あるじ直剛、昌信、木村某に送られながら、月館《つきだて》(月立)の直慶の家に来て泊った。直剛、木村は帰ったが、昌信はとどまった。五日、直慶と別れの歌をかわし出立、途中まで昌信が送ってきた。磐井郡になり、おその袋の社があった。むろね(室根)の神はここで生まれたという。千厩《せんまや》に来て藤原秀衡の千厩の跡を里人に案内してもらった。薄衣《うすぎぬ》に着き、検断の紺野某の家に泊った。むかし座頭の坊が馬を乞うて、馬がないときにはこの馬やせていると銭を与えたが、これが正月の痩馬の起りであるという。

痩馬の起り

八月六日、朝早く面白川に行ったあと、紺野の家を出立した。家ごとに女たちが糸引

松島の月見に出立

きしているのが見えた。北上川を舟で渡り、作の瀬に来て、山の目の大槻の家に着いた。八日、道遠の翁が来て、翌日帰った。十日、近隣のつわ子が立文《たてぶみ》で和歌をよこした。十一日、桃生郡の有隣（前出）とも計画していた松島の月見に出立する。清雄、清古としばしの別れを惜しみ和歌を詠みあう。鬼死骸《おにしがい》で道に迷い、竹沢より男に案内を頼み、馬をひかせ、金沢《かざわ》の駅に出た。そこから歩き、石越《いしこし》村の道遠の家に入った。あるじ、くすし千葉胤凞と歌を詠みあった。

仙台通宝

雄島の月見

八月十三日、出立にさいし道遠、広道より歌を贈られる。石森《いしのもり》、桜岡《さくらおか》を経て寺崎に泊った。十四日、鹿股《かのまた》（又）、蛇田《へびた》を経て石巻《いしのまき》に至る。佐藤暉道の家で有隣の翁とともに月見する。十五日、里の傍らにある高殿から煙が出ていたが、仙台通宝という銭を造る所だった。今宵の月を松島で見ようと、晴れて本意を遂げたような気持ちで出立した。松島に入り、竜月庵を訪ねた。あるじの禅師が大寺にと言うので青竜山瑞巌寺に詣でた。ただ、月見には適さなかったので、夕より雄島《おしま》に行った。渡月橋を渡ると庵が二つあり、そみかくだが念仏を唱えていた。板敷に居て、島松のはさまから月が現れるのを見て感激し、歌に詠んだ。御寺に泊った。真澄にはこの草稿とは別に『月の松島』という未発見の日記があるが、この月見の体験を記したものであったか。

八月十六日、時頼入道と法身上人のことを記す。五大堂、天童庵、観瀾亭などを見て、また雄島に行った。小舟に乗って島々の間を漕ぎめぐり、「年頃の願果したり」と真澄は満足げであった。塩竈《しおがま》で舟を降り、奥州一宮である塩竈神社に詣でた。途中、道の傍らに大きな釜四つを据えた神社があった。磯辺近くに宿を取り月見した。十七日、幣を奉ったあと、藤塚知明の家を訪ね会った。夕べの宿へ帰った。

藤塚知明

八月十八日、再び知明を訪ねたあと、萩を見に出立した。市川村《いちかわ》に至り、菱を売る童に案内してもらい壺碑（多賀城碑）に行き、あずまやの格子のなかを覗き、碑文を読んだ。また十符《とふ》の菅《すげ》があると聞き尋ねた。原の町から宮城野《みやぎの》に出て、仙台の本荒町《もとあらまち》の里に来た。草刈る男が、このあたりは九月初め、武蔵（将軍）に献上する鈴虫を捕る所という。木の下には薬師仏の御堂があった。榴ケ岡《つつじがおか》に神明社、天神社などがあり、小田原《おだわら》を経て芭蕉の辻に出た。八幡社に騎射あると聞いて見に行ったが、雨が降り出し、いそぎ国分《こくぶん》町《ちょう》に出て宿を取った。

仙台国分町

八月十九日、仙台から昨日の道を塩竈の浦に戻り、磯辺に出て月を待った。二十一日、江塵が山に登った。愛宕社、天神社、稲荷社を回り帰った。二十二日、牛石の辺を通り、鴻羽の家を訪ねた。二十四日、成昭とともに近くを歩く。二十五日、知明、妻瑤子、知恵、維則、あるじ鴻羽から漢詩や和歌を贈られる。知明は多賀城の瓦の破片をくれた。なごりに所々を見歩き、鴻羽の家に暮れた。二十六日、尾島、玉川、末の松山など旧跡

仙　台　2

を尋ね歩き、塩竈に戻り東園寺に入った。そして舟に乗り、島中をたどり、雄島、月見崎、屏風島と来て、磯屋に泊った。二十七日、大白峯天童庵に至り泊った。

九月一日、瑞巌寺《ずいがんじ》に詣でた。僧たちの「くさひら」刈りに誘われ、舟に乗って島々に行き、松茸、初茸などを採った。三日、大沢にある海無量寺の文溟禅師七回忌にあたり、その弔いのためあるじの上人とともに出かけた。帰り、三聖堂の観音の御前を過ぎると、軒《のき》端《ば》の梅があり、紅蓮という尼の話があった。暮れ近く天童庵に戻った。五日、五大堂の鐘・鰐口の刻文を見る。七日、別れに、あるじの象外上人から漢詩・歌を賜った。西風がつよく出立を止め、夕凪《ゆうなぎ》に福浦島《ふくうらじま》に渡り巡った。毒竜という庵があり、むかし、天台の僧が集って時頼入道を呪詛した地であると、あるじの僧が教えてくれた。

九月八日、天童庵を出た。竜月庵の臥雲上人に歌を贈られ、返歌を詠んだ。高城《たかぎ》を過ぎて行くと、漆塗りの油壺を持つ男に出会った。聞くと里の習慣で、嫁入りのさい持っていくものだという。富山に出て大仰寺に行くと、島々の景色のめでたさはたとえようがなかった。山道を歩いたことから、行き先が見えず宿を貸す人もなく、道祖神に蹲り祈っていた。幸い馬曳きの男があり、一緒に広淵《ひろぶち》に至り、からくも宿を取った。九日、

末の松山

おなかたの原には女形の井の伝説があった。少し離れた所にある末の村も末の松山であろうか。真澄は一戸《いちのへ》の郡の浪打坂、宮城郡とあわせ本中末の三つを見たが、知り顔にするのも片腹痛いので、人には秘めたと記している。石巻に出て、暉道《ヨシミチ》の家に泊った。

真野の萱原

九月十三日、名に負う今宵の月を袖の渡しで見ようと、有隣《アリチカ》、暉道、義質《ヨシマサ》に誘われて行き、歌を詠みあった。十四日、真野《まの》の萱原を見に行くと、舎那山長谷寺という観音があり、有隣、暉道、義質らと歌を詠んだ。日暮れ、御寺にあるじの上人を訪ねた。十五日、石巻の中瀬《なかぜ》で新造船を海におろすといって、船の下に修羅《しゅら》を敷き、ころばしなが

水面に浮かべていた。夜、義質の家で歌を詠み、小竹《こたけ》（浜）という処の船が風に吹かれ、福州に至り、舟子の佐五平が病死したとの物語を聞いた。十六日、送ってきた暉道、義質と別れ、堤の上を伝って来た。この辺では怒り顔の「かまおとこ」を家のかまどの柱に作っている。有隣の家に泊った。十七日、北上川を越えて飯野川《いいのがわ》に至り、柳津《ヤナイヅ》、登米《トヨマ》郡黄牛《キウシ》、吉田を経て、森の伊藤某に泊った。十八日、加賀野、石の森、涌浜、会沢を経て、山の目の大槻の家に着いた。

配志波神の大祭

九月十九日、家ごとに物を並べて売り、見物が多かった。これを「たかまつり」と言って、十六日の配志波神の二年に一度の大祭に続いて行われるのだという。神事の様子を記す。二十日、この月の八日に大樹公（将軍家治）が死んだという廻状があった。二十一日、「遠村擣衣」の心で、清古、そむ女、真澄が歌を詠む。二十二日、「初紅葉」の題で清雄、清古、真澄、歌を詠む。二十三日、「隣擣衣」の題で、真澄、清古詠む。二十五日、清古とともに、五串の滝を見に出かけた。日暮て山の目に帰った。二十九日、「暮秋霜」の題で人々と歌を詠んだ。家ごとに、かりあげ餅と言って臼を搗いていた。三十日で『はしわのわかば続』は終わっている。

大槻家で正月を迎える

天明六年（一七八六）十月一日からは『雪《ゆき》の胆沢辺《いさわべ》』となる。一日は大槻家にあり、九月に搗いた餅をこの日、煎じてなめる例であった。前屈という所の百二歳の翁が、自分で手作りしたといって、初米の糒《やきごめ》を袋に入れて持ってきてくれた。三日、「初冬時雨」の題で、真澄、清古、はらからの清儀が詠む。四日、「尋残紅葉」の題で、清古、真澄詠む。八日、梅森の後の紅葉を見に行く。十日、もみぢかりを句の末に置き歌を詠む。十一日、竜沢寺という山寺に紅葉を見に行き、清雄、定省、清古、為知、幾奴子、曾無子と歌を詠む。

胆沢八幡宮に詣でる

十月二十日、胆沢郡の八幡宮に詣で、人々に再会しようと思い、前沢に出た。二十二日、盛方とともに、徳岡に行く。二十三日、良知の家を出て、もりまさ(盛方)と別れた。八幡《やわた》村に着いて広前に額づき、畑中某に泊った。二十四日、あるじに誘われて水沢に出、のぶかぬ(信包)の家を訪ねた。再開を喜びあい、からうた、やまとうたを詠みあった。ここを出て、良道の家に行った。二十五日、前沢の盛方を訪ね、泊る。二十六日、同じ里の正保の家に語らい暮れた。二十七日、明日某寺でまた会おうと、正保の家を出、山の目に帰った。二十八日、秀衡六百年忌にあたり、朝早く山の目を出て、中尊寺に入った。猿楽が終って、白華子、信包、正保など清古の家に集り、からうたを詠んだ。二十九日、白華子、狂《たぶ》れて家の子供の清儀に櫛を贈る。三十日、白華子、正保とともに前沢に行く。

大槻民治の模写

ところで、清儀《キヨトシ》すなわち大槻民治十四歳が模写した真澄の『凡国異器《ぼんこくいき》』は、この十月、真澄の大槻家滞在中に写されたものであった。清儀は大肝入清雄の次男で、のちに大槻平泉《へいせん》（清準《せいじゅん》、一七七三〜一八五〇）と名乗り、仙台藩の養賢堂学頭となった人で、『鯨史稿』などの著作がある。同月、真澄は『和歌秘伝書』を清雄にも授けている。

嫁入りの行列

閏十月一日、同じ里の関に至り、高尚の家に泊った。三日、常雄の家に行く途中、もののけのある人を験者が祈り、巷にまつる「みちきり」があった。常雄の家に滞在する。八日、嫁入りの行列を見ると、女は飾り馬に乗り、にび色の衣を着て、さかさ袴に菅笠を被っていた。先立ちの男らは「あぶらさ、え（小筒）」（前出）などの調度を持っていた。

十一月三日、山居に至り蜂屋の仮屋に入った。四日、夕べより中和の家にあり、胤次、為信などと歌を詠む。五日、雪見に山居に行く。常雄の家に集いがあったが、頭痛がして行かなかった。六日、今日も蜂屋の所に暮れた。七日、中野に行き、某のもとに泊った。八日、あるじの案内で、姉体の佐々木の家に泊った。九日、同じ宿にある。家の女の童が一日に三筋の麻糸を引くと、一年に一むら（端）の布になり、老人の黄泉路《よみじ》のかたびらなどに着せるという。十日、風邪気味で伏せていた。十四日、蜂屋のもとへ行った。十五日、佐々木の家に行く。十六日、家ごとにあぶら餅といって臼《うす》を搗《つ》いていた。

前沢の庵

これに続く天明七年正月から天明八年六月半ばまでの約一年半、真澄の行動はよく知られない。『委波氏酒夜麼《いわてのやま》』によると、前沢の辺りにささやかな庵を結んで冬籠もりし、天明七年の春に蝦夷の島人を見に出かけるつもりだった。しかし、世のなりわいがよくないので行くのを止められ、また心地を損ない伏していたとも書いている。前述のように、植田義方に真澄が送った真野の萱原尾花が届いたのは天明七年十一月七日であった。それより少し前には真野を再び尋ねていたことになろうか。真澄には『月の松島』の他に、『雪の松島』『花の松島』という日記があったことが、『さくらかり』の「松島桜」の項に記されている。石巻、松島を旅したのは確実で、その往復に桃生、登米方面を歩いていたに違いない。『奥《おく》の手風俗《てぶり》』に胆沢、磐井の他に、桃生、登米の「かせぎどり」を記しているのは、そのときの見聞なのであろう。

第三　松前・蝦夷地の旅

一　奥州路・松前渡海

松前渡海の決意

天明八年（一七八八）六月の半ば、いよいよ松前に渡る決意を固くし、慌《あわただ》しく門出すると人々に告げた（『委波氏酒夜麼』）。渡海を延期してからすでに三年が経っていた。六月十五日、真澄が住む前沢の庵にであろうか、うまのはなむけに親しく人々が集まって和歌や漢詩を詠み、また文でよこした人もあった。霊桃寺の文英上人、同じ寺の潜龍法師、信応、安平広影、俊龍、高橋久武《ひさたけ》、盛芳、那須資福《すけとみ》、かくわらぐつさし、琵琶法師の正保が詠んだ詩歌が記される。この日、六日入の鈴木常雄に別れを告げに行った。

　六月十六日、あるじ常雄の家にあり、夕方に資福、盛芳、久武が来て一夜語った。十七日、那須すけとみ（資福）、あるじ常雄、たかはしひさたけ（高橋久武）、高梨もりか、といった人と夜まで歌を詠みあった。十八日、出立にさいし、あるじ、資福、久武から歌を贈られ、真澄も返し、再びと言って別れを告げた。水沢《みずさわ》の駅で塩釜《しおがま》神社に詣で、神主佐々木某のもとに泊った。二十日、佐々木の家を出立すると、今日の市に来た女性が真澄に手紙を届けてくれた。人々の伝言とともに久武の和歌があり、返しの歌を知り合いのもとに残した。大林寺の曇華上人を訪ねると、同国出身のよしみから引き止められ泊った。

妹背結び

六月二十二日、八幡宮に詣でようとしたが、北上川の渡船が出るというのであきらめ、上人と別れた。岩谷堂《いわやどう》に至り、知人大和田某を訪ねた。前沢の福地某が昨日から来ており、再び対面したいと待っていた。福地の妻の志咩子からも歌が贈られた。病人がいるというので、あるじと縁のある別の家に行き泊った。去る十六日夜は小田代《こだしろ》の十一面観音の祭りで、若き男女が群れて詣で、帰りに好む相手と交わる妹背《いもせ》結びの神祭りだという。

伊勢詣

六月二十四日、出立していくと、家の門口に縄を引き、乾した鱈《たら》、鮭《さけ》の頭、あるいは木製の魚形を吊るしていた。伊勢詣《もうで》から帰ってくるまで物乞の者が入り込まないようにするのだという。三照《ミテリ》の鎌倉尼将軍の塚を尋ねていくと、大日如来があった。阿弥陀仏、薬師、観音菩薩でも、神と等しく鳥居を立てて崇めるのが、みちのくのならいである。下門岡を行くと国見山極楽寺で、寺からの眺望がよかった。杌木田《はのきだ》の村長及川胤修の家に泊った。二十六日、あるじがつぶね（下男）を呼んで、山道の案内につけてくれた。南部の境に入り、黒岩《くろいわ》の村に入った。家ごとに門の柱の左右に藁《わら》人形を作り弓矢、

風邪を避ける

北上川の船橋
（「粉本稿」より，大館市立中央図書館蔵）

剣を持たせて掛けていた。風邪などを避けるのだと、案内が語ってくれた。案内と別れ、北上川を渡った。二子村を経て、花巻のくすし伊藤某の家を訪ねた。

六月二十七日、宮の目（宮野目）、八幡を経て石鳥屋《いしどりや》（石鳥谷）に泊った。二十八日、火除けだといって正月の氷餅《シミモチ》の包み藁を月の輪のようにわがね屋根に投げあげていた。郡山《こおりやま》の手前に晒首《さらしくび》があった。十六文相撲の若者が寺の絹綿など盗んだのだという。盛岡に来ると、舟橋をめしい（盲目）の男女が二人、琵琶法師と盲巫女であろうか、手を取り合いながら歩いていた。岩手山を眺めていると、

浪速の鬼吉

後から四十歳余りの法師が声をかけてきた。浪速《なにわ》の袁邇奇治《おにきち》という「わざおぎ」（俳優）のような語りをする男で、松前への道中同伴してほしいというので、一緒に旅をすることにした。検断《けんだん》の宿に泊った。二十九日、出立すると、夏引きの糸で紬や縞織りをし、黄精《アマトコロ》を蒸して売る店が軒を連ねていた。鳴き声を楽しむ鶉《うずら》を鳥籠に入れ売っている店

もあった。岩手山（岩鷲山）には津志王丸の伝説があり、頂の霧が嶽に今も鬼が住むと、ある翁が語ってくれた。渋民《しぶたみ》に泊った。

かわやの篝木

七月一日、芋田《いもだ》、川口《かわぐち》などの村を来ると、「むさし」（幕府）の巡見使が近々来るというので道作りをしていた。御堂《みどう》村に来て、優婆塞正覚院に一夜を乞い泊った。かわやでは篝木《チウギ》を使っており、いにしえぶりの残存を感じた。二日、中山では、泣き叫ぶ子供を叱り鎮める母親らの言葉に興味を持ち、「かつかべ」は蝶、「どす」はらいの病などと記す。笹目子を過ぎてくると、乾かした小麦や大麦をまとり（二またの木の棒）で叩く女や、麻を刈る男の姿がみえた。小鳥谷《コジヤ》（こずや）などを経て、一戸の里に泊った。三日、浪打峠に来ると、盛岡に本の松、中山に中の松があり、ここが末の松山であると人々が語っていた。福岡《ふくおか》には九戸政実の館の跡があった。前沢《まいざわ》（米沢）を過ぎると、粟、稗のみ作り、漆の木が繁っていた。まとりを振って麦穂を叩く女が歌いながら作業していた。釜の沢には、田村将軍が月読尊《つきよみのみこと》を祭ったという大同の物語があった。三戸《さんのへ》に泊った。

十和田湖の八郎太郎伝説

七月四日、浅水《あさみず》、五戸《ごのへ》を過ぎ、藤島《ふじしま》に来ると、以地川《いち》（市川）に木の皮の綱を引き、刳舟で渡していた。この水上に十湾《トワタ》（十曲）の沼（十和田湖）がある。奈良崎《ならさき》（七崎）永福寺の僧南層《なんぞう》（難蔵）が湖に住む八郎太郎を追い出した物語について、真澄は『三国伝記』の難蔵の物語を紹介し、陸奥、出羽ではまちまちに語られていると指摘する。八ツ耕田《はっこうだ》

（八甲田）の嶽の出湯には、この辺からも津軽からも二、三月頃人がたくさん行くという。相坂《あいさか》（大坂《おおさか》）に泊った。千駄櫃のようなものを負っていく翁がいたが、五戸、七戸の山里では嫁入りのとき、この木櫃に調度を入れてもっていくが、その女が死ぬと、それに骸を納めてわが家の園に埋めるのだという。

壺の碑

七月五日、三本木平《さんぼんぎタヒ》に着いた。三河の本野原《もとののはら》、信濃の桔梗《ききょう》が原、遠江の三方《みかた》が原にたとえられる広い野だった。つぶねを連れた法師が、歌に詠まれる真野の萱原はこの野良であると語ったが、石巻近くの真野《まの》と、どちらともいえないと思った。七戸に至る。里人が「狐の柵をふる」というのは蜃気楼《しんきろう》のことであろう。坪村に行き、石ふみ（碑）はどこかと聞くと石文村に行って尋ねよと言われたが、行って聞いてもわからなかった。千曳《ちびき》大明神に幣をささげた。この社の下に千曳の石があり、これが壺の碑だろうという。再び、ここに来てひねもす尋ねてみたいと思った。牛の野飼を見ながら、野辺地《のへじ》の宿に着いた。

あぐり子

六日、宿のあるじに尾駮《おぶち》の牧は聞いたが知らず、大間、奥戸《おこっぺ》の牧のあたりかと語ってくれた。ある人は、むかしの尾駮の牧は野辺地に近い泊の浦の近くにあったともいう。浜伝いに来ると、馬門《まかど》の出湯から帰る老若の女六、七人が酒にたいそう酔い歌っていたが、聞こえてきたあぐり子の名は、女子をたくさん持てば、つぎに男子が生まれるようつけるのだと、真澄は解釈している。野辺地で貰った関手を馬門の関で出して越えると、津軽路であった。

『率土《そと》か浜《はま》つたひ』は天明八年七月六日からの日記である。この日、狩場沢《かりばさわ》で関手《せきて》を取るさい、ふみてのしろ、はかまのしろ、といって問丸《といまる》に銭を少し払い、その問丸の案内で関手を渡し通過した。村端に男根の石を祠に秘めて祀っていた。みちのくにはたいそう多い。清水川を来ると、雷電山という額の大鳥居があり、大同の昔、田村麻呂が雷神を祀ったものという。田沢《たざわ》の椿山は世にたぐいなきと聞く。小湊《こみなと》に来たが、古老の話ではここにも錦木の里があった。小湊で関手を取り、山里を経て、土屋《つちや》の浦の関屋で関

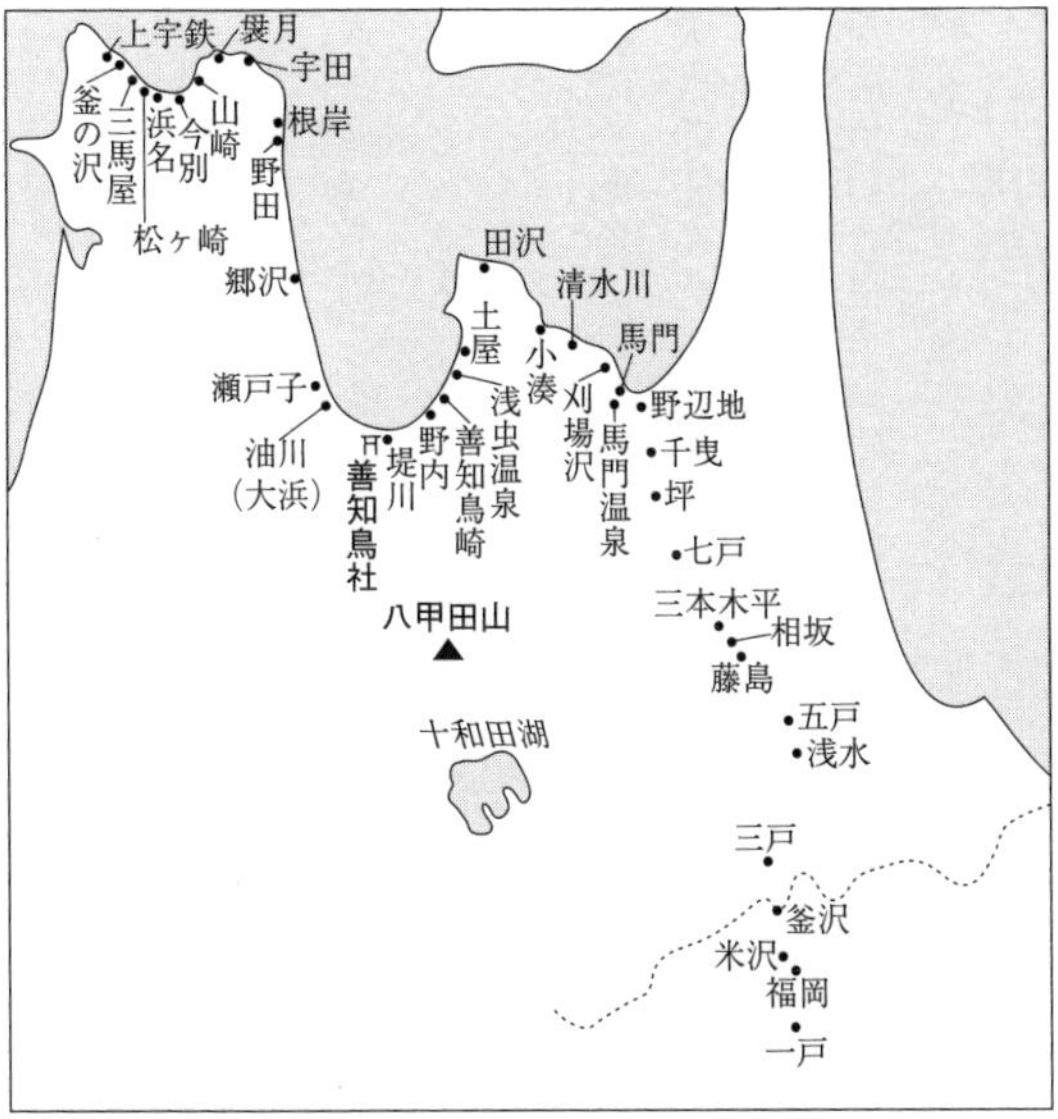

南部・津軽

手を改めた。一本の木に木の鍵を懸けている所（鍵懸）があったが、これは妹背結びの神を祈るのだという。浅虫《あさむし》の浦に着き、出湯のやかたに宿を取った。老いた長が、刈った麻はここでは出湯の煮坪に入れて蒸すと語ってくれた。

うとうまえの梯

七月七日、うとうまえ（善知鳥崎）のかけはしを渡った。婀岐都《あきつ》が窟といって、荒蝦夷人が籠って船を襲い宝を奪っていたと伝えていた。笊石の浦では、海栗《カゼ》を取ってしおからにし、旅人は酒店でこれを肴《さかな》に酔う。浦島森には雄元の形をした大石が立っていた。

善知鳥の社

神社に詣で神主に聞くと、山城の貴船の神を移したもので、末社の弁財天には鬼の娘十郎姫、あるいは義経の女房の旭の前を祀るとも語ってくれた。また、自呂左久《じろさく》という蝦夷人の住んだ家の跡というのがあった。野内《のない》の関で、関手を渡して越えた。神主柿崎某のもとに休んだ。堤川《つつみがわ》にくると、麁脛膝《あらはばき》の神社が見えた。烏頭《うとう》（善知鳥）の社に再び幣を手向けた。今は宗像明神と言っているが、その古跡があるというので、草刈りの翁に銭を取らせて案内してもらい、うとうの話も聞いた。大浜《おおはま》（油川）の浜屋形（漁師の家）に宿を借りた。

七月九日、油川《あぶらかわ》の泊を出た。瀬戸子《せとし》の浜に来ると、巡見使のために道作りをしており、蝦夷人のアツシ（アットウシ、オヒョウなどの木皮布）や浦の乙女が織った衣服（コギン）を着て、男女が入交じり作業していた。郷沢の村の跡があったが、卯辰の飢え（天明の飢

本覚寺の貞伝和尚

宇鉄の四郎三郎

饉）で、人が死に家も焼けたのだという。野田《のだ》の村に泊った。

七月十日、根岸《ねぎし》に至ると、この浦人は「ねっこかみ衆」と呼ばれており、ものの言い振りは土地の人と違っていた。宇田に来ると窟《いわや》の観音があり、むかし鬼が籠ったところという。母衣月《ほろづき》（袰月）の浦に休み、舎利浜に至った。地蔵菩薩は今別の本覚寺の五世貞伝《ていでん》和尚が建てたもので、この人の『東域念仏利益伝《とういきねんぶつりやくでん》』を見たことがある。山崎《やまざき》村に行くと、日持《にちじ》上人が法華経を書いて埋め、松前に島渡りし高麗《こま》に至ったという古跡があった。今別《いまべつ》には八幡社があり、近きむかし、斎の槻が枯れたので伐ると、そのうつぼから朽ちた鏃《やじり》がいくらともなく出たという。松が崎のまろや（丸屋、粗末な家）に宿を乞い寝たが、鬱陶《うつとお》しく眠れなかった。

七月十一日、三馬屋《みんまや》（三厩）に着く。観世音の堂があった。円空が観音像を彫ったさい、義経が兜に納めていた足羽の観音を胎内仏としたといい、足羽の観音の由来を記す。竈の沢（釜の沢）に来ると、田村将軍がゑみしを討ったころ据えたという釜の跡があった。上宇鉄《かみうてつ》に着いた。この浦人は蝦夷の末ながら、物言いが他の浦と異ならず、浦の長の四郎三郎の家に泊った。クマタカインの子孫が四郎三郎だった。四郎三郎ら四人の保長《ヲトナ》がおり、年暮れに刀万府《とまふ》という海狗《とど》に似た獣を獲って、浜名浦の七郎右衛門に土毛として出すのだという。

七月十二日、沖に船が碇《いかり》をかけているのをあるじが見たので、小舟を飛ばしていくと、残念ながら小泊《こどまり》、十三《じゅうさん》に行く船だった。十三日、漁師が三厩昆布を取るのに、大きな木の股の鉤を二つ結い、石の錘《おもり》をつけて水底に投げ、根をこじて引き上げていた。宿の男たちは、ブンマ（プマ、賃銭）、ピルカ（ピリカ、よい）などと蝦夷の言葉を聞き覚えて使っていた。日が暮れると、子供がやませが吹いてきたと告げ、支度して小舟で漕いで行き、大船に乗り移った。宇鉄の泊を離れた。白神が崎の汐の流れの恐ろしさに、海の神にささげようと、幣を取って潮瀬に投じ、和歌を手向けた。朝日がのぼり、島のすがたが見えてきた。もやい懸りする多くの停泊船の間に船は入った。

海の神に和歌を手向ける

松前に渡る

こうして、七月十四日、真澄は念願の松前《まつまえ》城下（福山《ふくやま》）に渡海した。しかし、入国が認められない厳しい状況に置かれた。前沢の鈴木常雄宛の真澄書簡（秀雄名、寛政元年三月二十三日）によると、舟問屋や役人に身元を改められ、氏江（氏家）某の家に、前沢駅の長の文を持ってきたと話したが、事むずかしく宿にいるように申し付けられた。真澄はそれが一緒に旅してきた難波男の芸人のせいで、幕府巡見使が来る折柄、好ましくないと役人に判断され、そのとばっちりを受けたと思ったようだ。風待ち滞留のある日、くすし吉田直江一元《カツモト》と語る機会があり、「おもひやりたよりも波の捨小船沖にたゆとふこゝろつくしを」という歌を見せた。この歌がきっかけになり、吉田のとりなしで、福山に

吉田一元

自証院文子

年を越すことができた。そして、藩主道広の継母綾子《あやこ》（文子、長倉氏）をはじめ、松前鉄五郎広英（広長の子）、下国武季豊《すえとよ》（家老家）、蠣崎弥次良広年（文子の子、将監、蠣崎波響）、蠣崎三弥広虎、谷梯《ヤナハシ》升蔵茂亮、佐々木豊前一貫（稲荷社神主）、吉田一元、といった人たちの名前をあげ、和歌を通じて受け入れられている様子を記している。真澄によると、文子は当時、二の丸、自照院殿（自証院、法号）と呼ばれていた。

氏家直英の回想

真澄の上陸事情については、松前藩士の氏家直英《うじいえなおひで》が後年回想した「三河の歌人菅江真澄翁の事」（『松風夷談』）に、やや違うことが書かれている。沖の口番所で旅人改めを受けたさい、真澄は稼方商人には見えなかったので、船問屋にひとまず置き、津軽への出船の船があればただちに帰国させるという措置だった。真澄（白井秀雄）は羽州秋田の「知ル人」から、松前住居の沢田利八（沢太夫）宛の添状を貰っており沢田の家にいた。利八は侍医の吉田一元と出入りしており、秀雄の和歌（「思ヒヤレタヨリモ波ノ捨小舟沖ニタユタフ心ツクシヲ」）を吉田に見せた。吉田はこれに感銘し、御伽詰《おとぎづ》めのさい藩主道広に示すと、道広も感じ入り松前逗留を認めたというのであった。添状の件は真澄に同行した難波男と混同しているのかもしれない。

鈴木常雄宛の同じ日付の真澄の書簡が二通あり、一通は稲荷社司の佐々木一貫を常雄に紹介する文、もう一通は常雄に歌集『水茎集』を写してもらえないかという文である。

鈴木常雄との文通

後者には当島の城下には、綾子の君、季豊、一貫、一元、祐昌、計美女、きゆ、いよ、たけ、よし、やを、まさ、とみ、里ゆ、など歌人が三十余人もおり、常雄らの「仙台の風雅」を見せたいものだと記していた。また、三月二十五日付の一貫が常雄に宛てた手紙には、真澄は壮健に過ごし風流の道に遊んでいるなどと書かれていた。その後も文通が続き、真澄（秀雄）や一貫、季豊らからの手紙類が後日書き写され、常雄によって『蝦夷錦《えぞにしき》』と題された。いずれにせよ、松前における真澄は当初から文子をはじめ、かなり特権的な人々に囲まれた歌人グループ的な雰囲気のなかにあったのは間違いない。

二　太田山・箱館

下国季豊

真澄の松前滞在中の日記は西蝦夷地《にしえぞち》の霊場太田山《おおたさん》へ旅したときの『蝦夷喧辞辯《えみしのさえき》』が最初である。書名の「喧辞辯」は「さえく《（へ）》」、すなわちアイヌの会話が何を話しているか分からないことをさしているのであろう。天明九年（寛政元）四月十九日、真澄は旅のやどりをしていた竜雲院を出て、衣祁布《えけぶ》（生符《いけつぷ》）の下国季豊の邸を訪ね、例の人々と円居した。二十日朝、文子から文があり、歌を贈られた。あるじ季豊や佐々木一貫、季豊の弟季政らと歌の贈答をしていると、出羽村山郡千歳山の麓に住む出家、超山法師が同行するため旅仕度してきたので出立した。札前《さつまえ》の村長の太郎左衛門の家に入り休憩した。家の隅の朽ちた大臼《おおうす》に目がとまり、どれくらいの年月が経っているか、戯れに聞く真澄であった。赤神《あかがみ》の浜には小臼を祀る祠《ほぐら》があった。沖には小島《こじま》、大島《おおしま》が見え、大島からは噴煙がのぼっていた。江良町《えらまち》で見送ってきた季豊、一貫《くにつら》と別れ、文子への歌を託した。喜兵衛の家に泊った。

チイサゴ伝説

　四月二十一日、江良町の洪福山泉竜院の文竜上人と小砂子《ちいさご》まで同道した。文竜の話に、修験がある家を土祭《つちまつ》りのため掘ったら、地震や津波で死んだ人たちの打ち臥した人骨が出てきたという。小砂子の織田善四郎の海士の家に文竜も一緒に泊った。あるじは鯡《にしん》漁で不在で、老女が一人宿していた。少児伝説《チイサゴ》があり、小児の国の網浮《アバ》が浜に打寄せられるというが、紅毛人の酒器の栓、キュルコホウム（コルク）ではないかと語りあった。

アヰノの使用

　四月二十二日、七、八歳ばかりの童子《ヘカチ》を連れた三十歳余の蝦夷人《アヰノ》が先を歩いていた。子供は耳に赤い糸をつけているので一見してわかる。夷女鷲居《メノコワシリ》という所があり、メノコ（女）が波にさらわれて死んだという昔語りを、そのアヰノ（アイヌ）が話してくれた。なお、真澄は民族自称のアヰノを使用した早い例である。以下、真澄の文にかかわるところはアヰノのままとしておく。飛魚間で見送りの文竜と別れた。芝生で休んでいると、小舟に乗る海士の翁が、ことしも鯡をとらない船がたくさん帰ってくると独り言していた。鯡は稲田のないこの島の命のようなものである。上ノ国《かみのくに》に至る。松前氏遠祖の勝山《かつやま》館《だて》の跡が残っていると、土地の翁が語ってくれた。華徳山上国寺《じようこくじ》に武蔵から来た松逕上人を訪ね泊った。寺の桜が咲くと、鯡はもう群来《クキ》しないので、ねたみののしり誰もみようとしないと、上人が語る。

鯡神の大蔵法師

四月二十三日、上人の案内で花見に出かけた。鯡神に祀られた大蔵法印秀海の伝説があった。二十五日、上国寺を出る。内郷《うちごう》を過ぎ海狗川《トヽ》を渡った。鮭の多い川だったが、山ぐみの塩づけを食べたそみかくだ（法師）が筋子を食べたと若者らに誤解されて言い争いになり、川に呪いの紙を流して鮭をのぼらせなくしたと、浦の子らが語ってくれた。五勝手《ごかつて》の潮元庵の法師を伴って江差に着いた。成翁山法華寺の日正（甲斐国山梨郡出身）を

姥神

訪ねた。二十六日、法華寺にとどまり、あたりを見歩いた。姥神《うばがみ》（姥神）について宮司藤枝某から鯡を取るわざを教えた老女の伝説を聞く。今は折居明神（おりん堂）とあがめる。正覚院の山寺に諦観上人を訪ね泊った。二十七日、高い岡に登って、弁天島や奥尻《オコシリ》島を眺めた。奥尻島は船が避難する島で、米など非常に備えておくという。正覚院に帰った。

丸屋形の三味線

四月二十八日、江差の津鼻（津花）から船に乗った。乙部《オトベ》、蚊柱《かはしら》を過ぎ、相沼《あいぬま》で下船し、東在の白府《しらふ》（白符）から来た漁師阿部某が営む鯡漁の苫《とま》小屋に泊った。立ち並ぶ丸《マロ》

久遠のコタン

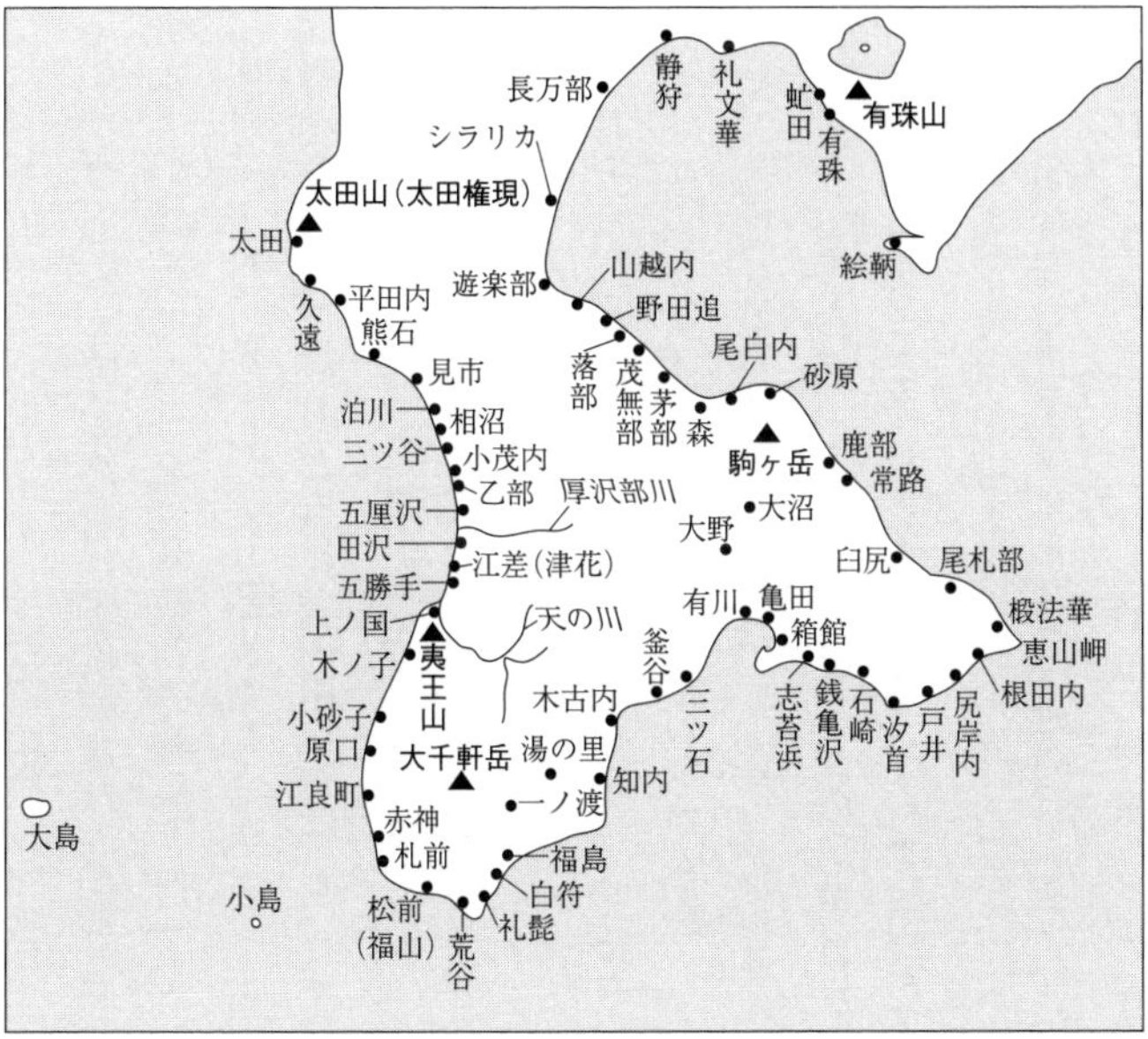

道　南

屋形《ヤカタ》からは三味線の声が聞え、鱈を干している魚屋の臭いは耐え難かった。二十九日、舟に乗り、舵取りが正月の初船下しの祝い歌をうたうのを聞きながら、熊石《くまいし》を経てイナヲ崎に来た。岩の出崎に、とどろふの木を伐って枝ごと立て、これにイナヲ（イナウ、木幣）を掛けていたが、アヰノが春の初めに鯡の豊漁を願い手向けるのだという。福山の杉田晴安がアヰノ言葉で歌を詠んだのはここかと思い出した。クドフ（久遠）に着く。運上屋やアヰノの住居があり、斎藤という海士の家に泊った。リクトンベ（レクトゥンペ、のど飾り）を首にかけ、マタブシ（マタンプシ、鉢巻）を頭にまとった服装や、フウ（プ）と呼ぶ高倉《タカグラ》、子供の遊びなどに関心を持ち、日記に書きとめた。真澄がアイヌのコタン（村）を見る最初の経験となった。

四月三十日、クドフより船に乗りヲホタ（太田）に着いた。麓の運上屋で休んでから、同行の法師（超山）とともに太田山へ登った。そびえたつ巌《いわお》の面に鉄の鎖がかけてあり、これをたぐっていくと太田権現を祀る堂があった。円空の斧作りの仏が堂のなかに多く立っていた。運上屋に泊った。アヰノが四つのカンジ（車櫂《くるまがい》）がついた舟を漕いで行くのが見えた。

五月一日、相泊《あいとまり》に来ると、丸屋形が一つあった。樵《きこり》が山路に入るために設営したのだという。クドフに着き、運上屋の主の厚谷、下国などという人々と語らい、そこに泊った。二日、アヰノのメノコがイケマ、ルレツフ（トゥレプ、うばゆり）など草の根を採取して負ってきた。二人のメノコ（女）の名前はウベレコ、シロ〳〵と言った。また、運上家に来たカンナグ、シキシヤという二人のオツカイ（オッカヨ、男）はイクハシウ（イクパスイ、奉酒箸）で神に捧げるしぐさをしてから濁酒《ヤヽサケ》を飲んだ。あるじが通詞役になり、真澄が聞きたい言葉をシキシヤに質問してくれた。アヰノ言葉をまねて、磯山の桜花を題材に、「アヰノヤタ、キモロヲシマタケ、ニイヤノニ、ノチケリアンベ、レタルヌゥ

太田権現の円空仏

カラ（ゑぞのすむいそ山かげのさくら花さかりをなみの寄るとこそ見れ）」と詠んだ。日が暮れ、音曲《ユウガリ》（ユカラ、英雄叙事詩）をしている笹の丸屋の窓を覗《のぞ》いてみた。

チャシ

鯡漁の賑い

　五月三日、クドフの運上屋を出て来ると、ウシジリにアヰノの長《ヲトナ》が住み、羆《チラマンデ》の頭《シャバ》をイナヲとともに祀っていた。岩山の上にチャシ（チャシ、館・柵）があり、戦《サントミ》のときこもる柵、稲置《いなぎ》（稲城）のようなものかと、真澄は思った。ヒラタナヰ（平田内）で、山中で羆が出ると聞き、磯舟に乗せてもらおうとしたが、波が荒く、ここの家に泊った。あるじが鯡漁の都まさりの賑わしさについて、鯡が来ると火を立てて他の浦に知らせる、すると追鯡の船が飛ばしてくる、鯡漁の合間には三味線の音が浜に響きわたる、魚場《ナンバ》売りが来てさまざま商う、などと語ってくれた。

　五月四日、船が出なかったので、宿の人々とともにウシジリの山奥にある温泉に行き湯浴みした。日が暮れ、木を高く積み火をつけたが、それは羆《ひぐま》が寄ってこないようにする防ぎで、七、八人がかたまって寝た。五日、雨の中、超山法師に助けられて下り、再び平田内に至った。節句だったので蓬《ヨゴミ》、萱草を屋根に葺《ふ》いていた。宿に戻ったが、この浦では流木のみ焚《た》くのだという。六日、雨が降りここにとどまった。

てるてる坊主

　五月七日、子供たちがてろ〳〵坊主の形代を紙でつくり木の枝に掛け祈っていた。雨が止んだので出立した。弓《グウ》を頭にかけ、コモ包とイカヰフ（イカヨプ、矢筒）を負うアヰノが歩むのを幸いに、荒熊の恐れもないだろうと思いながらついていった。シヤモ言葉のわかるアヰノだったので、この先々の地名を聞きながら浜道を歩いた。超山法師は船で行きたいというので別れた。太田詣での修行者が背負籠に吉備の国、武蔵の国と札を差して歩いていた。それと道連れになり、熊石に着き、寺島某の家に泊った。

五月八日、頭痛がしてこの宿にとどまった。近隣の門昌庵《もんしょうあん》に常陸国多賀郡より来た実山上人を訪ねた。福山の法幢寺《ほうどうじ》の柏巌峯樹和尚が讒言《ざんげん》され殺されたという庵の由来を聞いた。九日、ケニウチ（見市）に出た。柴屋の軒にゑびすめ（昆布）を干していた。ことしは鯡が群来しないので、今から昆布の仕事をしているという。泊川《とまりかわ》の杉村某の仮屋に泊った。鱈が豊漁で、家ごとに木を高く掛け渡し、干していた。十日も小川の水が深くここにとどまった。

ここで『蝦夷喧辞辯』は終わり、『えみしのさえき』と題された別の一冊に続く。分冊されたためである。五月十一日、近くまでも行こうと出立した。泊川と相沼の間に境の権現があり、むかし、鮫《さめ》網にかかった黒石を神として祀っていた。後から子供が走ってきて、すぐ帰るように言う。戻ると、かちひきと呼ぶ網引きで獲った新鮮な魚を食べさせてくれるというので、また泊った。その後、雨で波が荒れた日が続き、十八日からは風邪、わらわやみ（瘧）になり、しばらく逗留した。二十二日、気分がよくなったが、

仕掛弓

車櫂の舟

網子別

川水が高かった。ある人が来て、今日、山中で羆《シヽ》（ひぐま）に出遭い、怪我をしたが命には別状なかったと話し、アヰノは毒矢、あるいはアヰマッフ（アマックゥ、仕掛弓）を使って羆を射るなどと聞いた。

五月二十四日、あるじが早朝、山路の往来は絶えたが、舟路で行くなら出舟がある、乗りなさいと言うので、真澄は感謝の言葉を述べて別れた。夜が明け、木皮布《アツシ》の帆をかけると、舟は飛ぶように走ったが、真澄は舟酔いし舟底に伏していた。蚊柱の浜で降り歩いた。気分が悪く、水屋《みつや》（三ツ谷）の阿部七郎兵衛の家に入って昼寝し、そのまま泊った。二十五日、車櫂の磯舟に乗った。途中、舟子は櫂を止め、猿鮑がある、良い薬だと言って拾った。麻《りん》病の人が味噌汁にして飲むと癒《い》えるという。潮の流れが変わったと言うので聞くと、出潮、入潮、下潮、上潮について説明してくれた。コモナヰ（小茂内）に宿を求め泊った。霧の中、磯辺であまたの声が聞えた。海参《なまこ》網を引く沖の船が無事に戻れるようにと、鼓を鳴らし、舟のへりをたたき、声のかぎりに呼ぶのだという。アヰノの国ではべ○ウタギ（○は真澄の独自のアイヌ表記、ペウタンケ、危急の叫び）というものである。

五月二十六日、宿を立ち、会泊《あいとまり》で商人の家に休むと、アツシを肩脱ぎし、投げ足して酒を飲んでいる男がいた。最近まで鯡小屋で働き網子別《アゴワカレ》をしてきたという。魚壺《ナツボ》のことや、忌み言葉のことなど話し、鯡場ほど賑わしく楽しいところはないが、今年のような鯡の不漁は百歳の老翁《オンコ》に聞いても知らないことだと語った。綱船で川を渡りヲトベ（乙部）に至り、津鼻に宿を借りた。サンペ汁を勧められた。二十七日、雨模様でここにとどまった。トレッフ（トゥレプ、おおうばゆり）の根を火で蒸し焼きにしてくれた。

寛保元年の大津波

海士の家の軒近くに新しい石の碑を据えていた。八十余りの女に聞くと、五十年前（寛保元年）の七月の十九日の夜、大津波で大勢死に、父親も砂の中にさかさまに埋もれた、その五十回忌を弔うのだという。真澄は老女の昔語りに涙して、海士の袖より濡れたと情をこめ、「こやあまの袖よりも猶《なお》ぬれにけり見ぬいそとせのむかしがたりに」と詠んだ。

五月二十八日、五倫沢《ごりんざわ》（五厘沢）を過ぎると、妻《ツマ》の湯があったので入浴した。翌日もこの浴舎にあった。六月一日、この温泉を出て、アシサブ（厚沢部《あっさぶ》）の川岸に来ると、ここは水上より下した杣木をいかだに組んで江差《えさし》の湊に流す場所だった。

小山権現

田沢の小川を渡ると、小山権現を祀る祠があり、アヰノが判官殿と言っているのはこの小山判官ではないか、と真澄は考えた。正覚院に着いた。二日、観音堂を訪ねると超山法師がおり、無事を喜びあった。正覚院に戻り、その翌日も泊った。

六月四日、近隣の法華寺を訪ね、今日出立のつもりと話すと、日正上人に一、二日とどまるよう勧められ従った。六日、寺の子供に荷物を持たせ、五勝手《ごかって》まで案内してもらった。メナの村に出た。チコナヰ（木古内《きこない》）越えの修行者が太田詣に急いでいるのに出会った。天《あま》の河《かわ》（川）に来ると、クナシリ島の蝦夷人が百人余のシヤモを殺し、たいそうな騒ぎになっていると、早馬の使いが浦々に告げていた。クナシリ・メナシのアイヌの蜂起であった。心が動揺し、上国寺に行き松逕上人と会い、このことを語って暮れた。

クナシリ・メナシの戦い

上国寺に滞在した。

七里酒

六月七日、下国季豊が五月の初めに詠んだ和歌の文が届いていたので、返しの歌を詠んだ。門の外に出ると、障子に七里酒と書いている家があった。家の主に聞くと、濁酒造りは禁じられており、二里五里の酒のこころで人に知らせているのだという。十一日、磯辺で沖を見ていると、海士が寄ってきて、このほどのしけで八日に船がいくつも破れたと、話かけてきた。十二日、超山法師がやってきた。江差を六日に船出したが、波風に隔てられ、シネゴという崎に丸小屋をつくって、今日までそこにいたとのことであった。

夷王山に登る

六月十五日、雨が晴れたので外に出、誉《ほむ》田《た》別尊《わけのみこと》の広前で、「てんかたいへい、こくかあむぜん」を頭に置いて、松逕と真澄とが十四首ずつ和歌を詠みあった。アイヌ蜂起や船の難破を念頭においてのことだったか。その後、子供たちを連れて、勝山館、八幡社などを巡って歩いた。医王山《いおうさん》（夷王山）の頂に登ると、小祠のなかに、中央に薬師仏、左に十一面の観音菩薩、右に鉾剣を持った地蔵尊が置かれ、この仏の間に「医王山頭陀寺、永禄七年三月」と消え残っていた。赤土の崖があったが、六月頃の日照りで作物が枯れたり、杣木を流せないときは、その赤土を壺に入れてこの山に雨乞いするなどと、賢い子供が話してくれた。

舟酔いする真澄

六月二十日、上人に安在《アンサイ》の浜まで送られ別れた。キノコ（木ノ子）の浦で、長らしい人が今宵は我家に泊りなさい、明日は福山に行く舟があると声をかけてくれた。二十一日、風邪気味だったが、舟に乗った。舟子たちが語るに、過ぎし日、海が荒れて図合《ヅアヒ》の小舟に乗っていた人たちが海に投げ出され、近年福山に来た武蔵国の何某という出家も死んだという。会ったことがある人なので悲しく思い、奥の海の泡となった人のはかなさを和歌に詠んで海に投じた。真澄はひどく舟酔いし、舟を陸に付けさせ、一人だけ降りた。親切に馬に乗せてくれる人があり、小砂子の浦に来て、泊ったことのある家に入った。

恵比須の神

六月二十二日、この家にとどまった。磯辺で破れた船の具など拾っていた女が入ってきて、久しぶりと声をかけてきた。四月頃休んだことのある家の「をさめ」（老女）で、四月四日にハネサシ（羽根差）の家々が全焼してしまい、ゆかりのこの家に来ているのだという。二十三日、出立し歩いていると、祠があり、「ゑみす」（恵比須）の神を祀っていた。この浦は、ゑみすの神と稲荷の神のみで、他の神は見られない。原口《はらぐち》に来ると、藤左衛門という翁に声を掛けられ、その家に泊った。二十四日、磯宿の長が来て、三河国

三河牛窪村の喜八

宝飯《ほい》郡牛窪村の四十歳くらいの修行者が真澄のあとを慕って追っていたが、巡り合えなかったと話していたことを教えてくれた。上国寺に印の札を残していった喜八という者であろう。わが親の住む近隣の里であったので、故郷が恋しくなった。江良町《えらまち》に着き、福山の寺沢某の旅家《タヤ》を訪ねて泊った。寺沢は隼を獲る業に携わっていた。

鷹の子を獲る

六月二十五日、文竜禅師が訪ねてきて、寺に誘われて行った。二十七日も同じ寺にあり、二十八日に馬でここを立った。馬曳きが、赤神の烏帽子嶽は鷹の倉といって、巌の面から人を籠に乗せて吊り下げ、鷹の子を獲るなどと語ってくれた。風邪がひどくなり、頭痛がしたので馬から降り、土に臥していた。札前《さつまえ》に来ていっそう悪くなったので、ある家に入って休ませてもらい泊った。二十九日もこの家に臥せていた。三十日、気分が少しよくなり、野山の道を歩き、生符《いけつぷ》の下国の門に訪ね、つもる物語で日が暮れた。

福山に帰った真澄はやがて箱館・恵山《えさん》方面の東海岸の旅に向う。その日記は『ひろめかり』であったが、前半（上巻）部分が欠けている。ただ、『かたゐ袋』の裏表紙に使われた断片に十二日から十五日までの部分がある。十二日、山を越えて原木《はらき》（亀田半島、戸井《とい》場所のうち）の磯になり、泊った。翌日、霊棚を営みなどとあるので七月の記事である。また、過ぎし日に泊った宿とあり、恵山方面からの戻りとみてよい。とすれば、福山を出発したのは閏《うるう》六月になろうか。

『ひろめかり』は寛政元年十月十七日、運上屋（戸井）を箱館方面に向け出立したところから始まる。浜でアヰノが「かがめ」を刈ってきたのを見たが、「ひろめ」とは違っていた。男が鰤魚《オツカイオソボロスケ》を釣っていた。セタラヰ（瀬田来）より山中に入ると、七之助おとし、弥八おとしという危険なところがあり、地蔵穴には怪しいものが住むと伝えられていた。汐首《しおくび》などを過ぎ石崎《いしざき》に来て泊った。十八日、風邪を引き同じ宿に臥した。

昆布刈りの写生画

十月十九日、山道は羆《しぐま》が出るおそれがあるので、馬で立った。銭亀沢《ぜにがめざわ》の蛯子のもとに至った。その後、ここに一ヶ月近く滞在し、亀田《かめだ》、有川《ありかわ》、箱館に遊び、ひろめ（昆布）刈りに使用する道具や昆布の生長の様子などを忠実に写生した。『ひろめかり』の挿絵として多数使われている。この挿絵とは別に稿本の『婦呂綿乃具《ひろめのうつわ》』も残っている。こだわりの写生のあまり、これを見る人はおとがいが離れるだろうと、自ら述べている。

十一月十四日、福山に帰ろうと箱館を立った。クンネベツの川の鮭をクネベツの鼻曲り魚と人々は言っている。ヘキリチ（戸切地）の知り合いの海士の家に泊った。十五日、モンベツに至ると、鮭の網引きをするための網代屋《アジャ》があり、海士が集っていた。三石《ミツイシ》で小さな苫屋に泊った。十六日、キコウナヰ（木古内）に来た。ここが古の柵養の蝦夷であろうか。シリウチ（知内）で人宿する神主の家に泊った。

柵養の蝦夷

十一月十七日、山路の雪が深く、道踏みの案内を頼んで、その後について歩いた。湯の平《たいら》（湯の里）という出湯があった。湯守りの家があり、案内がかけあい一夜を泊めてもらった。この翁は若いとき羆《シ、》と組み合い殺したという猛者であった。十八日、市の渡《いちのわたり》（一ノ渡）という山川を渡ると泉源《せんげん》が嶽（大千軒岳）が見えた。山崎の畑守りの家で火を焚いてもらい休んだが、疲れたのか風邪を引いたのか気分が悪くなり、日暮て福山に着いた。

その後真澄がどのように過ごしたのか、寛政四年『智誌麼濃胆岨《ちしまのいそ》』まで日記が現存しないので、空白期となっている。ただ、鈴木常雄の『蝦夷錦』に、寛政二年正月十七日付の真澄の書簡があるので、その頃のことはある程度わかる。それによれば、真澄は「ひんかしの蝦夷人」がいる近き境まで「島見めくるわさ」をし、その後箱館に行き、十一月の末に福山に戻ってきた。この春には海を渡って帰りたいが、和歌の友垣にとどめられ、また「遠つ蝦夷人」も見たいので、海を渡るのは秋風が身にしみるころになるだろうかと書き、近況を記している。

神明社の歌会

すなわち、正月三日には、神明社で初春の祝いとして、広英、季豊、あるじ神司信武、神司敬武、くすし一元、および真澄らが集って歌会を催した。六日には稲荷山で「梅花久薫」、十日には八幡社で「松有春色」という題で同様に歌会をし、十三日には綾の君（文子）に会ったという。福山に戻れば、歌詠みに明け暮れる日々であった。この手紙ではさらに、真澄が久武の家に残してきた自分の書十点余り、および蛇体石などまとめて送ってほしい旨常雄に要請し、文子からの贈り物として「ゑぞにしき」（蝦夷錦）も一緒に送ったことを記していた。

吉田一元の自殺

寛政二年は真澄の身辺に不幸が起きた。真澄の松前上陸にあたって救い主となった吉田一元が自殺したからである。『智誌麼濃胆岨』の寛政四年三月五日条に一元の三回忌の霊祭りとあり、寛政二年三月に死亡したのであろう。大畑の村林鬼工の『原《げん》始《し》謾《まん》筆《ぴつ》風《ふう》土《ど》年《ねん》表《ぴょう》』にも寛政二年、「松前侍医吉田直江、毒薬を服し自死せる」と記されている。どのような事情があったのであろうか。

真澄が「遠つ蝦夷人」を見たいという希望はすぐにはかなえられそうになかった。というのも、クナシリ・メナシのアイヌの蜂起によって、松前藩は事態収拾に追われ、幕府にどのような処置を受けることになるか深刻な時期にあり、一元の自殺も何か関係のあったことかもしれない。とすれば、なおさら蝦夷地の旅が許されるような状況ではなかった。真澄は和歌グループとの親交を重ね、アイヌ文化やロシア人の動静にもひそかに関心を寄せながら、辛抱強く機会を待ったのであろう。

この空白期の真澄の著作としては、『愛瀰詩歌合』、『かたゐ袋』などがある。前者はわずかに『かぜのおちば』六に、寛政元年十二月の序文と、本文の初めの部分が収めら

加藤肩吾

れているだけである。序文によると、真澄は『職人尽歌合』にヒントを得て、月と恋を題材に蝦夷人の心を、その風俗や言葉をまじえて詠んだ和歌を三十首（三巻）つくっており、その書を見た藩医加藤寿（肩吾《けんご》）が絵に写してみたいと望み、真澄が応じたものであった。見も知らない蝦夷人の名前を仮の作者に見立てて詠んでいる。序文の冒頭に「三とせのむかし」に千島に渡り来て、と書いているのは事実に合わず、修辞にすぎない。加藤肩吾（一七六二〜一八二二）は根室来航のラクスマンに藩から派遣されていちはやく接触して『魯西亜実記《ろしあじつき》』を著し、ロシア語を習得した人であった。

後者の『かたゐ袋』は寛政元年春二月の序文によると、真澄が聞き集めたことをそのまま書き載せたもので、前半部分が松前渡海以前の見聞、後半はアイヌ関係がもっぱらで、情報の範囲はサンタン（山丹）、カラフト（樺太）に及び、日記に劣らない重要な記事に富んでいる。後半部分は『蝦夷喧辞辯』の旅の成果などが盛り込まれ、序文の日付より後に書かれたのであろう。その他に、『粉本稿』という図絵集は、松前渡海以前の写生画をまとめたもので、松前滞在期の成立と考えられている。

三　福山（松前城下）

寛政四年（一七九二）元日起筆の『智誌麼濃胆岨《ちしまのいそ》』の冒頭に、大館山の麓こだて（小館）坂のこなた天神社の下庵に在りと書いている。「旅やかた」ながら門に五葉の小松を立て、注連縄を引き張り、ひろめ（昆布）の四手を懸け、このくにぶりにならって新年を迎えた。真澄は神明社、八幡社など、七つの神社に餅飯《もちいい》を奉るといって和歌を詠んだ。松前《まつまえ》広長《ひろなが》から鶏の絵を贈られ、板戸の上に張り葦の縄をかけた。広長（一七三七〜一八〇一）は当時家老職を退いていたが藩の重鎮で、『福山秘府』『松前志』といった史書を著した人である。また、屠蘇《とそ》の酒に薬をまぜて文子《あやこ》、竹子君に和歌を添えて贈った。これに対する文子からの返歌があった。二日、今度は文子から和歌が贈られ、これに返しの歌を詠んだ。

松前広長

一月三日、神明社の拝殿に集い、例のごとく歌を作り、神に捧げた。「初山春」「春到氷解」「社頭子日」「竹籬聞鶯」という題で詠んだ。四日、暮れゆく頃、皮衣も着るアヰノ二人を見て歌を詠む。五日、この年初めて、「あがくに（三河）ぶり」を写して、沢田という「わざおぎ」の民による万歳楽が城に登り、万歳をうたった。まだ見たことがないというので貴賤問わず、子供も見て騒いだと真澄は記している。沢田の名前は真澄の

城に登る万歳

氏家俊子

日記にはここに記されるのみだが、前述した氏家直英の回想に出てきた人物である。

一月七日、俊子（氏家直英は婿）の館より和歌があり返した。夕方近く、近隣の赤石吉満の家で、加藤寿が描いた、山に朝日が昇る絵を見る。歌をつけるよう求められて詠んだ。この夜さらに、氏家の館に行き和歌を詠んだ。八日、稲荷社に集り法楽、歌の題は「初春霞」「鶯知春」「惜落花」「互惜別恋」であった。このように真澄は詠歌の日々で、『智誌麼濃胆岨』は歌会、歌の贈答など、さながら和歌の交流記録、作歌日記となっている。以下、煩瑣なので簡略に記すにとどめたい。

一月十一日、八幡社の拝殿で歌会があった。十二日、大島が噴火し、灰が降った。十三日夜、文子の館で、日待のいもゐ（斎ひ）をした。十四日、馬形《まかど》明神に和歌を奉る。十六日、羽黒社に歌を奉る。十七日、浅間社に法楽の和歌をささげる。二十三日夜、文子の館で夜に歌会あり。二十六日、法幢寺《ほうどうじ》に行く。

月浦山の五百羅漢

二月一日、品川某四十歳の賀に歌を贈った。二日、昨夜より泊川《とまりかわ》の磯家にあり帰る。夕より文子の館に行く。三日、月浦山の傍らの五百羅漢、まず二百五十体の羅漢ができたので、今日、中供養が行われた。願主僧即心は出羽最上郡宮崎村の高橋喜介という者であった。この夕、文子の館で歌会あり。五日、大洞山の僧侶五嶽隠了が「転衣」を欲し、都に上ることになり、再会を契り別れの歌を贈った。歌会の集いあり。六日、弁財

松前広英

文子の館での歌会

天の祠のある島の竜燈を見て拝んだ。七日、初午だったので稲荷山に詣でた。夕方、文子の館に行くと、広英（松前広長の子）が都から帰っていた。文子の求めで広英が琴で「羽衣」を弾いた。九日、下国季豊の館で歌会あり。二十一日、文子、季豊、敬武、真澄が椎飯亭に集って歌会あり。二十三日、季豊が来訪して詠む。二十四日、すまこの館に行く。二十五日、季豊と歌の贈答する。二十六日、文子より文があり歌を返す。

閏二月二日、季豊が訪ねてきて、歌を詠む。六日、文子の館に集い歌会あり。二月末からこの頃にかけて、真澄の作歌は旺盛であった。七日、荒谷《あらや》の庵に住む、出羽国最上川辺から来た祖英という老禅師が去る二日身まかった。折々語らった人で、涙がこぼれ歌を詠んだ。八日、磯館の賤子が伊勢神宮に詣でるため船出するというので歌を贈り、真澄の故郷への文を託した。十日、賤子に旅中の旅館まで歌を送る。十二日、文子の館で歌会あり。十四日、野辺を見に行こうと誘われ、季豊が幼い女童など連れ、北川時房やその孫世武子なども来た。

閏二月十六日、下国季盈の家で、盛りの浪速紅梅、奥州南殿の桜、緋桃などを見る。十七日、文子の館に季豊、敬武、俊子などとの歌会あり。文子より、十二日の夜セタナヰ（瀬棚）に群来《くき》る初鯡が藩主に献上され、その分配の鯡が出された。大蔵鯡（前出）があがったといい、鯡の豊漁を期待しあった。二十日、季豊と文で歌の贈答する。文子へ

吉田一元三回忌

文を書く。二十六日、文子の館で歌会あり。二十九日、文子の館で歌会あり。

三月一日、幼い北川萱子が来て鶯の歌を詠んだ。五日、吉田一元の三回忌の霊祭りにさいし、一元の妻子に和歌を贈った。三月六日、文子の館で歌会あり。七日、文子より土産に贈られた花を分けてあげるとの文あり。八日、例の日とあり歌会あり（文子の館か）。十日、阿吽寺は桜盛りで、老女が数珠をすりながら一枝を乞うが、法華経を読む法師がまだ仏にささげていない花を折らせるわけにはいかないと断っていた。十一日、ある人が、遥か遠くの島の蝦夷人の土産だと言って大きな鰒《あわび》の珠をくれた。十二日、北川すが子が我母のもとから花が届いたと言って持ってきた。母鄧美子と歌の贈答する。十四日、福山の磯家のあるじ松山某が、ビクニ（美国）の弁財天女の祠にものを捧げるので歌を添えたいと真澄に願い、これに応えて詠んだ。専念寺《せんねんじ》坂本の桜を見に行くと、老女がこの花と阿吽寺《あうんじ》の桜が咲けば鮴は来ないと憂えていた。

桜咲けば鮴は来ない

三月十五日、北川時房の翁に誘われて、及部《およべ》山に深く入った。笹葺きの畑守りの家を訪ね、出身を問うと加賀国であるという。いろいろ草を摘み、根を焼いて食べる、うばいろ（姥百合）の草の根を採った。十六日、文子の館で歌会、しらとりよしたけ《（白鳥敬武）》、季豊、文子の歌あり。十七日、不退院の梅桜を見に行こうと誘われて行き、季豊、敬武、一貫と歌を詠む。一元の塚に花を手向ける。十八日、小林某の翠柳亭の花を見に行き、歌を詠む。十九日、七面が岳に神事があり詣でようと人々に誘われていく。円居して酒を飲み、歌をうたう。帰って文を見れば、文子の歌があった。

桜狩り

三月二十日、文子より昨日の土産といって桜に結び和歌を贈られた。季豊、敬武などと桜狩りに出かけ、松岡亭に至り、あるじ信武と山巡りをした。二十一日、阿吽寺の高野大師の御影供《みえいく》に詣でる。氏家俊子の館より、日頃訪ねてくれないのでねたましいとの文があり、歌の贈答をする。青山さち子の宿に、暮れ頃花見に行く。二十二日、知内《しりうち》に湯浴みに行ったうちゑ（氏家）千枝子がその山中に桜が多いと語っていたのを聞き詠んだ。近隣の新井田某の家で桑酒を勧められたが、飲まずに帰る。昼過ぎ、及部《およべ》の松前広長の別邸（碧柳岡の枕流亭）に誘われ、広英、敬武などと行く。鷹取りの屋があった。広英の家の友筝亭に帰る。

松前広長の枕流亭

三月二十三日、北川萱子、睦子が梅と松を天神社に奉る。萱子が梅の枝につけた幼い心ばえの歌に感ずる。文子の館で歌会あり。二十四日、青山さち子のもとより椿、もも、山桜、桜を折って贈られ、返事に歌を詠む。二十五日、乙部川の水上に大箭櫃の滝を見に、友人三、四人と出かけた。二十七日、今日の集あり（歌会か）。二十九日、商人の長の道孝と歌の贈答をする。ここで『智誌麼濃胆岨』が終わり、『ちしまのいそ』に続く。二書で上下巻に相当している。

『ちしまのいそ』の寛政四年四月三日、例の日であったが、風邪のここちがして参加しなかった。四日、神司敬武が訪ねて来る。六日、文子より桜草を植えた陶器の鉢を贈られた。八日、釈迦仏に詣でる男女は奢侈禁令が出され、簡素な服装だった。真澄は相

作歌に励む日々

変わらず、作歌に励む日々だった。十五日、八幡神社に詣でた。十九日、湯浴みに行く北川時房を荒谷まで見送った。祖雄禅師（前出祖英）が住んでいた庵を訪ね、墓参りし、卒塔婆の裏に歌を記した。二十日、俊子の家より牡丹を添えて歌を贈られた。二十一日、文子の館で歌会あり。二十二日、しら《（白）》鳥よし《（敬）》たけ《（武）》の家を訪ねた。二十七日、温泉にいる北川時房を人々が訪ねるというので歌を詠んで託した。二十八日、円居し歌会あり。

五月四日、昨夜ほととぎすが鳴き、文子と歌の贈答をする。夕暮れ近く、女童が願いをこめてか、あやめを輪状にわがねて菖蒲に差し添えていた。五日、文子の館に夕暮れまでいる。九日、鯡の網引きに渡る海士《あま》びとが、去る四月二十四日、西蝦夷のヲシヨロ（忍路）、タカシマ（高島）、オカムヰ（神威《かむい》岬）、シヤコタン（積丹）、ビクニ（美国）、フルビ

津波の犠牲

ラ（古平）で津波の犠牲になったと、蝦夷帰りの舟人から聞いた。十日、文子が書いた「不尽釜」の文を読む。道広に伝世した季広以来の「しのぶ」の茶釜の由来が記されていた。十一日、松前即忠《のりただ》の家に行くと、金工につくらせた霹靂《へきれき》万勝石輪発火を見せられた。十四日、近隣の保寿の家にあり、月が海面から昇るのを友人と見る。あるじの妻、

刀自《とじ》金河も句を詠んだ。十五日、花山院《かざんいん》の姫（藩主道広妻）の十七年忌にあたり、文子の求めにより真澄も歌を詠む。十六日、文子の館で歌の集いあり。十七日、西館に行こうと専念寺の門を過ぎると藤の花が散っていた。

四　東蝦夷地・臼山

臼山に出立

蝦夷地《えぞち》への旅の機会がようやく到来した。寛政四年（一七九二）五月二十三日、真澄は「臼《うす》のみたけ」（有珠山）に登りたいので、夜が明けたら出立すると、友人たちの円居で語った。文子からも歌が寄せられた。ここから『蝦夷迺天布利《えぞのてぶり》』は始まる。従来、この日記は寛政三年とされてきたが、四年でないと暦日などが合わない（『真澄学』二、拙稿）。

五月二十四日、季豊、稲荷の神主佐々木一貫と別れの歌の贈答があった。真澄は綾子（文子）に、帰ってきたらほどなく福山を出て行くと啓していたので、「ふる郷に皈るなごりやいかならんひと日ふつかを惜むならひに」と詠んだ歌が寄せられた。生符《いけつぷ》から舟が出るというので安良（荒）町の宿を立った。舟子たちは丸屋形《まるやかた》（丸小屋《まるごや》）を解体して舟に積んでいた。舟に乗ろうとすると、季豊より歌が届き返歌した。灘に出ると、沖に小舟が小海帯《ホメソ》を刈っているのが見えた。波が荒く、荒谷村に舟をつけ、舟子らは円舎《マルヤカタ》を設営して泊った。舟酔いし、近隣の泉郎《あま》（漁師）河森伝次郎の宿に泊った。

大鷹待の小屋

矢越の山

五月二十五日、風が悪く舟を出せないというので、陸路を行くことにした。茶亭《チヤヤ》峠があり、仮屋を作って幕府巡見使をもてなしたところという。女二人の会話に「いばり」（新墾）という言葉を聞き、古い言葉だと思った。レヒゲ（礼髭《れいひげ》）の浦の長、斎藤吉兵衛のもとに着いた。翁は、大鷹待《おおたかまち》の小屋のことなど語ってくれた。二十六日、この浦から出るひろめ（昆布）刈りの舟に乗せてもらった。白府《しらふ》（白符）で高く飛ぶ鳥を見たが、白膚の鷹を網掛けして貢献したのでその名があるという。福島の浦のあたりで鯨が七、八つ潮を吹いていた。矢越の山が近づくと、船長が酒を提《ひさげ》に入れて舳《へさき》に立ち、海面にその酒をこぼし磯山の神に手向けた。蝦夷の国から帰った船はしばし帆をおろし、蝦夷が作った弓矢で矢越山に向って矢を射るのが例であった。キコウナヰ（木古内）、銭神沢（銭亀沢）などを過ぎ、ヤケマキに碇を下ろした。磨館（丸屋形）を掛けて宿したが、アヰロリという虫や横蚤《よこのみ》が多く、葦葺《あしぶ》きの家に行き泊めてもらった。

蝦夷舟に乗る

五月二十七日、舟に乗り、トユヰ（戸井）の浦に着いた。ここから蝦夷舟に乗り、ムヰ（武井）の潮瀬で身が安らかでない思いをしたが、無事シリキシナヰ（尻岸内）に着いた。さらに、この浦の蝦《コクン》夷舟に乗せてもらい、ネタナヰ（根田内）まで行き泊った。二十八日、この浦のアヰノがカンヂ（楫）を取る舟《チツフ》に乗り、トドホツケ（椴法華）に着いた。休む間

立石の義経伝説

みちのく物語

ハナリ（離頭銛）

もなく乗り出していくと、銚子の崎に立石があり、アヰノは神鬼《カムヰ》と恐れ尊んでいた。伝説に九郎判官義経《くろうほうがんよしつね》がこの石に隠れていたという。夜霧が濃いとき、イナヲ（木幣）を作って石神《シユマカムヰ》に祈ると、石の頭《シヤバ》に火《アベ》が立ち、それを知るべに舟は走ると、カンヂ取りのアヰノが語った。ピルカ浜に来ると、近日昆布刈りが始まるので小舟を漕ぎ出し、海面に額を当て昆布の生育ぐあいを語りあっていた。ヲサツベ（尾札部）の運上屋に泊った。

五月二十九日、イナヲをつけた夷舟《チィツフ》に乗っていくと、イタンギというところがあった。イタンギ（イタンキ）は飯椀のことで、ここにも義経伝説があった。真澄は判官を義経ではなく、小山《おやま》悪四郎判官隆政と考え、義経が蝦夷の千島に渡ったとする「みちのく物語」に懐疑的だった。ウシジリ（臼尻）で舟から下り、運上屋に入った。さらに、このコタンのアヰノの舟に乗って出たが、途中、阿袁《あお》という魚が群れており、アヰノが獲ろうとしてハナリ（離頭銛）を投げたがあたらず、残念がった。別な所では、アヰノが海に潜って海栗《ノナ》（うに）を取り、これを石で砕き食べ休んだ。シヤモ（和人）はこのあたりを飢渇浜というが、今は昆布も採れ荒れていない。舟を着けて、ニヰガリ（ニカラ、梯子）を登っていくと、アヰノの館舎《チセヰ》（チセ）があった。たくさん円居して酒を飲み歌っていた。綾筵は婦人《メノコ》が織ったもので、どこのコタンでも編んでいる。

舟に戻り、トコロ（常路）まで行った。ここからメノコ二人に漕いでもらうことになった。準備中、運上屋近くのアヰノの家に入ると、狗子《セタ》くらいの大きさの羆の子が家の中を童子《ヘカチ》に引かれて這《は》っていた。船出し、途中神泊《カムヰ》の湯が見えたが、アヰノの語にその湯をナシユヒルカというのは、疝気《せんき》の病によいという意味であるなどと、カンヂを取るメノコがシヤモの言語《イタク》も交えて語ってくれた。夕暮れ、シリカベツの泊についた。シヤモはシカベ（鹿部）といい、宇賀の昆布は、ここの雲河の尻辺の磯に採れたものをいっている。

鎌おろし

五月三十日、今日が夏の土用の入りで、例年鎌おろしの日だったが（寛政三年では合わない）、六月二日に延期するとの回し文が運上家に届いた。昼頃出立し、相泊《あいどまり》に来た。案内の者が、羆《クマ》が荒れて放し飼いの馬を襲って食べると話すのを聞き、身の毛がよだった。松屋が崎で、八十余のアヰノの老人、若いメノコ二人に道を聞いたが、アヰノも案内もおたがい言葉が通わなかった。きのうヱトモ（絵鞆）から漁《レパ》でここに来たことだけはわかったが、「手と眼の行ふるまひ」を見て、そのことと知られ、しばし語り合っている思いがして休んだ。アヰノはキナボ（マンボウ、キナポ）の油綿を檜桶《シントク》に入れ、イルカの肉を日に干していた。シウランコという婦人《メノコ》を道案内に頼み、衣包など持たせた。

前頭部運搬

タアレ（タラ、荷縄）を頭に引きかけて荷を負った。夕暮れ近く、サハラ（砂原）に着いた。このコタンはシヤモの家ばかりだったので、「こと国より日の本に入来」した気持ちになった。淡海家某の家に泊った。

海士の富人

六月一日、あるじの妻が歯固めの祝いといって氷餅を出した。浦人は海鼠《なまこ》引きを業としていた。サハラを出て行くと、家が軒を連ね海士の富人が多かった。春鯡漁の魚家《ナヤ》があったが、誰も住んでいなかった。ヲラシナヰ（尾白内）の一つ家に泊った。あるじの翁が、森という村では蚤蚊を避けるために、夏はいつも浜に出て寝ると話してくれた。

ひろめ刈り

六月二日、鳥井が崎に来るとアヰノの家《チセヰ》があり、籬堆《ツセヰ》（ヌサ、祭壇）といってヰナヲを立て、羆《チラマンデ》の頭《シヤバ》を神霊《カムヰ》として祀っていた。白砂の上に三束《ミツカ》のヰナヲをさしていたが、アヰノが神酒宴《カムヰノミ》した跡だという。カヤベ（茅部）、濁川、ポンナヰなどの浦では、ひろめ刈りの小舟が漕ぎ連なっていた。昆布刈りのわざは浦々で異なっている。モナシベ（茂無部）で、蝦夷舟に乗せてもらった。イナヲ崎を経てヲトシベ（落部）に着いた。また別のアヰノを案内として小舟に乗った。トマプという高岸の上に樵木（薪）を積み上げていたが、近き年ゑみしたちが押寄せてきたなら（クナシリ・メナシの戦いか）、火を付けて合図するためのものであった。モノダヰに泊った。アヰノが今日の漁で大きなキナボを獲り、その肉を宿のあるじに持ってきたので、煮て食べさせてくれた。

六月三日、アイヌの舟でヤムヲコシナヰ（山越内）に着いた。このコタンより先はシヤモの入交じったコタンはなく、アヰノの栖家《すみか》であるという。ハシノシベツの川を渡り、

シマフクロウの飼養

アイヌのチセに泊る

アヰノの宿に休んだ。チカフカムヰ（チカプカムイ、神である鳥、シマフクロウ）を飼養していた。八月か九月に鳥や獣を屠《ほふ》って、一年に一度のアヰノの国《コタン》の大祀饗飾を行い、これをヨマン（送る）という。ユウラップ（遊楽部《ゆうらっぷ》）という大河を、アヰノのトッパネチイツプという柳の一葉のような舟で渡った。シラリカに着き、ウセツペというアヰノの舎《チセヰ》に一夜の宿を借りた。家は萱を重ねて葺き、入れば中は広く、厨下はあら砂の上に葭簾を敷いて清らかであった。また、床《セツカ》が高いので蚤も飛び登らず、シヤモの臥房より住みやすそうだと思った。屋内の隅に置いた財貨《タカラ》などを詳しく観察し書いている。日が暮れると、樺皮《タツ》の火を木の枝に挟み炉のもとに立てた。夕食は粟《ムンジロ》（ムンチロ）、稗《ビワバ》（ピヤパ）などにブヰ（プィ、えぞのりゅうきんか）、ブクシヤ（プクサ、ぎょうじゃにんにく）など草の根を入れた粥にキナボの油をさしまぜたもので、飯椀《イタンギ》に盛って、小さな飯匙《イヒカヒ》のようなもので掬《すく》い上げて食べていた。

アイヌの舎村

（「蝦夷迺天布利」より，写本，秋田県立博物館蔵）

　六月四日、出立するさいに、

宿料《ブンマ》として、あるじにいろいろの糸に針を添えて渡した。アヰノはサランバ〳〵とシヤモ詞で言った。ホロナイのアヰノの栖家《ヤカタ》で休むと、榻《セツカ》の上に三十歳くらいの婦女がおり、耳鐶《ヰンガレ》（ニンカリ）に珠玉《タマ》を飾り、首にもリクトンベ（レクトゥンペ、のど飾り）をしていた。これは遠き神代の「頸《クビ》にうなげるたま」ではないかと、想像した。セトフ（シュト、棍棒）といって、槌撃《つちうち》（ウカル、互いに棒で打ち合う技）に使う道具があった。あるじのメノコが、新鮮な魚の肉にキナボの油をかけ、真澄を案内してきた二人のアヰノの前に出しすすめた。このコタンのメノコに旅具を持たせたが、額にかけて力強げに負い、手を打ちながら唄《シノチヤ》しつつ歩いた。これが面白く、アイヌの言葉を借りて歌を詠んだ。

青山芝備の館

ヲシヤマンべ（長万部）に着いた。柵を巡らした青山芝備《しげよし》の館に入り、知り合いだったので久しぶりと挨拶した。オットセイの貢物の役に携わっていた。話していると、去年、福山の湊で見たシヤバポロというアヰノが来た。また奥山のトシベツから百三十歳にもなるコウシというアヰノが青山を主士《ニシバ》と頼み、会いに来た。この老翁はいにしえぶりにウムシヤ（ウムシヤ、挨拶礼）をした。舌人《ワザト》（通詞）の話しではアヰノの高齢は珍しくないという。

オットセイ漁

六月五日、あるじ芝備がアヰノの海狗《ウネヲ》（オットセイ）の漁《レバ》について、ハナリを使った狩猟法や、男が漁に出れば、女は針を取らずアツシも織らないという禁忌など、詳しく語ってくれた。六日夜、アヰノたちが来て音曲《ユウガリ》を語った。語りの休みの合間に、アヰノが

岩舎の観音

アッシを織る

疱瘡流行

しかじかのことと通詞に説明し、通詞がそれをシヤモ詞に直してくれたので理解できた。

六月七日、葛で綴じたアヰノの舟に乗りヲシヤマンベを漕ぎ出した。舟を漕ぐアイヌの二人はシヤモのイタク（言葉）が通い、あれこれ語るのが面白かった。シツカリ（静狩）を経てケボロオヰに至ると、岩舎《いわや》の観音があった。舟を着け、窟に奥深く入ると、五体の木仏が並び、その一体の背には「寛文六年丙午七月、始登山、うすのおくの院の小嶋、江州伊吹山平等石之僧円空」と記されていた。リブンゲツプ（礼文華）にはアヰノの館《チセヰ》、シヤモの番人の家《ヤド》があった。フウレナヰのコタンでは、メノコが寄木を拾っていた。アブタ（虻田）に着き、運上屋に泊った。ムクンリ（口琵琶）を弾く音が聞えてきた。

六月八日、シヤモの鯡小屋に、うら若い童女《メノコ》が集ってアッシ（アットゥシ）を織っていた。このあたりはアッシの産地だった。浜辺で、ヲタテントといって、指でものを画く童子《ヘカチ》がいた。童男《ヘカチ》は刀の鞘の彫り物を学び、童女《メノコ》は木布《アッシ》の刺繍を手習うのだという。真澄はメノコの文身《パシユ》の刺し方や、アヰノの病気の治療法についてもここに記し、医術は下手なくすしの及ぶべくもないと評している。疫病が流行ったときには、家を捨てて山に逃げ隠れる。疱瘡《モガサ》がはやると、疱瘡に罹ったことがないシヤモの子供はシヤモの国に帰す島の法令であった。九日、近隣のアヰノの栖家に人に誘われていくと、校倉《アセクラ》のようなセツツ（柵《ヲリ》）に羆《ベウレツフ》の子や鷲《カバチリ》が飼われていた。熊などは春の子をメノコの乳で養うのだという。

六月十日、御嶽のぼりするというと、あるじがアヰノ二人に案内させた。臼（有珠）のコタンに着き、湖水めく入り江に松島、象潟《さきかた》の面影を感じた。鳥居が立つ小さな丘に舟を寄せて小坂を登ると、善光寺の仏をうつした二間《フタマ》ばかりの堂があった。中に入ると円空仏が二体あり、一体は石臼に据えていた。また、鎮西沙門貞伝《ていでん》作の紫銅の阿弥陀仏があった。貞伝は津軽今別の本覚寺の僧侶で知られた人である（前出）。堂の傍らの小祠にも円空の作仏が三体あった。いつも月の半ばから末にかけ通夜があり、念仏を唱え大数珠を回す。また、春の彼岸には年越したシヤモたちが集り念仏を唱えるという。

善光寺の仏

円空と貞伝

舟で元の岸辺に戻り、アヰノ二人と、それが連れてきた犬二疋が先立ちとなり臼山に向かう。富士山に登ったここちに等しく、辛くして登った。至ると岩山があり、下方には噴煙を出す岩群があった。火井《モエアナ》に落ちたら身も滅ぶと、アヰノに岩山へ登るのを止められた。山を下り、ウシヨロ（有珠）のコタンに着いた。アヰノはこのコタンを蝦夷《アヰノ》の国《コタン》の都と言っていた。ある家でアヰノが弓《グウ》を作《カル》するのを見て、その作り方や、毒矢《シウル》、操弓挟矢《アヰマップ》（仕掛弓）について記している。案内もなく行って、アヰマップで命を落とすこともあるという。アヰノはものの長さを両手を伸ばして測るが、いにしえの、たばかり（手量）というわざが残っていると思った。エドモ（絵鞆）のコタンから来たメノコ二人が

アイヌコタンの都

モヲルという袵《クツチ》のない、ロシア人の衣に等しいアツシを着て、黒百合の根を土産に差し出していた。夕方近くアブタに帰った。

サカナの家の宝

六月十一日、アブタのサカナという近年物故《ラヰオマン》した、近くのコタンに並びなき家財珍宝《タカラ》をもっている家に入り、その宝を見た。金銀の飾のある刀剣、貝桶、片口の銚子、ひさげ、梨子地《なしじ》あるいは黄金の色に蒔絵《まきえ》したものなど、「貴き具ども、なべて、今の世のものともおぼへず」と感じた。外の高庫にも種々の宝を収蔵しているが、あるじの女《メノコ》は守り隠して見せてくれなかった。夕暮れになると、若い女たちが浜辺に群れて鶴の舞をし、鶴の鳴きまねをしていた。この夜もアブタの運上屋に泊った。

『蝦夷迺天布利』はここで終わり、その後編にあたる完成稿は見つかっていない。草稿の一部が『無題雑葉集（仮題）』に収載され、内田武志によって『えぞのてぶり続（仮題）』と名づけられている。前欠で、十四日の途中から残っている。

家を焼く

六月十五日、場所は不明だが、嶋木兎《チカフカムヰ》が飼われていた。この家の隣は焼け失せて柱が短く杭のように残っていた。チセヰのなかに初めて死者が出たとき、柱を伐って家を壊し焼き捨てるのはアヰノの国《コタン》のならはしという。モベツで休むと、イタシベ（トド、海狗）や鮭の皮を日に干していた。シラリカで、シヤバボロに出会った。彼は手を擦り、ヤンカラフテ〳〵と言い、鬚をかいなで、ヨマンと述べて別れた。真澄はこれを見て、

礼を守る

「つねに礼《ウムシヤ》をまもるかれらがコタンのふり、いみじ」と肯定的に評価している。ユウラツフ川を蝦夷の小舟でようやく渡り、河辺のアヰノの家に泊った。富人と見えて、宝がうるさげにたくさん並べてあった。鼠《ねずみ》がいたが、猫を飼わないのがアヰノのならわしという。夜半ばかり、毒にあたったメノコを吐かせていたが、病人を癒す術はシヤモに優《まさ》ると思った。

蛇の彫物

六月十六日、出発して行くと、アイヌのセトンバ（セットンパ、墓）があった。アイヌの葬礼の様子をここに詳しく記している。ヤムヲホロシナヰの運上屋の前から夷舟に乗ってオトシベに着き、運上屋（あるじ茂左衛門）に泊った。十七日、あるじが、このコタンのクチアシカヰが彫ったトコカムヰ（蛇）を見せてくれ、「おぼろげの工」には見えないものであった。ヰナヲ崎に来ると、アヰノもシヤモも入交じって昆布を刈っていた。モナシベから馬に乗り、森村に着き泊った。十八日、砂原《さわら》の家（淡海屋弥右衛門、前出）に物を残して置いたので、そこに向った。雨足が強く、再びその家に泊り、滞在した。二十日、

羆が荒れる

あるじが、この頃羆が荒れて野飼いの馬を襲っているので、山中の長路を恐れて行く者がいない、多数の人が行く機会を待ちなさいと出立を止められる。

六月二十三日、駒《こま》に乗ろうと軒に出ると、あるじが歌を詠んで駒の頭の上に置いていた。歌を詠むような人ではなかったが、その懇ろな志に感じ入り、真澄も歌を詠んだ。

ヲラシナヰの浜路から山路に入った。このあたりは羆のよく出る所だと馬引きが言う。小沼《こぬま》、大沼《おおぬま》に出ると、馬引きの翁は桜や紅葉の景勝地であると話してくれた。大野《おおの》村の知り合いの西村平馬重実の家に着いた。二十五日、あるじと歌を贈答し出発した。亀田《かめだ》村に至り、千世（千代）の岡の知り合いの木下英世の家に泊った。

鷹師木下英世

六月二十六日、はやち風（疾風）が吹き、トウベツ、ヤゲナヰの海で昆布を刈る舟が浪に流されるのが見えた。里人が話すのを聞くと、昆布刈りの舟が覆って五人、六人海に沈み、蝦夷も死んだという。二十七日、あるじ木下英世が、鷹を飼う業に携わり書き付けた冊子があり、それに題名をつけ、序を書いてほしいという。断りがたく、「可理の山口」という題を与え、序文も書いた。二十八日、鷹家に行き、鶴を捉えた鷹を見た。二十九日、銭亀沢に知人がおり、そこを訪ねた。三十日、あるじに誘われ、潮泊の浦に立てた鰯漁の魚家《ナヤ》に行った。

放し飼いの馬

この間、文が欠けているが、七月三日であろうか、羆が出て放し飼いの馬を襲ったとある。七月四日、出立して、大森《おおもり》の浜に行くと、昆布を舟からおろし、砂の上に干していた。箱館に泊った。六日、年頃この島にあったので、この年帰ろうと思えば、名残りに見歩く。関屋の主新井田某を訪ね、むかしあった河野正通の館の堀の跡を見た。七夕祭で子供たちが遊んでいたが、南部津軽《つがる》から移ったもので、七、八年前から始まったという。七日、千代の岡より西村正辰が来て、歌の贈答する。八日、モヘチ（茂辺地）、ミツ石（三ツ石）と来ると、頭痛がしたので鎌家《かまや》（釜谷）の里に泊った。九日、ハシクレに来ると、昆布を調える小屋が立ち並び、物乞いする法師と家の人があらがっていた。キコナヰ（木古内）に至り宿を求めた。

七月十日、昨夜からまたここちが悪くとどまり、十二日、馬で出立した。シリウチ（知内）川を渡って山里になり、湯の野（湯の里）、一の渡を経て峠を下った。山崎に来たところで、文は後欠になっている。やがて、福山に戻って帰国の準備をしたのであろう。

第四　南部・津軽の旅

一　下北（1）

福山出港

『牧の冬かれ』は寛政四年（一七九二）十月一日、松前藩主が江戸に上るため、「きさらぎやんまの楠木を……」の船歌とともに福山の港を出航したところから始まる。この日記は『ちしまのなごり』を書き継いだとその序文に記しているが、『ちしまのなごり』の存在は確認されていない。

ラックスマン来航

十月四日、北川時房の翁は、遠蝦夷の国からまだ帰ってこない。六日、カムサツカの人が紀州の漂流民の生き残りを伴って東蝦夷のキイタツフに渡来したと、人々がこの頃もっぱら語っていた。ラクスマンの根室来航である。七日、船の長が出船を告げに来た。泊川の佐々木信英の家の近くに船を繋ぎ、ここから乗船することになった。のぶひで（信英）、季豊、つちだ（土田）直躬と別れの歌の応酬があった。菅子、陸子も見送りに来た。浪平らかに海峡を渡り、南部（盛岡藩）奥戸《おこつぺ》の浦で下船し、小谷という磯家のあるじの家に泊った。

材木石

十月八日、佐井《さい》に向って行くと、牧が近いのか多くの馬が群れていた。赤石の村の山影にも馬が多かったので聞くと、秋の末に牧の木戸口を明けるので、馬が村境を侵して入ってくる、雪が降ると、馬は秣《まぐさ》が尽き磯の海草を食べるのだという。ざえもく（材木）という所では立ち岩を打ち割ると柱のようになり、それを船に積み、あるいは綱を付けて木のように曳いて運ぶ。佐井に来て、矢の根森（箭根杜）の八幡宮に登った。慈眼山清水寺の自性院が仕え、源頼義が岩清水八幡宮をここに移したと伝える。長後《ちょうご》、福《ふく》浦《うら》を行くと、仏が宇多（仏が浦）があった。近くの牛滝は、源九郎判官が松前の島に橋を渡そうとして、材木を牛につけて引かせたが倒れ伏したのでその名があると、牛牽きの子供が話した。同じ道を奥戸に帰る途中、佐井浦の竹内善右衛門が赤人の島に流れつき、その孫がカムサツカの人に伴われてきたと、行き交う人々が物語していた。

奥戸・大間の牧

十月十日、馬で奥戸を立った。大間《おおま》の牧では木戸を放していた。奥戸の馬は右の耳を切り、大間の馬は左の耳を切る。一牧に百疋《ぴき》の母駄馬に雄馬一疋をおき、三十、四十の子を産むという。山田には刈り取った田稗の朽ち根が残っていた。赤川《あかがわ》には源頼義が尻《しり》屋《や》の鬼を切った太刀洗いの伝説があった。大畑《おおはた》に着き、堺某の家に泊った。十一日、あるじの案内で円祥山大安寺（禅宗）の山寺に行った。十二日、義光山宝国寺（浄土宗）に深阿上人を訪ね、和歌の贈答をする。これをきっかけに大畑の人たちとの和歌の交際が始

大間
奥戸
易国間(異国間)
赤石
下風呂
材木
赤川
黒森山
佐井
大畑
小目名
正津川
尻屋
岩屋
長後
関根
宇曾利山
樺山
福浦
仏ヶ浦
牛滝
田名部
大平
金谷
田屋
砂子又
小田野沢
城ヶ沢
川内
源藤城
片貝
田野沢
宿野部
老部
白糠
九艘泊
脇野沢
松ヶ崎
泊
出戸
尾駮
尾駮沼
椿崎
福館
茂浦
小湊
沼館
狩場沢
馬門
野辺地
浅虫
千曳
小川原湖

下　北

まった。十三日は池田包幸、深阿と、十五日は池田道賢と、十六日は慶政、邦政と、十七日は包幸と、十八日は深阿と、十九日は高喜の翁と、二十日は宝国寺で人々と、毎日のように歌の贈答もしくは歌会が行われている。二十一日、故郷の夢をみて、年月の積もるを思い和歌を詠む。

村林鬼工

十月二十二日、田名部《たなぶ》への出立にさいし、深阿、里の長の村林鬼工と歌の贈答をした。鬼工（一七四八〜一八二二）は源助といい、『原始謾筆風土年表』を著し、その寛政三年条に「参河の離騒白井英二秀雄」のことを記し、「和文詠哥物産」に通じ、雲水すること五年などと紹介している。羽色《はいろ》の山は昔、五万五千両を出して材木を伐り出した所という。関根《せきね》村に来ると、ぬかり路に木を敷きならべ、梯の上を渡るようであった。田名部の新相《ニヰアヒ》某の旅宿に着いた。二十三日、川嶋恒方の家を訪ねる。尚方、中島公世《きんつぐ》がいた。二十四日、恒方と歌を詠む。田名部でも交際は歌から始まった。二十五日、松前に島渡りする舟に手紙を託した。二十六日はあるじ尚方と、二十七日は人々と、二十八日は公世と歌を詠んだ。二十九日、雪が降ったが、軒端《のきば》の庇《ひさし》が広く作られているので、市人は行き交いに安《やす》げである。三十日、山の湯（恐山《おそれざん》）に行こうと、子供を案内に家を出た。阿倍（安倍）

鉋谷・仁土呂志

のいくさのころの鉋谷《かんなや》、仁土呂志《にどろし》、宇曾利《うそり》の村々は今もあるという。三途の橋に来ると、罪深い者はここを渡ることができず帰るのだと案内が話した。寺には老法師がおり泊った。

恐山に詣でる

十一月一日、本堂に詣でたが、御堂はみな閉ざし蘆のすだれで囲い、仏も冬籠りしていた。観音堂に詣で、伽羅陀山《からだせん》（佉羅陀山）になぞらえた山の麓の御堂に入ると、法師がこの山は慈覚円仁大師が開き、恵心《えしん》（源信）の仏も円空の仏もあると話し、帳《とばり》を開けて伽羅陀山の菩薩を見せてくれた。硫黄が噴出する所には、なまこの地獄、かねほり地獄などと、さまざまに名がつけられていた。湯も、ふる滝の湯、花染の湯などがあり、湯浴み人の仮屋が立ち並んでいた。田名部に帰ると、今日は月に三たびの市で、三丈ばかりの木を市神として押し立ててあった。

菊池成章

十一月二日、公世を通して菊池成章《なりあきら》から真澄の旅館に歌が届いた。成章（一七四四～一八二〇）は御給人で田名部代官所に仕え、『伊紀農松原』などの作品を残している。四日夕、歌会があり、五日、不退山常念寺の巌益上人を訪ねた。六日、山本保列から歌を贈られる。七日、人々の円居に歌を詠む。八日、くすし吉田懐貞を訪ねる。十日、吉祥山円通寺を訪ね、あるじの冠古上人と語る。十二日、恒方が、真澄が初めて訪ねてきたときに詠んだという歌を見せる。十三日、秋浜武憲から真澄が書いた随筆を見たいといって歌が寄せられた。十四日、男が門ごとに立ち、爪籠《ツマゴ》、わらぐつを声を出して売っていた。

秋浜武憲

十一月十六日、菊池成章のもとから去る七日の題になずらえて歌を贈られ、歌を返す。

ありまさ

十九日、吉田晴美《ハレミ》の家で歌を詠む。二十日、ありまさと呼ばれる七十歳余の法師が白麻の袋を背負って、高い声を唱えながら、家々を歩いていた。二十一日、この日松前からの舟で、ある人から懇ろな消息とともに厚い綿の入った衣を贈られた。花子という乙女の歌もあり、まめなる志と思い、返しの歌を詠んだ。二十三日、優婆塞が裸になって水垢離し、経を読み歩き八幡に詣でた。今宵が寒念仏《かんねぶつ》の始まりであった。二十五日、菊池清茂の歌に返した。二十六日、童が炉の灰をかきならし、偏継《へんつ》ぎ（漢字の旁を示し偏をつけさせる文字遊び）をしていた。二十八日、あきはま武憲の歌に返した。

女のけじめがない

十二月一日、市が立ち、安渡《あんど》の鱈、菅むしろなどの売り物を見て歩いた。三日、智愚庵のあるじ実元上人を訪ねた。童が集まって、はしのり（橋乗り）、坂のりをして遊んでいた。五日、徳元寺の寂隆上人を訪ねた。十三日、ある人に誘われ大畑の湊に行く。椛山（樺山）に来ると、牛二つに米をつけて牽く童と出会った。女は木の皮のけらみのを着て、斧を腰にさして歩いており、女のけじめがないと感じた。雪車《そり》に物を積んだ男が話しかけてきて、円仁《えんにん》（慈覚）大師の石経塚があるなどと教えてくれた。三途河《しょうづがわ》（正津川）の優婆堂の仏は慈覚大師《じかくだいし》の作で、拝むとおいぬ（狼《おおかみ》）、うぢな（狢《むじな》）の類は寄ってこないなどと、村の長に案内された。大畑に着き、田中某、直躬の親の家に泊った。十六日、中台院（宝国寺）に行く路で、灘めぐりの舟がはやち（疾風）に吹かれてひっくり返り、

稗飯・稗酒

三年婿

万歳楽

長後、牛滝に流れついた人を狼が引きずった跡があるなどと、人々が語りあっていた。

十二月十九日、田名部に帰ろうと正津川辺に来ると、吹雪の中、白髪の女翁に、この吹きしばれにどこにいくのか、一晩泊りなさい、ゆうげには稗の飯でも稗の酒でも出してあげようと声を掛けられ泊った。二十日、人が雪の上を歩き路がついてから出発するよう言ってくれた。暗くなり田名部に着いた。二十五日、秋浜《あきはま》武憲を訪ねると、盛岡の小本尚芳が浦々を歩いて詠んだ歌を見せてくれた。外を歩く人の話し声に三年婿というのが聞えたが、それは女の方の家を継ぐ者が幼いとき、男が妻の家に入りあるじになり、跡継ぎが成長すると家を出るならいであった。二十六日、今日は年の市で年越しの具を売っていた。二十八日、なへ（地震）があり、人々はまんざいらく《（万歳楽）》〳〵と唱えていた。三十日、私大《わたくしだい》の年ではなかったが、その由来を記す。門松を立て、さいとりかばといって雪の上に立てた椛の皮に火を灯した。ここで『牧の冬かれ』は終わる。

寛政五年春の日記は残っていないが、夏以降の日記によると、春にちゞり浜を見た（『まきのあさつゆ』）、春の一夜、沙子股《すなごまた》（砂子又）に泊った（『をふちのまき』）とある。『蝦夷がいはや』（未発見本）がこの春の日記だとすれば、岩屋を含む半島の北東部を歩いていたのであろう。三月二十三日、真澄は三河国秀雄の名で、大間の天妃の祠に『天妃縁起』を奉っているので（『菅江真澄研究』三五）、その後大間方面に行ったことになる。なお、三月二日の菊池成章宛秀雄（真澄）の文に、佐井の箭鏃杜《矢の根森》の神社のことを書いた日記（『牧の冬かれ』）を御目に掛けると記しているが、この年のことであったか。

みちのくの果て

　寛政五年四月一日からの日記は『於久能宇良《おくのうら》／＼《うら》』という。佐井の湊から、浦山のさくらを見に小舟に乗り牛滝に向かうところから起筆されている。牛滝で舟から降り、浦の長の坂井某の家に入り泊った。佐井のくすし三上温もいて語らった。二日、神明社、弁財天を詣で、真如庵に入った。三日、ここをひのもと《日の本》の北、みちのくの果てと人は思うかもしれないが、風俗は他の地方と変わらない、家居はむしろ清げであると感じた。四日、小舟で仏が宇多の浜（仏ケ浦）に行ったあと、福浦で山路も歩いてみようと、舟にいる三上温と別れた。磯の館に休んでいると、家の女が紫菜《むらさきのり》を出してくれた。寒い冬の海が荒れるころ腰に綱をつけ、岩にかかったのを採るといい、真澄は『万葉集』の歌を想起した。大黄楊《おおつげ》の坂、長後を経て佐井になり、しなたの家に着いた。

珠阿上人

　四月五日、松齢山法性寺の桜を見に行った。六日、亀井山発信寺に珠阿上人を訪ねた。多古《たこ》と呼ばれる遊女がいた。七日、渋田のもとで珠阿の句につけて詠む。八日、長福寺に円居し、同様に珠阿と詠みあう。九日、田名部の菊池成章が今夕この湊に来て泊っていると聞き、歌を贈った。十日、成章より文が来て、急に代官に誘われて行くことになったとあり、昨日の歌の返しがあった。十一日、浦の長の若山に頼まれ、滝見の画および寒山拾得の画に歌を詠んで書いた。清水寺の優婆塞自性院を訪ねた。十二日、この辺では、材木石を家の屋根のそぎた（枌板）に置いたり、寺のついひじ《築泥》に使っている。十五日、清水寺より借りて見た万治、寛文の勅点和歌の冊子を返却した。

牛滝越え

四月十六日、再び牛滝の浦をめぐり、浦づたいに田名部に帰ろうと小舟を頼んで出船したが、糠森の辺で降りて歩いた。長後の浦に泊った。十七日、福浦に行き、以前休んだ家に泊った。十八日、この浦の童が牛滝越えをするというので、これを案内に歩いた。罪を犯した者は男女の区別なくこのあたりに流すのが国（盛岡藩）の法であった。牛滝に着き坂井の家に入った。珠阿上人、渋田政備、くすし三上などが来ていて少しは気分がまぐれたが、体調が悪く、暮れるまえに枕を取った。二十日、渋田、三上が帰るというが、風邪が重く起きれなかった。二十六日、枕上の障子の絵は桃水和尚の手で、松前に渡った人だと、家のあるじの翁が語ってくれた。

鹿・猿の食害

四月二十七日、出立にさいし、近々松前に島渡りするという珠阿上人と別れた。ただ、すぐに渡ったのではなく、真澄はその後も会っている。大荒河で小舟から降り、山深いところを歩いた。源藤次郎《げどうじろ》（源藤城）の村では山子が生業でそぎたを作り、女は山畑を耕し布を織っていた。片貝《かたかえ》の村に入ると、女翁がかてとするため山の蕗《ふき》を裂いて米糠《こめぬか》をふりかけて干していた。この山里では鹿や猿が出て粟《あわ》、稗《ひえ》、豆、蕎麦《そば》などを食べてしまい、飢えることがあると嘆くのを聞き、真澄は涙を流した。脇野沢《わきのさわ》に着き、里の長の家に泊った。

ハツヒラン

四月二十八日、ここにとどまり、寺などを見て回った。脇沢庵のあるじ大仙は相模国足柄山の麓から来たといい、懇《ねんご》ろに語りあった。この湊辺には、むかしハツヒランという蝦夷が住み、その末は今も残っていると、所の者が話してくれた。二十九日、風と雨で出立しなかった。三十日、近くの海岸を回った。九艘泊《くそうどまり》はひのもとの果て、扶桑留であると物語をする人がいるが、石脳油《クサウツ》（石油）の涌く川があるかと想像した。

飢饉で松前に島渡り

五月一日、脇野沢を出立した。松が崎では、浦人が海鼠の網に入った石を据えて石神と祀っていた。殿崎の古城の跡は松前氏の遠祖が柵したところと伝える。宿野辺《スクノヘ》に来たが、むかし、スクノベツと夷人は呼んでいた。平所《ヒラトコ》は飢饉のとき皆逃げて、松前に島渡りし、村の名ばかりが残っていた。河内《カハウチ》（川内）に来ると里中に広い川があり、唐櫃《からびつ》の蓋のような舟に乗った。この棹取りは近年、唐国に流され帰ってきた大船の楫取りで、船を流した罪により大船に乗ることができず、老いた母を養いかねると嘆いていた。川内に泊った。二日、出立し、田野沢《たのさわ》に来ると、山影に稗を蒔いた小田があった。城箇《じようが》沢《さわ》に泊った。三日、安渡《アント》の入り江を見たが、ここは冬は鱈釣り、春は鯡の網引で里が富めるという。大平《おおだいら》、金谷《かなや》を経て万人堂《まんにんどう》を通り、田名部に着いた。

五月四日、中島公世の館に至った。海士の子が菖蒲を売り歩き、門ごとに買っていた。五日、笹の粽《ちまき》、ほどの根を食べ、しほでぐさの茎で耳を掻くのは、秋田のふりに同じである。十日、この四、五日風邪を引いて伏し、日記もつけなかった。十四日、田植え前に、「ふませ」といって馬をいくつも引き田の中をめぐっていた。十五日、中島公世の弟のくすし徳広が脇野沢で医業をするため出立するというので、歌を贈った。十六日には、薬がりに行く人に伴われて出かけた。十九日、女たちの田植え歌が聞こえてくる。

稗田

二十日、この辺りは米より稗が多く、稗田も稲田と同じように田植えをしていた。

恐山の湯浴み

五月二十五日、去年見た宇曾利山《うそりやま》に再び登ろうと、公世と出立した。途中、牛の背に材木を載せて数多曳いてきたのと出会い、ようやく道をよけた。御寺に入り、湯浴みする川島某を訪ねた。二十六日、ふる滝の湯など五ヵ所の湯桁には病人が集っていた。湯浴みの女が、紺の湯巻をして並び、大きなかいげ（片手桶）で頭から湯を打ち掛ける様子は、十戒《じっかい》の絵を見ているようであった。二十七日、田名部へ帰った。二十九日、菊池成章より雨の円居に語ろうとの手紙が和歌とともにあり、その宿に出かけた。

六月二日、昨日より智愚庵にあり、あるじの実元上人、秋浜某、ひきど春花法師などと、山の上（宇曾利山）に湯浴みに出かけた。五日、窓を開けて、ひきど、実元上人が琴を弾くと、地獄めぐりの修行者らが立ち止まって聞いた。閉伊郡の宮古辺から湯浴みに

岩屋の浦に寄るロシア船

来ていた遊女らしき女がもう一手とせがんだ。七日、里から人が来て語るには、ネモロに来たヲロシヤ人の船が霧《モヤ》のため南部の岩屋の浦に寄せた。童が恐ろしい、丈の高い姿異なるものが来たと叫んだので、浦の長や物書が海辺に降りて問うと、日の本の言葉を聞き分けにくく話す者がおり、赤蝦夷人《あかえぞじん》だろうと県の君（代官）に報告したという。ラクスマンの乗るエカテリナ号に関する記事である。八日、田名部徳玄寺の新発意（新住職）寂秀より漢詩が真澄に贈られ、歌を返した。九日には、真近き隣に寝ていた越中砥《と》波《なみ》（砺波）の修行者二人が大畑に行くというので歌を贈った。十六日、この山に十の景を定め、和歌を詠む。

恐山の地蔵会

六月二十三日は地蔵会《じぞうえ》だった。村々里々から人が数多集ってきた。国々の修行者は鉦鼓を打ち、鈴を振り、阿弥陀仏を唱えていた。卒塔婆塚の前にはいかめしい棚を作り、老若男女は御堂より柾仏を一本六文で買ってきてこの棚に置き、亡き霊を呼ぶ声がこだましていた。うば堂、食堂、尊宿寮、小屋に人が満ちて、寝るところもなかった。二十四日、夜が明けようとするころから、人々は「南無からだせんの延命ぼさち……」と、数珠をおしもみ額にあてて、亡き霊をかぞえあげ涙を流していた。円通寺の大徳が、払《ほっ》子《す》を取って「からだせん《（佉羅陀山）》」の御前から地獄の辺を御誦経してめぐり、霊棚に来ると人々は馳せ集まってきた。昼過ぎ人々はいなくなり、田名部から馬を曳いて迎えが来たので真澄たちも帰った。二十五日、夕暮れ、智愚庵に行った。三十日、風邪を引き、四日ほど日記を書かなかった。

七夕祭

　これに続く寛政五年七月一日からの日記は『まきのあさつゆ』と名づけられた。一日、近日この県（田名部）を立とうと思い、去年より親しくした人々に別れを告げようと大畑に向った。浜路の磯辺には昆布を刈る仮屋が立ち並んでいた。田中某の家に泊った。二日、深阿上人の宝国寺を訪ねて和歌を詠みあった。三日も宝国寺に遊んだ。六日の夕近く、子供たちが七夕祭と書いた灯籠を持ちながら、「ねぶたもながれよ……」と囃《はや》し群れ歩いていた。七日も子供たちが火を灯し振りかざしていた。八日、何か不明だが、急用の知らせがあり馬で田名部へ戻った。途中、公用のため佐井に赴く菊池成章、清茂《きよもち》の二人に出会った。清茂はオロシヤの件で松前に島渡りし、昨今帰ってきたばかりという。また、関根では梢《こずえ》に蝦夷のしま織りの衣が掛けてあった。

源氏物語を読む

　七月十一日、大畑に行くと、市路は霊祭りの必要な具を買う人で混んでいた。十三日、大沢に至り、知り合いの亀磨（池田氏）を訪ねると、あるじは『源氏物語』の明石の巻を読んでいた。十六日、亀丸（磨）とともに大畑へ出かけた。夕暮れから童《わらわ》踊りがあった。昨日まで鳴り物停止であった。十七日、田名部への帰り道、州浜に男女が安らぎ、夕べの踊りの楽しさに、今日の牛曳き、昆布取るわざの苦しさよと語っていた。十九日、田名部の祭りを見ようと、昆布を潜って取る女や、山賤の女なども混じり、赤い手ぬぐいようのもので頭を包み、あるいは黒い和布の冠り物《にごたえ》をして、眼だけ出している女もいた。山車や神輿の行列が町々を練り歩き、暮れると山車をとどめ盆踊りが始まった。男は女に装い、女は男のふりを真似て、今日を限りにと歌い踊った。二十一日、常念寺に行くと、菊池某が遠祖からの伝来品を見せてくれた。

女装・男装の盆踊り

　七月二十二日、菊池成章が昨夜帰ると聞く。成章との文による歌のやりとりを記す。二十三日大畑に行く。二十六日、村林某が話していた冠岩を見に、三、四人誘いあって出かけた。小目名の山里では麻苧を刈り、糸を引き掛け干していた。冠岩は越後国加久田の窟《いわや》に等しく思われた。二十八日、優婆塞の某、木村某、胆沢郡水沢の武田氏喜の子某らと大畑から舟に乗り、亀丸を訪ね、夜更けまで歌を詠みあった。翌八月一日、皆は大畑湊へ帰ったが、真澄は残って休んだ。

下風呂の湯浴み

　八月二日、異国間《いこくま》（易国間）の中居の家に行こうと亀丸の家を出た。下風呂《しもふろ》に来ると大畑の幾久知（菊池）某が居り、勧められ泊った。三日、雨が降ったので湯浴みし、越の白山辺の人、武蔵国ほりかね（堀兼）の井の辺から来た人などと語らった。四日、異国間の中井業陳《なりのぶ》を訪ね、再会を喜び合った。その後九月半ばまでここに滞在し、あるじと歌を詠みあい、虫の声や月見、初雁などを楽しみ、平穏な静かな日々を過ごしている。

幕府宣諭使の一行

えぞの末裔

九月五日、オロシヤの一件に携わった幕府の石川忠房、村上義礼（宣諭使、目付）の一行が異国間に着いた。どの家も菅菰を清らかに敷き、葦の簾を軒ごとにかけ、料理にあわび、かぜ、すずき、たなご、かつおなどを用意して一夜の宿を提供した。九艘泊の佐野というゑぞの末裔の妻の初子が家を守り老人をいたわるので、銭一つらを賜ったと聞く。六日、幕吏一行はことなく出発したが、松前の帰り津軽・下北の海辺を巡見したのは、老中松平定信の北国郡代設置構想のための現地調査であった。

九月八日、田稗を刈り、まとり（二又の木の棒）で打ち叩く女たちが、鹿による食害を嘆いていた。十三日、「なが月十三夜の月」を歌の頭に置いて、みちのおくの近辺の名所を集めて十三首詠むなど、和歌に興じた。十四日、大間の百々稲荷が位を賜ったというので、詣でたことのある真澄は歌を奉じた。稲荷は天妃《てんぴ》の祠の辺に建てられていた。十五日、桑畑の浦の神事を見に、あるじ業陳とともに異国間を出た。桑畑につくと、優婆塞が貝を吹き鈴を振り、般若経を読んでいた。日が暮れたので、ここに泊った。

九月十六日、業陳と別れた。下風呂の出湯に着き、知り合いのあるじのもとに中宿した。風邪気味で頭痛がし、ここに泊った。十七日、おなじ宿にあり、自遊庵の隣の庵に入ると、栃の実を繋いだ大きな数珠を仏の前にかけて、なもあみだ仏を唱えていた。十八日、新湯を見に行った。十九日、今日は中の節句だとして、あるじが酒を勧めてくれ

日陽の神

た。この日、黒森が岳（黒森山）で神事があるというので、真澄も登ろうと出かけた。中山の堂には観世音を据えて、この先に女が登ることを止めていた。なお奥山に登っていくと、昔は日陽の神と崇めていた日照権現があった。赤川の水上の滝の中に不動尊が祀られ、これを奥の院と呼んでいた。やがて下り、大沢の一庵《ひとつあん》の亀麿を訪ね泊った。

駒の野捕り

九月二十一日、御野捕で野のあら駒を埒《らち》に追い込み、さいとりという大綱を首に引きかけて捕まえ、近隣の村の人々二百人余りが盛岡へ馬を牽いて行った。ちゞり（千千里）の浜を見に行った。この窟は、源頼義が尻屋の鬼を征矢《そや》で射たところという。春に見たときより海の景色が変わり、浪が荒れていた。二十三日、一庵を出立した。大間、奥戸牧の野捕り馬六十疋余が田名部へと牽かれて行った。大畑の田中の家に着いた。二十五日、ある寺に行くと米丸雪《こめあられ》を出してくれ、それを歌に詠み込んだ。二十六日、異国間の業陣より、やけ山の麓で取った竹葉茈胡《たけはさいこ》の薬根を和歌とともに贈られた。三十日、秋のなごりに紅葉を見て歩いた。

二　下北（2）

寛政五年（一七九三）十月一日からは『をふちのまき』となる。二日、大畑の庚申堂に知り合いの人たちが集って、はいかい《(俳諧)》の連ね歌をしていた。真澄も同じ様に遊んでと言われ、真澄はおぼつかなく一句を詠んだ。

珠阿上人松前に渡る

四日、蟻光山の夜半の円居に、武蔵の修行者珠阿が近日松前の島に渡るため、夜が明けたら他浦へ出立するというので、春以来の交際を懐かしみ送別の歌を詠みあった。真澄も日あらず宮古島（宮古）や野田方面に旅立ちたい心持ちであった。十日、蟻光山の御寺の円居に和歌を詠んだ。十一日、大畑のめつた町（南町）の月照山心光寺に美濃大垣出身の音柳という老上人を訪ねた。

北村伝七

十六日、ある夜の円居に北村伝七と語る。伝七は寛政元年のアイヌ蜂起で生き残った人物で、その体験などを語ったが、真澄はその内容までは日記に書かなかった。

　十月十七日夜、なか寺（蟻光山か）に集《つど》いがあり、真澄にも句をしきりに求めるので詠んだ。十八日の夜、うまのはなむけに料理が出され、池田包幸から歌を贈られた。十九日、池田包幸、高喜の翁、みなとや邦政、蟻光山宝国寺に住む深阿、村林鬼工《おにのたくみ》（時明）と別れの歌を贈答しあう。しかし、天気が悪く延期し、二十一日になって、田中の家を馬で出立した。

牛の野飼い

椛《カバ》山（樺山）に来ると、冬季の野飼いのため、牛が曳かれ捨てられていた。女館《おんなたて》の法呂権現は藤原秀衡の霊を祀るという。田名部の新相の旅館に着いた。

　十月二十三日、きのう成章の家を訪ねたが行き違いで会えなかった。二十五日、去る七日に海が荒れて秋味《あきあじ》を積む船が沈んだと、ある人から聞いた。二十七日、山本世献の

西蝦夷ススツで破船

家で楚泊という盲人が詠む歌を聞いた。二十八日、松前よりの文に、西蝦夷のススツ(寿都)で二百艘の舟が浪に襲われ、三百人余りが死んだという。その舟主や乗組みの人は皆この辺から行った人たちで、ゆかりの男女が家で泣いていた。二十九日、大畑の邦政から椎の実という毫《ごう》(筆)を贈られ、伊之、深阿、池田包幸からも和歌があり、歌を返した。

十一月一日、近くの景色が懐かしく、万人堂、かなや(金谷)、ひどろ(肥泥)、三本松《さんぼんまつ》のあたりを歩いた。十三日、この十日ばかり風邪を引き、日記を記さなかった。十四日、村木某の家に行った。十九日、田名部の中嶋公世(杜美右門)、齢香山徳玄寺の新発意寂秀、山本世献、菊池教政、くすし吉田懐貞、菊池清茂、菊池成章、河島尚方から、別れのからうた(漢詩)や和歌を贈られ、これに返歌した。二十六日、この夜が明けたら出立しようと思い定め、老若と別れを惜しんだ。

大同

十一月二十七日、尾駮《おぶち》の牧をめざして門出した。田屋《たや》に入ると、館八幡に大同の頃祀るという札があった。春に見た青平《あべら》の熊野社に詣でた。沙子股(砂子又)になり、春の一夜泊った川辺の翁の家を訪ねた。女の翁に親たちはまだあるのか、あるならば早くその国へ帰りなさいと諫《いさ》められた。真澄はくじ(孔子)の教えに背き、孝行をしないで身をほうらかしていることを悔い、答えようがなかった。

路に迷わない印

凍坂を下る

十一月二十九日、その家を出、手代河《タシロ》を経て、小田野沢《おだのさわ》に来た。太平洋側の海辺の道になり、七尺ばかりの柱に横木を入れ十文字にしてあるのは、吹雪で路を迷わないようにする印であった。大井辺（老部《おいつべ》）に泊った。夷の島にもオヰへ、シラヌカと同じ名があり、ここも昔は夷《えぞ》がもっぱら住んでいたのであろう。筵を打つ翁は暮れ行くと、檜の皮をくだき灯心にし、かすべ、するめの油をともした。女は布織るうみそを引き、また、大藺の筵を織っていた。三十日、牛に乗って白糠《しらぬか》に至った。岩石《ガンセキ》おとしの坂に来ると、水晶のように水が凍って歩めなかった。牛追いや山賤も集ってきて、腰につけた菅の小《こ》出《だす》から灰を取り出して撒いた。また、鳶口で氷を砕きながら、たくさんの牛を下らせ、その危うさはたとえようがなかった。泊《とまり》に着き、浦の長の種市の家に宿を借りた。

尾駮の牧

十二月一日、東海山大乗寺に行き哲誉上人に会った。さすらいの宮を祀る御所大神宮があった。宮の死後、めのとの木村小藤太が霊祀りしていると、夢に大津波のお告げがあり、この高岡に逃げて助かったという。貴宝山には出羽の月山が祭られ、安濃津《あのつ》の広貞なる人が寛文頃登ったのが始まりと伝えていた。二日、雪あられのなか、馬に乗って出立し、出戸《デト》の村に宿を借りた。四日、吹雪が激しく出立せず。あるじはこの出土の西南、西北にたかまぎ（高牧）という所があり、いにしえ尾の毛がまだらに生え乱れた駒が生まれ、これを帝に奉じたので、尾駮の牧と呼ぶようになったと語ってくれた。また、大きな馬が生まれ出て牧の駒を食べ、人を追いかけたので、それを射殺して埋めた七くらと呼ぶ塚があり、中昔、その骨を掘り出すことがあったという。

相撲の力士

十二月五日、出戸村を牛に乗って出た。人が指差して尾駮の牧の古跡を教えてくれ、そこに行きたいと真澄が言ったが、雪中で命を失うかもしれない、春が来るのを待ちなさいと諭され、このたびは断念した。大きな湖（尾駮沼）があり、鯡《にしん》が入ってくるのを獲《と》るための小屋（馬手《マテ》）が並んでいた。尾駮村の木村某の家に泊った。今宵は「ゑみし」（恵比須）の神の年越しで、氷頭《ひず》のなますに鰯をかきまぜ、ひれつきの鯡を供えた。夕飯には鯡を出してくれた。六日もここに泊まり、翁の家は慶安の頃から浦の長で、大《おお》祖父《おおじ》（曾祖父）は力士でくにのかみ（藩主）に召され相撲さと（関取）にまでなったと語ってくれた。また、尾駮の村の由来や七くらの馬塚の話を聞き、真澄は『後撰集』の文を引きながら、十年余りも心にかけてきた名所を尋ね見るうれしさを思った。

車櫂の小舟

十二月七日、野辺地へは雪が深く行けないと人が言うので、もとの道を引き返し、牛に乗って出た。出戸の浜で別の牛に乗り換え、鏡の明神の近くでは凍った路面を牛追いが行き悩んでいた。泊の種市の家に着いた。十二日、氷の坂を行くのを避け、車櫂《くるまがい》のある小舟に乗って出た。白糠《しらぬか》で降り、老部で泊った。夕方になると、家ごとに海士ながら山の神を祭っていた。十三日、馬に乗り、小田野沢を経て砂子又の村に入り、知り合いの家に泊った。十四日、昨夜から風邪気味だったが出立し、青平の村長のところで火にあたり、おなじ馬で田名部に着いた。

十二月十五日、垸飯《おうばん》ものと言って、年の暮れの用意のため菅菰のようなものにいろいろ入れて持ち歩いていた。十八日、風邪で寝ていたが、今日起き出すと里の人が訪ねて来て、田名部で越年したらいいと勧めてくれ、菊池道幸という商人の孫庇に移った。清茂などが訪ねてきた。松前より今朝、菅子、陸子の幼い手習いの歌が届き、また鄧美より、しとうず（足袋）が贈られた。十九日、二十七日、二十八日と、人々と集い和歌を詠んで過ごした。二十九日は小の月で年の最後だったが、私大《わたくしだい》といって明日の一月一日の夜を除夜としていた。

南部の私大

明くる寛政六年の正月から三月までの日記は『奥《おく》の手《て》風俗《ぶり》』という。暦の一月一日、南部氏の故事により、今日が大晦日であった。門々には福取椛《サイトリカバ》といって樺のついまつ（続松）を雪の上に立て並べ、家の隅には大臼を伏せるなどしていた。何事もこの里のふりにならい、行く年を惜しんだ。暦二日は年の初めで、人々は早くから起き出し、麻の上下を着て神社を拝み歩いた。若水を汲もうと、老若男女が川面で競っていた。暦四日の節分（南部三日）、暦七日（南部六日）には人々と円居し和歌を詠んだ。暦八日（七日）、七草の粥を食べるが、わかめを入れる里もあるという。九日（八日）、五十歳を迎えた菊池

サイトリカバ

成章と若菜の歌をやりとりする。酉の日にあたり、酉の文字を紙に書き、門の戸にさかさまに張っていた。

獅子舞

一月十日（九日）、清茂、公世らと和歌を詠んだ。十一日、今日より暦の日に戻った。ただし、貴き館では二十日の目出しの祝いからそうするという。十二日夜、人々とともに歌を詠みあった。十三日、目名の優婆塞《うばそく》らが、三年に一度の獅子舞で門々を歩き、新築した和歌山某の家に入りことほいでいた。十四日、水木《みずき》（ミズキ）の粟穂《あわほ》、繭玉《まゆ》のためしがあり、かせぎどりの子供たちが群れ歩いていた。夜には、やらくさと言って、魚の鰭《ひれ》、皮を餅とともに焼串にさしはさんで、戸ごとにさした。これは「わが父母の国」の節分の夜に、門の戸の柱に鰯の頭の焼いたのをさすのに似ていた。

ひな祭り

一月十五日、男童は今日から菅大臣の像を家の隅に飾り、女童はひな祭りをするのは、松前に似ている。昼頃、田植歌を唄う女たちが鳴子を鳴らし群れ歩いていた。十六日夕、円居して歌を詠んだ。十七日、七つの句題で詠む。十八日夜、菊池政高が旅に出るというので、和歌山叙容の家で首途《かどで》の宴があった。二十日、目出しのためしが代官所であった。家ごとに繭玉の餅を取り納めた。二十二日、叙容から借りていた不尽《ふじ》の画を返すにあたり、歌を贈った。この夜、清茂、成章が来て円居し、秋の句題で詠んだ。二十三日、

真澄日記の借覧

中島（嶋）公世から、借りていた真澄の日記を返す、その後の巻を貸してくれないかとの文が

来る。二十四日、叙容の家に、優婆塞が来て菅大臣を祀った。二十六日、成章より誘いがあったが、頭痛がし行かなかった。二十八日、山本保列が訪ねてきて、はいかい《（俳諧）》の連歌に聞えた父棹鶴が死んで三十年、今日はその命日だが、はえある言葉が出てこないというので、真澄が代りに詠んで手向けた。今日成章を訪ねたが行き違いとなった。二十九日、成章より昨日の歌の返しが届いた。きよしげ《（清茂）》の家を訪ねた。三十日、今日、市が立った。今宵、歌の集いがあった。

厄年の年取り

橇を引く杣人

　二月一日、正月のように年取りをした。厄年の憂きを早く過ごすためで、若水を汲む家もあった。二日、あるじらと宇曾利山に出かけた。夕方菩提寺に着いた。三日、水海の雪の上は野原のように踏みならされ行き交いしていた。所々に高い枝を挿しているのは、湯が湧いている淵に落ちないためであった。湖の半ばまで行くと、向こう岸から山子が迎えに来てくれた。杣人らが夏、秋に伐った木や、檜の払った枝を引き出すための雪道を作っていた。小尽山の家戸で休み、橇《そり》に宮木を六十本くらいを積んで、飛ぶように走り下るのを見る。橇を引く者たちはその日に米二升近くを食べると聞き、力くらべのわざを思った。雪の下にある杣小屋に入り、山衣を着た男が飯を炊いてくれた。寒いとはそれほど思わずに、ここで夜を過ごした。

　二月四日の朝、神にものを供えるのに拍子木を打った。十二月十二日が山の神を祭る日で、木の皮や藁で皿むすびにしたのに盛って供えるという。昼にたんぱやきを食べた。林の中で女の声に唄をうたい、斧を打つのは春木伐りであった。山を下り、城ケ沢の浜に出て休み、河森（川守）に来ると、女が唄をうたいながらあさり貝を掘っていた。安渡、大平を経て田名部に帰った。五日夜、歌の集いがあった。九日、河つらの宿を訪ねた。

松前文子・下国季豊からの文

二月十日、松前の文子、下国季豊から文と歌が届いた。去年の三月六日に遣わした文の返事で、今年の一月二十六日に着いた。これに返しの歌を詠み、島渡りの舟に託した。十一日、雁が北の国に帰るのを見て、「あが父母のくに」から来たのではないかと思い、故郷を恋しく思った。十二日、初午であったが稲荷の神事はなかった。十三日、人々と帰雁を題に詠んだ。十四日、近辺の村々の男女が円通寺に入り、夜とともに名号を唱え大数珠を繰り、また酒飲む男女が歌をうたっていた。十五日、成章から訪ねる暇もないとの消息があり、返しの歌を詠む。

円通寺

二月十六日、夢に、都のどこか清らなる御殿に父母がいて、長旅から帰った真澄を、旅のやつれもなくなどと笑顔で迎えてくれた。鳥の声に目がさめた。月のおもしろさに人々が訪ねてきた。成章の歌に真澄が返歌した。二十七日、この里のくすし吉田晴が蝦夷のふりを見たいと、今日島渡りするというので、歌を書いて贈った。二十九日、宿のあるじ菊池道幸が武士だった遠祖から伝わる馬の角なるものを見せてくれた。

万人堂

三月二日、盛岡に住む大巻秀詮の六十歳の賀に歌を詠んだ。四日、万人堂《まんにんどう》の寛文頃の万人牒を見ると、かげゆさへもん、あいらしこ、夷、朔日子、めご子など、珍しい男女の名前があった。三月十五日、大畑の湊に向かい、びつつけの浜に出た。もとはヒツ〇ツケで、むかしは蝦夷人が住んでいた。十六日、大畑湊に着いた。去年の高波で墓から屍《しかばね》が出たが、伏したままに埋めていたので蝦夷であろうか。十八日、人麿の御神に歌を奉ろうと人がいうので、真澄も詠んだ。十九日、黒森の春の祭りに人が群れて行った。

土田直躬と再会

二十三日、松前より土田直躬が故郷に帰り、宇曾利山で湯浴みしていると聞き出かけた。途中、外《ソデ》山の村が見えたが、ここは春秋、蕨《わらび》の根を掘って食べ、あるいは市に売って世を渡るという。登って湯桁の辺の屋を訪ねると直躬がおり、再会の歌を詠んだ。

三月二十五日、松前から来た人が、箱館に住む高竜寺の禅師が去る五日に遷化《せんげ》したと話し、会ったことのある人なので涙が落ち、歌を詠んだ。二十六日、野辺地の埜阪《(野坂)》某、田名部の熊谷某、今日麓に下るというので見送った。二十九日、夜が明けたらここを出立しようと思い、松前の北川時房、その孫菅子、陸子（八重子と改名）から来た文に返しの歌を詠んだ。菅子、陸子には真澄が三年前手習いを教えていたので、情けが表れていると感じた。

菊池成章より真澄日記返却

『奥の手風俗』に続く、寛政六年（一七九四）四月から九月にかけての日記は発見されていない。同年冬の日記『淤遇濃冬隠《おくのふゆごもり》』十一月二十二日条に、真澄が菊池成章に貸していた自分の日記をこの日返してもらったという記事があり、『伊寧《いな》の中路《なかみち》』『吾がこゝろ』『けふの狭布《せはの、》』とともに『牧のなつくさ』『千引《ちびき》のいし』の二つの書名をあげている。『牧のなつくさ』は、寛政五年冬に雪が深く行けなかった尾駮の牧への思いを、寛政六年の夏に果たしたときの日記であろう。後年の随筆『しのゝはぐさ』のなかに「くさむすび」という一文があり、尾駮の牧の跡を訪ね、尾《ヲ》払《ブツ》、高鉾《タカホコ》あたりの浦山深く分け入り、夏草の深い時に入ったとあるのも、このときの旅であったとみてよい。

千曳・石文を歩く

いっぽう、『千引のいし』は、成章が「千曳の石よ壺のいしぶみ」と歌に詠んでいるので、北郡の千曳、石文のあたりを訪ね歩いたときの日記といえよう。この寛政六年夏秋の旅がどこまで足を伸ばしたのか、『ひなの一《ひと》ふし』に八戸の田植唄・田植踊が掲載されているので、八戸方面に行った可能性はあるものの、それを示す証拠は見出されていない。『凡国奇器』に奥南部八戸の田植踊の器の図が描かれるが、同図は『凡国異器』（大槻民治模写）にもあるので、真澄は以前から持っていた図であろう。

『淤遇濃冬隠』によると、寛政六年十月一日、真澄は田名部からであろうか、石持の山里にある石神に詣でようと出立した。里の近くに母衣埼（崎）明神があった。保呂《ほろ》は夷詞で

寝屋の作業

いわや（窟）の名だと真澄は言う。石神は畑中某の屋敷の後ろにあり、子牛を伏せたような岩だった。あるじの老女が宿を貸してくれた。暮れると若い女が宿に集って、唄をうたい雑談しながらうみそ（績麻）をする。そこに男たちがやってきて、筵を織り、わらぐつを作り、縄をなう。稗酒に鯷《ひしこ》いわしがよいと言って食べていた。この宿を寝屋という。二日、山々の紅葉を見ながら帰った。

十月三日、大畑の土田直躬から梅の画にものを書いてと文があり、否みがたく和歌を詠んだ。四日、越の敦賀に住む友主という人が来て、円居し和歌を詠みあった。二十三日、雪がたいそう降ったので、わが故郷の時雨《しぐ》れる空を想い歌を詠んだ。

今井常通

十一月十日、赤河（赤川）の浦の滝はよいと菊池成章が言うので田名部を立ち、大畑湊を経て、池田亀丸の庵を訪ねた。十一日、赤河村に至り、案内を頼み、黒森山より流れる滝を見た。赤河に宿を借りた。十二日、大畑湊のくすし今井常通を訪ねると、敦賀の朋主（友主）がいた。十三日、人々を誘い大畑に出た。菊池常親の長屋の後ろの大松が倒れ、それを見る。大畑の常親の家に滞在か。十八日、直躬の家にあり、友主の歌に返す。

十一月十九日、今日大畑を出発、直躬、ともぬし《（友主）》、今井常通と歌の贈答をする。関根村で暮れ、情け深い翁から、くぐ草の松明をもらったが、ぬかるみに落ちて火が消えた。

迷い佇んでいると、同じ道を来る直躬の親と出会い、村長の与左衛門の家に入り泊ることができた。二十日、田名部に帰ると、菊池清茂より文があり、和歌を返した。二十二日、前述のように、菊池成章が借覧していた真澄の日記を返却してきた。

ロシア語での戯歌

閏十一月十二日、大畑の木村某が来て、外出中のあるじに代り和句する。二、三日後、木村が津軽路に行くと聞いて、真澄も和句した。十五日、今井常道の語るロシア語を聞き、戯れてロシア語の和歌をつくった。二十日、熊谷、和歌山などが、今年はとくに寒いので春になり雪が消えてから出立するよう懇ろに言うので、ここで越年することとし、菊池重右衛門の商人の家を退き、わかやま叙容の葛覃舎に移った。

自家製の眼薬

十二月十四日、中嶋公世より漢詩、和歌を贈られ、歌を返した。十五日、菊池成章のもとで、「歳中立春」という題で和歌を詠みあった。十九日、眼病を患う成章に真澄が自分のこしらえた薬を贈っていたが、その効果ありと、成章から文と歌があり、返しの歌を詠んだ。二十八日、今年も私大（前出）のためしであった。

三　津軽（1）

寛政七年（一七九五）の正月を田名部で過ごした真澄は、同年三月二十二日、津軽の島山

（夏泊半島）の椿崎を見に行こうと、南部領の馬門《まかど》、および津軽領の狩場沢《かりばさわ》の関屋を越えた。この日に始まる『津《つ》が呂《ろ》の奥《おく》（仮題）』は翌年四月三日までの断続的な四つの期間の草稿（第一部〜第四部）を綴じ合わせたものである。

雷電の社

同日、真澄は沼館《ぬまだて》を経て、雷電の社に詣でようと鳥居をくぐったが、御手洗川があり渡れず、川岸で額《ぬか》づいた。小湊《こみなと》に行き、雷電山日光院という験者を訪ね聞くと、大同二年に田村丸《（麻呂）》が建て、加茂を移したのだという。問丸宮島某に泊った。里の古老はこのあたりに錦木の里があったと語る。二十三日、福館《ふくだて》村に行くと、家頭《ヤガシラ》打つといって、屋根を葺《ふ》く家が葦を刈る場所に目印を立てていた。再び雷電社に幣を奉った。間木の浜では帆立貝などを焼いて白灰にし、塩釜を作る材料とする。田沢《たざわ》浦の長の家に泊った。二十五日、ジャクチという蝦夷の柵《チャシ》のあとが山の田畑の地名として残っていた。

椿明神の物語

三月二十六日、椿崎に行き、椿明神に詣でた。椿の由来について浦の娘と船人の契りの物語があった。藻浦《もうら》（茂浦）辺で宿を借りようとしたが、ひとり旅には宿を貸さない規則だといって断られたが、情けある翁が泊めてくれた。二十七日、土屋の浦の岡越えに鍵懸《かんかけ》があった。浅虫《あさむし》に入り、昔見た有多宇末井《うとうまい》の桟《かけはし》を渡った。笊石《ざるいし》の浦に至り、泊った。二十八日、野内《のない》川の増水で出立できなかった。三十日で第一部は終わる。

やや間をおき、寛政七年十月十五日（第二部）、青森にいた真澄は、弘前の知人から誘

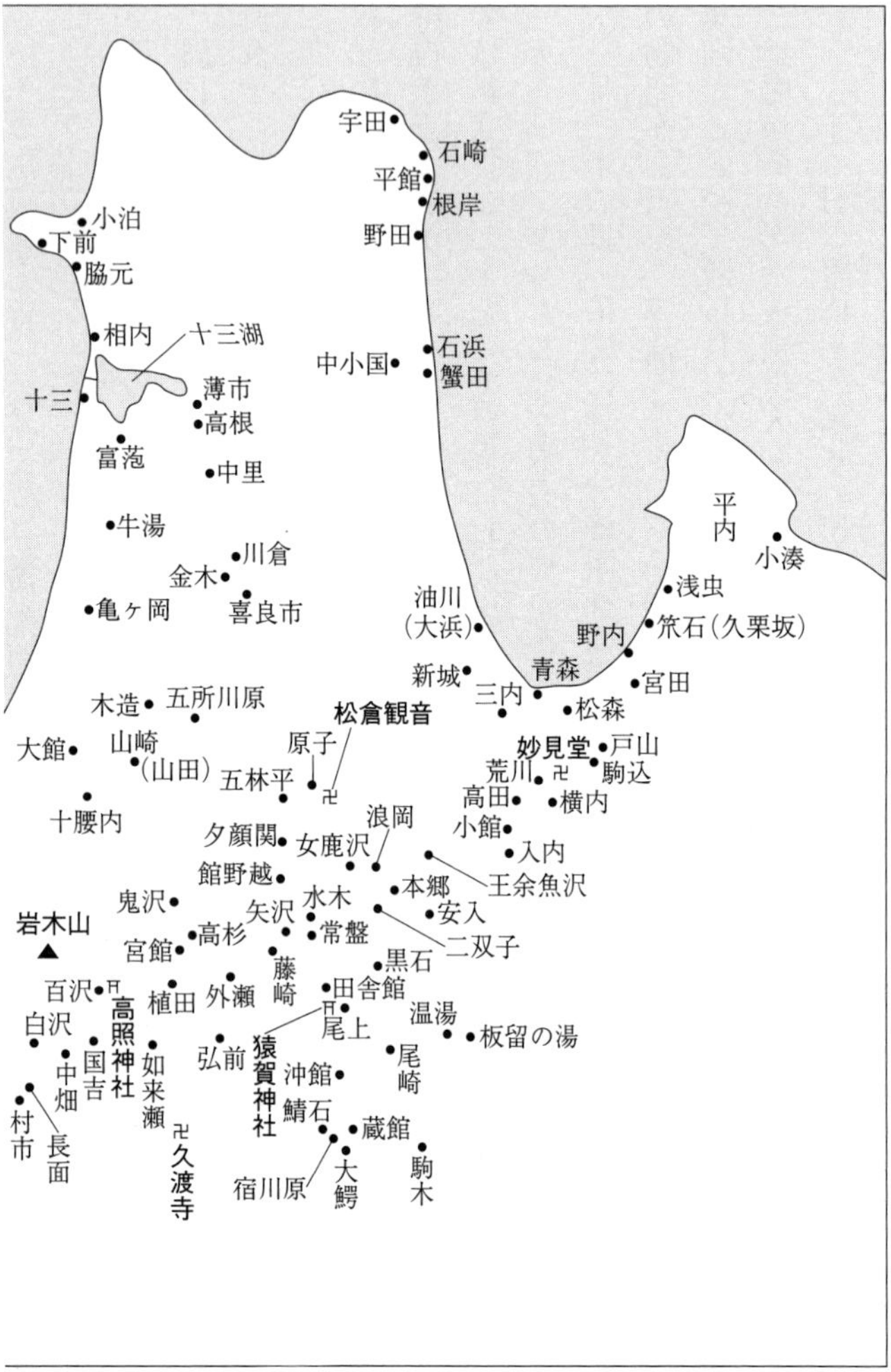
宇田
石崎
平館
根岸
野田
小泊
下前
脇元
相内
十三湖
石浜
中小国
蟹田
十三
薄市
高根
富茂
中里
牛湯
川倉
金木
亀ヶ岡
喜良市
平内
小湊
浅虫
油川（大浜）
野内
筒石（久栗坂）
青森
新城
三内
宮田
木造
五所川原
松倉観音
松森
大館
山崎（山田）
原子
妙見堂
戸山
荒川
駒込
五林平
高田
横内
十腰内
浪岡
小館
夕顔関
女鹿沢
入内
館野越
王余魚沢
本郷
鬼沢
水木
安入
岩木山
矢沢
常盤
高杉
二双子
宮館
藤崎
黒石
百沢
高照神社
植田
外瀬
田舎館
温湯
白沢
尾上
板留の湯
中畑
国吉
如来瀬
弘前
猿賀神社
沖館
尾崎
村市
長面
久渡寺
鯖石
蔵館
宿川原
大鰐
駒木

津　軽

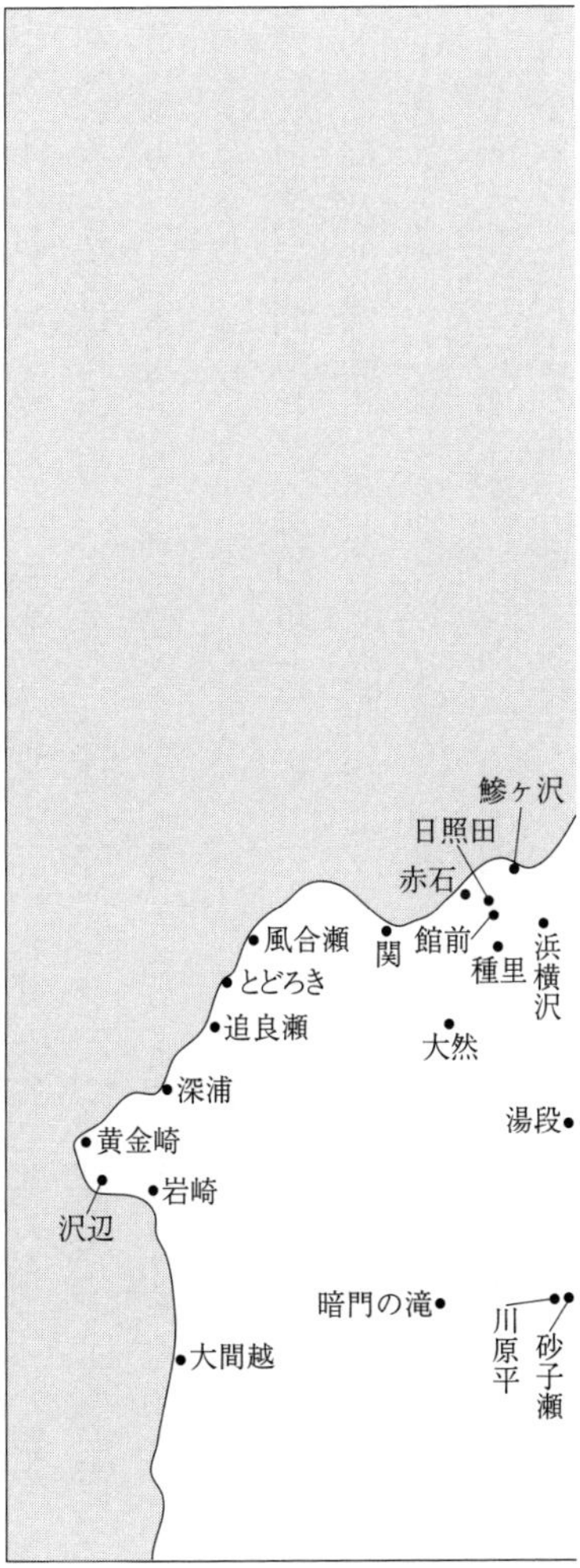

いを受け、弘前へ旅立った。耕田山《こうださん》（八甲田山）の麓に滝野沢《たきのさわ》、入内《にゅうない》、雲谷《もや》の三つの牧があった。牧の駒は冬、近くの村々の馬柵《まおり》に入れて飼う。小館《こだて》村に泊った。十九日、入内（田山）に、山賤らしき男三人と一緒に行くと、大同の頃建てたという菊理姫《くくりひめ》（菊理媛神）を祀る祠があった。田山のあばら家に頼み泊めてもらった。真澄は、みちのくのこがねの山はここであるという夢を見る。目覚めて、「鳥が啼東のくにの道奥の小田なる山にこがねありとは」（『万葉集』巻十八所収「陸奥の国より金《くがね》を出《いだ》せる詔書を賀《ことほ》ぐ歌」のなかの「鶏《とり》が鳴く東《あずま》の国の陸奥《みちのく》の小田《おだ》なる山に金《くがね》ありと」の部分）の小田の山は耕田《こうだ》山のことで、黄金山の神は

この森の観音であろうと確信した。二十日、雪をかき分けて行き、その社に額づいた。王余魚沢《かれいざわ》に泊った。二十一日、下王余魚沢の家に泊る。二十二日、浪岡《なみおか》の八幡に詣で、女鹿沢《めがざわ》の福士某の家に泊った。

毛内茂粛

斎藤規房

十月二十三日、水木《みずき》村の毛内茂粛《もうないしげとし》を訪ねた。真澄の名を聞いているといい、あるじの妻の司家子、茂粛の子の茂幹《しげもと》と歌を贈答しあった。また、かねて『やまとふみ』（日本書紀）の神代巻に造詣があると聞いていた斎藤規房《のりふさ》も同家におり、規房とも歌を詠みあった。茂粛（一八〇四没、宜応《ぎおう》）は弘前藩の重臣で、天明の飢饉後、藩士土着政策を唱えた人である。水木村に居を構えた。長男の茂幹（一八三七没、雲林《うんりん》）は谷文晁《たにぶんちょう》らと交った画家として知られる。真澄は秋田に移ってから、溝城《ミゾキ》茂幹《シゲル》について「津軽画工……小生至而こゝろ安キ御方」で「本居と交も有之候人ながらよき人物」と親しさを込めて紹介している（高階貞房宛書簡）。規房（一七七九～一八三九、八郎左衛門）は江戸で幕府神道方吉川家の門に学び、のちに弘前藩の学問所和学方御用掛となった。二十四日、この夜の円居に「閨時雨」の題などで詠んだ。滞在中、毎日のように円居して和歌を詠みあっている。

獅子頭の権現

十月二十九日、しばしの別れに、茂粛、司家女、茂幹、惟一、比天女、規房と、和歌を贈りあった。この日も泊り、翌日十一月一日出立した。増館に伏見権現があった。陸奥のならわしでどこの浦、山里でも獅子頭を権現と言っている。かつて（天明五年）親交

花山院忠長

猿賀の社

女のかんがみ

したことのある竹箇鼻《たけがはな》（竹鼻《たけはな》）の間山祐真の家を訪ねたが、江戸に登り不在だった。あるじの妻律子とことなきを喜び、再びと述べて出た。高館《たかだて》の小さな家に泊り、家の男女のまめな志に、真澄は父母を思い、涙がこぼれた。

十一月二日、二双子《にそうし》村に至り、昨日道で会ったくすし館山養泊の家に泊った。五日、ここを出立、黒石《くろいし》の高田恵民というくすしを訪ねて泊った。八日、温湯《ぬるゆ》の湯げたや中野山の雪を見に行こうと恵民の家を出た。山形の里にある宝厳山法眼寺（黄檗宗）の寺の鐘の由来を詳しく記す。温湯に着くと、湯小屋が数多軒を連ね冬籠もりをしていた。花山院忠長が浴したという。古沢某に宿を求めた。

十一月十日、板留《いたどめ》の湯に浴したあと、黒石に戻った。十四日、黒石を立ち尾上《おのえ》の猿賀《さるか》の社に詣でた。忠長が書いた深砂大権現という額があった。田舎館《いなかだて》村の館主千徳掃部の妻（和徳讃岐守の娘）は「女のかんがみ」とその物語を記す。弘前の問丸前田の家に宿を取った。十五日、天明五年に会った行宅翁（諏訪行宅）の墓がある法輪山真教寺を尋ねた。城下の毛内茂幹の屋敷を訪れると、父茂粛も今日来て歌を詠みあう。十七日、規房の父斎藤規勇《のりとし》（歌人、一七四五～一八〇八）の宿に行くと、竜沢山嶺松院の玄定法印が同じ筵にいた。二十一日には楠美則徳《くすみのりよし》（一七四四～一八一九、弘前藩の重臣、平曲家）の屋敷で詠みあった。宜応（毛内茂粛）も同座した。二十二日はくすし津田某（仙庵）の宿で歌会があった。

嫁入りの習俗

十一月二十三日、水木の館（毛内氏）から真澄の科野《しなの》（信濃）の日記を読み終ったので返却してきた。それに添えて規房、司家子の歌があり、返しの歌を詠んだ。二十四日、断りにくい用事で青森に行くと述べ、茂幹、茂粛、惟一（茂粛の末の子）と別れの歌を詠んだ。規勇の家を訪ねると規房がおり、誘って水木の館まで一緒に行くことにした。唐糸姫の塚は雪が深く行かなかった。堰神の人柱伝説を語りながら来た。矢沢《やざわ》村ではかつて、嫁入りのさい村中《むらなか》の道に莚を敷き、嫁をそこにすわらせ顔の良い悪いをほめけなす習俗があった。水木の毛内の屋敷に入り、例の事として歌を詠みあう。二十五日、規房と歌の贈答して水木を立ち、女鹿沢の知っている家に泊った。二十六日、山中の道を草雪車《ソリ》に乗せてもらい、新城《しんじょう》で馬に乗り換え大浜《おおはま》（油川）に着いた。上の林に住む神主沢田兼悉を訪ね滞在、二十九日青森に到着した。

浅虫の出湯

寛政八年（一七九六）正月は浅虫の出湯の館で迎えた（第三部）。温泉の正月の日々を記すが、のんびり静養するかのような真澄の日々であった。十三日、出立し、小湊に着いた。十四日、神明社に詣でてから、氷渡《シガ》す河口の厚氷の上を渡り、雷電の祠に夜ごもりした。十五日、稲茎に豆柄をまぜて雪の上に田植えしていた。十六日、荒男らの鳥追い歌の声で目覚めた。二十日、水木の毛内茂粛より文があり、茂粛・司家子に歌を返した。

二月一日は平内《ひらない》にいた（第四部、「津可呂の奥」の題名あり）。正月と同じく臼《うす》をふせ、若水

杓子舞

を結ぶ。ある家では厄年の人がいるのか、松飾、注連をはやしていた。杓子舞をしている家があり、それを板戸の隙から見た。十二日、平内を立ち、浅虫から舟に乗って野内に着き、柿崎の家に泊った。十九日、安潟《やすかた》町で善知鳥の宮に詣でた後、油川《あぶらかわ》に行き沢田の家に暮れた。二十日、水木の毛内の屋敷に至り、茂肅、司家子と歌を交わした。例のごとく題を立て歌を詠みあう日々で、規房も加わった。二十五日、弘前の茂幹の屋敷に入ると、惟一が歌を詠んでくれた。ここでも連日のように歌を詠んでいる。三十日、蓮光山大円寺の五層の塔を見て、規勇の家を訪ねた。

百沢寺

三月一日、毛内茂幹の百沢《ひやくざわ》行きに同行した。百沢の村に至り、百沢寺《ひやくたくじ》を小法師の案内で巡った。山門が高く、十一面観世音、五百の阿羅漢を据え、都にたとえていえば、大徳寺に似ていると思った。下居《おりい》の宮には岩木三所大権現が祀られていた。坂上田村麻呂がゑみしを平定する頃は、この山を阿曾閇《あそべ》の森といった。万字《まんじ》・錫杖《じやくじよう》の鬼伝説、村の長太田藤左衛門の家の鬼の臍、鬼沢《おにざわ》村の鬼神の祠のことなどを記す。毎年八月一日から十五日にかけ岩木山に登拝するが、武士は登山を禁じられていた。百沢寺に泊り、あるじの僧と語った。

高照神社

三月二日、藩主であった津軽信政《つがるのぶまさ》を祀る高照《たかてる》神社に詣でた。近衛《このえ》竜山公（前久《さきひさ》）が漂泊し山かげの館に住んでいたが、都に帰るとき小野の小町の十四絃の琴を持ち去ったと、人が語る。真澄が前に雄勝で聞いた、小町姫の琴を津軽の人が買ったという話を思い出した。茂幹と別れ規勇《のりとし》の家に至った。

久渡寺

三月四日、規勇とともに護国山久渡寺《くどじ》に出かけた。阪本（坂本）を過ぎ、坂を上って観世音の堂の前に至ると、法師が円仁大師の作であるなどと由来を語ってくれた。下ってきて久渡寺に入り、山のあるじ朝音上人、規勇と歌を詠んだ。五日、大善院のあるじ玄識法印が白山堂にこもり求聞持《ぐもんじ》の法を行っていた。朝音、玄識、規勇、秀雄は、「山家鶯」という題で和歌を詠みあった。この四日、五日の箇所は斎藤規房が編んだ『規敦《のりあつ》（規勇）和歌草稿集』に収められ（『津軽史』九十七）、真澄のことを「尾州より行脚しける白井秀雄と言ふ歌人」と紹介している。七日、ここを出るといえば、孤遊（朝音か）が句を贈り、真澄も和句して応えた。再び観音菩薩の堂に詣でた。規勇の家に帰った。

斎藤規勇

三月八日、斎藤則勇の家を出、水木の屋敷に行き滞在した。十五日、茂幹に誘われ茂粛も一緒に、松倉の観世音に出かけた。石沢の平左衛門の家に傘やどりしたが雨がやまず、その家の見事な梅を見れば事たりと帰ることにした。帰途、館《たて》の越《こし》（館野越）に住むくすし山崎元貞立卜（立朴、後出の顕貞、一八〇五没）を訪ね、それから水木に帰った。山崎氏は浪岡北畠氏の子孫で、年代記『永禄日記』の編者となったのが立朴である。二十一日、錬兵のため茂幹は弘前に行った。二十三日、弘前にいる規房がえやみに罹《かか》ったとい

山崎元貞

桜子の話

うので、規勇へ歌を詠み贈った。二十五日、女子が集るなかに桜子の名を聞き、二人の男に懸想《けそう》され、桜の木にくびれて身まかった桜子の話を思い出し、歌を詠んだ。二十六日、あるじらの求めで、水木の館について「挙長亭の記」を書いた。二十七日、弘前から文があり、有方、規勇、惟一の三人の歌に返歌を詠んだ。

　三月二十八日、出立にさいし、あるじ茂粛、茂幹、司家子、比天子より歌を贈られ、真澄はこれに返した。黒石の高田恵民の家を訪ねたが行き違いになった。妙見堂に坂上田村麻呂がゐみしを追いやった十二面の面があると聞き、神主を訪ねたが家にいなかった。帰り、円覚寺の融光上人を訪ねたが不在、また、二双子のくすし館山を訪ねたが都に上って不在、そこで別の宿に行き泊った。二十九日、女鹿沢の宿に泊った。四月一日、浪岡の平野某に泊る。二日、水木に宛てた文の返事があり、その茂粛、茂幹、司《しげ》家子の歌に返しの歌を詠んだ。三日、あるじ平野に誘われ、金光上人の旧跡を見に行った。

三内の千本桜

『栖家能山《すみかのやま》』によると、真澄は寛政八年（一七九六）四月十三日、青森の湊を立ち、大浜の十二所権現の桜を見た。この社は文禄（永禄か）の昔、北畠《きたばたけ》大納言具永《ともなが》が再興したと伝えている。神主沢田の家に泊った。十四日、三内《さんない》村の千本桜を見に行く。案内の村長が、卯辰（天明三・四年）の飢饉のとき焚き木に伐って少なくなったと語る。

出土遺物

古堰の崩れから出た縄形、布形の瓦や、甕の破片などには、人の頭、仮面、みかべの鎧《よろい》に似たものがあり、真澄は埴輪《ハニワ》かと想像した。現在の三内丸山遺跡の付近である。高田の村末にある九十九森は山姥が綜麻《へそ》を化したもので、山姥は神となり機織《ハタヲリ》の宮となったという。その近くの祖神《ソウゼン》堂には、五月五日、里人が牛馬を引き連れて詣でると聞く。館中野に泊った。

四月十五日、乳内《ニウナイ》（入内）の観世音の堂に詣でた。真澄は以前ここが黄金山の神の社かと確信したものの、僻《ひが》思いであったとする。横内《よこうち》村に泊った。十六日、駒籠《こまごめ》（駒込）村の神主阿保某のもとに至る。十九日、山賤《やまがつ》を案内に頼み、駒込川の水上にある大滝を見に行った。堀子山には蝦夷の城《チャシ》があった。仏《ホトキ》坂は田村麿（麻呂）将軍を祀る大杵根《オホキネ》の神《カミ》社の旧跡という。駒込の阿保の家に帰った。

蝦夷木館

四月二十日、出立し、砥山（戸山）の村に来ると斧掛明神があった。蝦夷木館《エゾキダテ》は「ゑみし」の住んだところという。宮田村には二百年もむかし大寺があり、いつとなく荒れ果てた寺に一夜を明かした修行の法師の物語を記す。野内に出て、柿崎の宿に泊った。二十八日、早朝青森に至る。善鵆《ウトウ》の社の神主柿崎の宿で、会津山の麓に住む深沢常逢の翁に再会した。武蔵（江戸）で吉川の家に学んで国巡りし、松前の島の福山で懇ろにした人だった。

五月一日、松森《まつもり》村の近くに来ると、源九郎義経のはぎまきを神とする麁脛膝《あらはばき》明神があった。青森湊近くの妙見の林の以賀志乃《いがしの》社《やしろ》の跡は、神主阿保某によると、田村将軍を

白髭水

祀るとも、蝦夷の霊を祀るとも言い伝える。太郎次郎が館は白髭水《しらひげみず》に流された所という。駒込の阿保安澄の家に至った。二日、宮崎《みやざき》の村では家ごとに躑躅《つつじ》が咲いていた。耕田山の峡から掘ってきて植えたものという。三日、宮崎を立った。雄別内《ヲベツナイ》の村長の家にある一本松をあるじが誇らかに語るので、真澄は歌を詠んで与えた。荒川の水が深く渡れず、金浜《かねばま》に戻り泊った。

田村麻呂の七面

五月四日、妙見堂に詣でた。いにしえは天台で北斗寺と言った。神主阿保安政から、秘蔵する七面《ななおもて》について、田村麻呂が荒蝦夷人を脅かすための仮面とも、北斗七星になぞらえた神事の舞の面とも伝えると聞く。荒川村に泊った。五日、田山の観音菩薩に薬がりに出立した。入内村の長の門を過ぎると、あるじに声をかけられ泊った。この年生まれた馬の宮参りがあった。六日、行岡《ナミヲカ》（浪岡）の比良野某を訪ねた。昨日は競馬であったといい、北畠顕家の末葉である行岡御所の繁栄が偲ばれた。七日、行岡八幡宮に詣で、神主から花山院少将の筆になる縁起をみせてもらい、それを筆写した。平野（比良野）の家に泊った。九日、あるじに誘われ、玉沢に石を拾いに出かけたが、谷が深く行けなかった。浪岡に帰った。

五月十日、水木の挙長館に行くと言づてすると、毛内茂粛、斎藤規房から文と歌が来た。十一日、中野村の村長長谷川が心の仏を見ようと志していたので戯れに句を贈ると、

金光上人

和句し返してきた。十二日、人々に誘われ小峠《ことうげ》に行く。中野村を通ったが、金光《こんこう》上人はこの村で死んだという。本郷の村の山を深く分け入り、霰水晶という舎利真砂を拾った。小峠に着いた後、座頭石、盲巫女《イタコ》石など歩き、源常林《げんじょハヤシ》に至った。むかし強清水桂林という刀工がおり、その浪岡鎗は今に残るという。行岡に出た。十四日、水木村に至り二、三日滞在した。

貞女千徳掃部の妻

五月十七日、挙長館を出立した。津軽為信《つがるためのぶ》が慶長六年、清水杜埜《シヅモリノ》で戦死者の供養をしたが、そのおり千徳掃部の妻が六巻の文を読み、自害して果てたという貞女の物語を記す。柏木、榊、夕顔の地名は、花山院忠長が『源氏物語』から付けたという。倉館《くらだて》（蔵館）近くの大日如来に詣でた。後白河院のころにか、蝦夷鎮定の秘法を行う寺として建てられたという。大鰐《おおわに》の湯の河原に行く。出湯《いでゆ》の近くの小田では、初田として早く種を蒔き、六月の十五日に刈り取り藩主へ献上する。湯守りを訪ね、一夜の宿を許される。

五月十八日、早瀬野《はやせの》で宿を借りた。男女は田植えし、老たる刀自《トドコ》は蛾を飼っていた。十九日、案内を立てて、石の高さ十丈《トツエ》もある御石《オイシ》（うぶすな）に至る。石のもとに薬師仏を祀っていた。鯖石《さばいし》の商人の家に泊った。二十日、宿を立ち、乳井村の多聞天の堂に詣でた。坂上田村麻呂が建てたとも、承暦の帝が蝦夷を鎮めるために建てさせたとも伝える。村の端に乳井の泉があり、乳の病、乳汁の乏しい女はここに祈り飲むと効き目があ

歯森の塚

三谷句仏

ると、女が語る。沖館《おきだて》の村の大槻のもとの墓石は竜田太左衛門という力士が山から負ってきたものであった。平田森《ひらたもり》の田の中に、はもり、はしもり、つるぎもりの三つの塚があった。鬼を討ち、鬼の歯を埋めた歯盛り（歯森）の塚を掘り荒らすと必ず雨が降るというので、この頃雨が欲しく塚をあばくと牛の歯だった。黒石に着いた。

『外浜奇勝《そとがはまきしょう》（仮題）』は、寛政八年（一七九六）前編と同十年後編の年次の異なる草稿を合綴している。弘前の俳人・狂歌師の三栄堂そとが浜風（三谷句仏《みたにくぶつ》・竹屋慶助、一七五四〜一八六七）が入手し、それを江戸に帰る山鹿玉翁にはなむけとして贈った旨の書き込みがある。

寛政八年六月一日（前編）、真澄は昨夜弘前に着き、知り合いの中井某の家に泊った。あるじ白駒は近江国蒲生の生まれだった。四日、武蔵から来たくすし樋口淳美と昨日会い、その日記『楚刀介波万《そとがはま》』を借りたが、返してほしいというので返却した。五日、近隣の遠藤直規より、外浜貞彦という人が写した西湖の作画を見せられる。七日、水木村に至り、挙長館の円居で歌を詠み、刀左《とさ》（十三）の水海を見たいと語る。十一日、挙長館を出立した。畑中を過ぎると、女の童が沼でがつぎぐさ（まこも）を刈っていた。聞けば白味を食うという。樽沢《たるさわ》の神主の家で笠やどりしたあと、高埜《カウヤ》村で館腰《たてのこし》のくすし山崎顕貞（元貞）と行き逢った。春に会ったことがあり、語り合いながら夕顔堰《ゆうがおぜき》（関）の金恒徳の家に入った。

風邪を引き恒徳の家に滞在し、十七日出立した。金山《カネヤマ》に中宿し、喜良市《きらいち》に来た。鹿子山に住むキライチという蝦夷人が、「かのこ」というめでたい石を持って島渡りして以来、鮭鱒が寄ってこなくなったという。岡田某という村長の家に泊った。十八日、金木《かなぎ》の八幡社に詣で、神主佐々木某の家に入ると湯漬けを出してくれた。しゝのたき湯に至り、真澄も暑さを避け浴した。河倉《かわくら》（川倉）村の観音林では、弥陀、薬師、観世音に神のように注連を引いており、仏を神と祭るのはみちのおくのならわしである。村長の三箇田の家に泊った。十九日、二十日と暑く湯浴みした。二十一日、出立して行くと、馬に乗る男が「十三《トサ》のすな山……」と歌いながら走り去った。中里《なかさと》に着き、加藤某と語ったあと、米家荘太郎という商人の家に入り泊めてもらった。二十二日、高根《たかね》村では田植えが終わると、大日如来の堂に村の稚雄《ワカゼ》が集り、戦いのまねをして法楽するという。相内《アイウチ》に着き、三輪某の酒売る店に宿を借りた。

キライチという蝦夷人

安藤氏の古館跡

六月二十三日、案内を頼み、阿倍（安藤氏）の古館の跡を見に行った。湯の沢の沢奥に弘智法印が住んだという山王坊の寺跡があった。春陽内《ハルヒナイ》（春日内）の観音堂に着いた、山奥に入り古城の跡（唐川城址）に行こうとしたが、夏は草木の枝が繁っており、おおよその心当てに見た。安東氏の祖先安日以来の系譜を記す。脇本《わきもと》（脇元）を経て小泊《こどまり》に至った。二十四日、この浦の七ツ滝を見に行き、小泊に戻る。海静山正行寺では十三年前の

餓死者供養

飢饉で飢え死にした者の亡霊を弔う法行があり、銅鑼《どら》を打ち鳴らし、浦人が詣でていた。下枉《シタマヘ》（下前）に行き、海のけしきが見たく海士の長の家に一夜の宿を願い、泊めてもらう。

虫送りの形代

六月二十五日、体調が悪く出立せず。車艥（櫂）の小舟が小泊に漕ぎ去っていく。麻蒔き、粟稗づくりの女たちが鋤鍬で耕し、唄う声が聞えた。二十七日、下前を出立して十三《トサ》の湊へ行き、能登屋という問丸《といまる》に泊った。二十九日、伊豆の神（伊豆山権現）を経て富范《ヤチ》に至る途中、藁で作った虫送りの形しろを木の枝につけ立てていた。袴潟（袴形池）の近くに正子殿の柵の跡があった。田草取りの女が、四代前の曽祖父坂本八郎兵衛が袴潟から水を逆に引いて田を作ったという、さかさ堰の話をする。村端の古城の跡の家に泊った。

亀ヶ岡の出土物

七月一日、ここち悪く留まる。夕暮れ、蚊遣を焚いた炉のもとで、女だけが集って、釜上麻《カマゲソ》を手ごとに取って績む作業をしていた。二日、出立し、秋田からの修行者と共に歩き、牛潟《うしがた》村の村長の家に休んだ。正子とは将門《まさかど》（平将門）を言い誤っているのであろうと、あるじが語ってくれた。館岡《たておか》の堂の前に来た。この辺を掘ると、瓶子、小甕、小壺や、天の手抉《タクヂリ》、祝瓶《イワヒベ》のような古の陶形が出てくるので、瓶《かめ》が岡《おか》（亀ケ岡）の名がある。この村中に泊った。三日、老女が煎じた「もくだ」（山茶）を朝茶に出してくれた。暮れると、蚊を避けるといって、高い木の上に「あなない」（足場）を結いあげて登り、若い男らが鼓、笛をはやし、口琵琶を吹いて遊んでいた。

七月四日、館岡を出、木作《きづくり》（木造）に至り、八幡宮に詣で、知り合いの神主工藤定当の宿を訪ね泊った。暮れると、ねぶた流しで人が群れていた。六日、定当が急用で出かけ、子の定憲が送り出してくれた。山崎《やまざき》（山田）村に至り、くすし島田の薬草を植える庭に休んだ。大館《おおだて》に来ると、虫送りをするといって、人・虫のかたしろを作って田面《たづら》を巡っていた。鯵ケ沢《あじがさわ》の湊に着くと、今宵は神明の神事で、ねぶたの用意をしていた。杉浦という宿に泊り、翌日、出立した。

竹越里圭

この後七月十四日まで日記が欠けている。十五日、真澄は深浦の岡辺《おかべ》の竹越里圭《たけこしりけい》という問丸の家にいた。里圭（?〜一八〇一、里桂）は若狭屋《わかさや》竹越忠右衛門貞泰《さだやす》の俳号で、俳人として交際が広く、『千鳥塚』などの句集がある。十六日、竹越と縁のある港辺《みなとべ》の小浜某の家に行き、旅先の宿や道など親切に教えを受け、椿崎を見に出発した。この小浜某は若狭家の分家小浜屋理右衛門（貞易）か。澗口《マクチ》にある観世音に詣で人に聞くと、厩戸皇子が作り、それを坂上田村麻呂がゑみしを平定したころ置いたと伝えている。また、小さな薬師堂は飛騨の工が建て、智証禅師の作った仏を安置しているという。大間では放牧の馬、山のしし、猿が入ってこないように田の畔ごとに垣根を回していた。

飛騨の工

こがねざき（黄金崎）には、椿崎、海榴山という磯山があった。近き世に出羽の男鹿から鹿が海を渡ってきて雪の中を食いあさり、昔の名残りがなくなった。沢辺村の屋で休んで岩崎《いわさき》に至った。海士のならわしで、まつもを春の海に刈り、米、粟、麦に混ぜて常の糧にするので、卯辰《うたつ》（天明）の飢饉でも憂えがなかった。海士の長の菊池某に泊った。

七月十七日、人々が集まってきたのに加わり庚申をした。十九日、岩崎を出立し、松神《まつかみ》村に至り大屋某に泊った。二十一日、大間越の菊池某に着いた。関山の神としてまつる稲荷の祠に詣でた。この夜、世のなかの田の実よかれと、鹿踊りがあった。二十三日、ここを出たところで、寛政八年分（前編）の『外浜奇勝』は終わっている。

種里の地名由来

『雪の母呂太奇《ゆきのもろたき》』起筆の寛政八年十月二十三日、岩木川の沢奥にある阿武毛牟《あんもん》（暗門）の滝を見ようと、この秋より睦びた深浦を出立した。大間越《おおまごし》から引き返した真澄は深浦の竹越家（あるじ里圭）に滞在していたのであろう。この日は馬に乗って出、赤石《あかいし》の寺沢某に泊った。二十四日、同宿の鯵ヶ沢願行寺の新発意と語らった。二十六日、馬に乗り出立。種里《たねさと》の手前に猿楽の林があった、むかし、長勝の君（津軽氏祖大浦光信）が住み、猿楽を舞わせ人々に見せたという。種里の名は、凶年に家を焼き里を移したら門田の水がぬるんで稔りがよく、春にこの里から種を出したことによると言い伝えていた。臥竜軒に牧山達童上人を訪ねた。この上人は国巡りし、心の月を見ようと山里に隠れた人だった。

馬の神の祠

十月二十七日、種里の八幡宮に詣でようと出立した。奈良某と語らい神前に至る。枯《かれ》樹平《きたい》（枯木平）の牧《まき》があり、馬は冬が来れば家のなかで飼うという。湯谷《ゆだん》（湯段）の温泉の長、長兵衛の家に泊った。二十八日、白沢村の端に馬の神の祠があり、傍らに立てた柱の先ごとに馬の鞍の形のようなものが造りつけられていた。牛馬でも神のタタリがあると移託瞽巫女《イタクミコ》がいうので、罪をあがなうために奉ったものだった。ここにも白沢《しらさわ》村の年貢を引かせた歌うたいの女のことを紹介する。卯辰の飢饉で滅びて今は家四、五軒あるのみだった。村市《むらいち》村に宿を求めた。

暗門の滝を見る

十月二十九日、守沢の辺に大同の多門天の堂があった。宮守平《タヒ》を経て砂子瀬《すなこせ》村に至り、をさばし（葛蔓の吊橋）を渡った。河原平《タヒ》（川原平）村の米沢長兵衛の家に宿を借りた。十一月一日、あるじが、かっころ（アオ＝カモシカの毛皮）を着よと貸してくれた。案内とともに安門（暗門）の滝（もろ滝）に行った。高さが百尋を超え、「たゞ水の、あめよりあめにくだるおもひ」がしたと真澄は表現している。案内が言うには、夏の頃この滝に流し木があり、二の滝は那智の滝ほどの高さがあり、そこに流れ止まった木を流す作業のできる者はわずかしかいないとのことだった。杣小屋に入り、案内は勝手に焚き木をくべ、飯を炊いて食べた。山男が入口に来て誰かと聞く。案内は説明し泊めてくれるように頼むと、よきことと言う。思い思いに語るなかに、秋田声を話す人がおり、出羽国藤琴《ふじこと》か

丹波焼

らきた山賤だった。味噌をつけてあぶった丹波（たんぽ）焼を食べさせてくれた。

あおの皮

　十一月二日、昨夜からの雪の中、鬼河辺、河原平を経て村市に帰りついた。六十歳になる宿のあるじが、冬の空に山の奥の暗門の滝を見た人ははじめてだと語った。三日、ここに休んだ。かもしかの皮をあおの皮と呼んで、みな着ていた。むかしは間引きが多かったが、今はなくなったという。四日、出立し、長面《ナガオモテ》村に至る。窟の観音の鳥居を入ると世中滝があり、氷の積み重なる高さで田の実の豊凶を知る。桜庭《さくらば》には大同の清水の観音堂があった。国吉《くによし》村の竹のうちという酒屋に一晩泊った。

　十一月五日、昨夜より大雪が降り、つぶね（下男）に雪を踏ませ道案内させた、あるじの情けは雪より深いと思った。百沢村にこの秋より住む斎藤規房を訪ねた。再会を喜び、あるじ規房、妻知可子、と歌を詠みあった。六日、ここを出て、高杉《たかすぎ》の宿に着いた。七日、雪が深く馬で出立した。十腰内《トコナイ》の地名は、刀工鬼ノ神太夫の太刀が九腰で、十腰無いのに由来すると土地では語るが、蛇多沢《トコヲコシナイ》という蝦夷人の言葉ではと、真澄は考えた。赤石の村の寺沢某に泊った。十日、馬に乗り深浦に至った。

四　津軽（2）

銭馬の習俗

寛政九年（一七九七）正月からは『都介路迺遠地《つがろのおち》』と題された日記となる。一月一日、真澄は深浦の竹越家で正月を迎えた。里圭（貞泰・若狭屋）ではなく、貞易（小浜屋）の家であろうか。竹越の家では朝起きて、真澄も神明宮に詣でた。家の中では倉稲魂《うかのみたま》に宇賀の餅を供え、これを岡戎と唱えている。二日、ここにも五葉の小枝に銭を貫いた銭馬の習俗があった。十一日、竹越の家では船魂の神を祭り宴をした。二十八日、去年、弘前で語らった武蔵のくすし樋口道泉より歌を添えた文があり、返しの歌を詠んだ。

二月一日、寺田貞於が再び深浦の「さもらひ」（役所の意か）に来て住むことになったと、浜やかたの竹越の家に来訪した。三日、岡辺の竹越貞恭（貞泰か）の家に貞於と同席した。二十五日、弘前の樋口道泉淳美から借覧して見た『外がはま風』という日記を今日返した。二十七日、貞於を訪ね遊ぶ。

三月三日、今日、弘前の稽古館では尚歯会があると聞く。十六日は鍬おろしの祝いで、今日より耕作を始める。二十九日、寺田貞於のもとに一日中いた。四月八日、鹿島人形を海に流した。十日、百艘ばかりの大船が風を得て出帆し、船長が泊った家では笠上げといって、長い棹の先に菅笠をつけて屋上に立てた。十一日、笠島行憲という人に会った。二十九日、輪島某（波丈）の句につけて詠んだ。

五月五日、波丈、桃児の句に和句し、里圭からの文にあった句にもつけて詠んだ。六日には佐渡のくすし似松の句につけた。七日、しばらく滞在していた深浦を馬で出立した。友人、やどのあるじ、幼き子までが見送ってくれた。鯵ヶ沢の七ツ石の雀部《ササベ》という酒屋に泊った。八日、あるじから茄子と亀の二枚の画に歌を書いてと求められる。悪手《あしで》に書いたので「かたはらいたきこゝち」がしたと、真澄は吐露している。十日、あるじの兄弟に誘われ、里の近くを歩く。近ごろ立てた芭蕉の「蝶の飛ぶ斗野なかの日かげかな」の句碑があった。鯵ヶ沢を立ち、十腰内の去年休んだ宿を借りた。十一日、長見筑後という神主の案内で岩鬼山大権現の堂に詣でた。大同の昔語りがあった。高岡を経て百沢に至り、斎藤のもとに至った。

五月十二日、あるじ矩房が、父矩勇はいささかの過ちでえだち（役人）を退き、わたしは武蔵に出て吉川の流れを学んだなどと、身の上を話してくれた。十四日、百沢を出て、中畑《なかはた》の村長三上某のもとに泊る。十五日、村市村に行き、去年泊った宿に入った。十六日、天狗森辺で案内と別れ、沢田《さわた》村に来た。この辺では竹箕、籠匣を造り、田畑を作っている。小倉の社（不動堂）には、今日弘前より従者をたくさん連れた人が詣でると

俳人の句に和句

いうので、村長が出迎えていた。古碑を尋ねて如来瀬《にょらいせ》村に入り、宿を借りた。

小山内元貞

藩医と円居

五月十七日、弘前に至り、例のなかゐ（中井）のもとに泊った。十八日、くすし小山内元貞（藩医）に誘われて歩き、外瀬《トノセ》村には種々の薬草を植えた藩主の薬園があった。ある宿で、伊藤、古郡、広瀬、山崎ら、くすしとの円居に日が暮れた。この折、弘前藩の採薬事業への協力を要請されたのであろう。二十日、禅寺かまえ（構え）の大平山長《ちょう》勝寺《しょうじ》に詣でた。平福山万象寺に入り一教祖貫和尚と会い、唐絲《（糸）》姫の亡霊を祀って初七日山霊台寺と呼んでいたなど、寺のいわれを聞いた。二十一日、毛内惟一が訪ねてきた。くすし北岡のもとに夜更けまでいた。

建武の碑

五月二十四日、間山祐真が来たが、夢見の中で会えなかった。二十五日、弘前を出て和徳《わとく》の真山祐真を訪ねた。ほととぎすを冠に、祐真、その妻理都子、秀雄（真澄）の三人で詠んだ。二十六日、別れにさいして祐真は、真澄が故郷に帰って、その「みちのくの手ぶり」を記した書物を見る人はみな感嘆するだろうと述べ、歌のやりとりをした。真澄は帰国の意思を語っていたのだろう。祐真と別れ、古碑を尋ねると、福田《ふくだ》村の田の岸に正安二、三年の石卒塔婆、外崎《トノサキ》村の池を過ぎたあたりに建武の碑があった。藤崎の去年泊った川越のもとに至る。

五月二十七日、あるじの案内で旧跡を見歩く。安倍の高星丸が藤崎に逃れ、高星、そ

唐糸姫の塚

堰八明神

の子月星の館があったという。道端に鳥居があり、源九郎判官の死んだ馬を祀っていた。北条時頼が、自殺した韓絲《（唐糸）》姫のために建てたという、一七日（初七日）山霊台寺の寺の跡は庚申塚になり、松が群立っていた。弘前の山崎図書（蘭州、儒者）の「唐絲詞」、および伴才助の「蘭洲先生唐絲姫詞小引」を書き記す。藤崎の福田の神（堰神）は、堰八太郎左衛門が慶長十四年人柱となり堰を完成させたといい、その霊を堰八明神と唱えた。毘沙門天（多門天王）の堂の前で休み、案内の川越と別れた。水木村の挙長館を訪ね、あるじ茂粛、司家子と歌を詠んだ。

　五月二十八日、二十九日と滞在し、人々と題をさぐり和歌を詠んだ。三十日、館の腰村のくすし山崎の宿に至った。六月一日、去年泊った夕顔堰（関）村の今《こん》（金）氏のもとに行ったが、風邪を引き、またわらは《（わ）》やみ（瘧）になり伏した。藩医が訪ねて来て、病気が治ったら野山深く分け入り、薬がりしようなどと話し、誘う手紙も日々来た。

藩の採薬御用

『邇辞貴迺波末《にしきのはま》』は寛政九年（一七九七）から享和元年（一八〇一）までの間の、とびとびの五つの断章（第一部〜第五部）を一冊にしたものである。この期間には別の書名（仮題含む）の日記（断章）も存在する。日記名が前後するが、年月に沿って述べていくこととする。

　『邇辞貴迺波末』の序（第三部）によると、藩主の命を受け、「みちのく山に薬猟」することになったのは寛政九年五月ころのことで、藩医にはその道に携わる人はなく、真澄

山崎永貞

に先立ちを頼みたいとの小山内玄貞、山崎永貞（顕貞の長男清朴《せいぼく》）の要請であった。真澄の長年の旅の経験や本草知識が買われてのことで、これを断りがたく引き受けたとある。夕顔堰《セキ》の金恒徳のもとで病がよくなった真澄は山崎顕貞の家に移ったのち、六月十七日、館腰《タテノコシ》（館野越）を馬で出立し、弘前に出た。

六月十八日、玄貞、永貞はまだ出立せず明日一緒に行くことにした。暑いので誘って富田の真清水を掬《むす》びに出かけた。小山内玄貞の縁である「文章の博士」山碕道冲翁を訪ねた。弘前に帰ると、急用との文があり、馬に乗り夕方館野越に着いた。十九日、出立。常盤《ときわ》、黒石、尾上、大光寺村、鯖石などを通り過ぎ、宿河原《しゆくがわら》の村に至り、地着の寺田於貞（貞於）の家を訪ねた。泊って深浦の湊のことなどを語るが、病が起り伏した。二十日、あるじ（寺田）とともに大鰐に行く。湯の河原に着くと、弘前のくすし伊東春益より文があり、漢詩を贈られた。

薬がり開始

六月二十一日、北山の麓にある鈍水、利根水の泉を巡り帰った。二十二日、近辺を薬がりした。二十三日、阿遮羅山《あじゃらやま》に登った。山を下り、倉館（蔵館）の温湯へ着いた。おけら（朮）の根を焚き、蚊遣りにしていた。二十五日、九十九森、唐牛《カラウジ》などの山里を歩き、阿闍羅山の麓に行き油石《あぶらいし》を拾った。二十八日、駒木《こまぎ》村に至ると、野飼いの馬が高草をあさっていた。大津長峯の麓で清水を掬って休み、折戸《おりと》、平六《へいろく》の山里の奥にある井戸沢村に近づいたところで引き返し、切明《きりあけ》の出湯に着いた。二十九日、この山をめぐり、比加雞沢で白石脂《はくせきじ》を拾った。

七月一日、琵琶野、冷水平《ヒヤミズタヒ》、小国《おぐに》、横前を歩き、弥助長峯を下って尾崎《おさき》村に至り泊った。二日、町井《まちい》（町居）村の観世音の松山に入った。せんきゅう、おけらが繁っており、麓にあぶらの泉が溢《あふ》れ流れていた。平田森、尾上、黒石、上十川《かみとがわ》を通り、本郷《ほんごう》村に着いた。三日、金屎森から、なめとさかを経て小峠に至り、題目岩で休んだ。石英を人々が拾う。山越えして、盲婦《イタク》石、瞽夫《メクラ》石、牛石を通る。中野村に出て、くすし中河某の家に泊った。四日、瀬平沢でひきのひたいくさ（蟇額草）を人々が刈るのに別れて、水木某、平野某を訪ね、夕顔関の金氏に泊った。五日、五倫平《タヒ》（五林平）を過ぎ、原子《はらこ》あたりの麦刈りを見ながら、杉羽立の村跡を辿った。

弘前・浅虫十ケ山採薬

寛政九年のその後は日記がなく、詳しい行動は分からない。『弘前藩庁日記（国日記）』（以下『国日記』）六月十五日条に、郡内採薬御用の長内（小山内）玄貞が弘前から浅虫にいたる十ケ山の採薬実施にあたって、薬草木・石類に博識な「三河の産白井秀雄」を同道させることを願い許可された記事がある。真澄は「此度松前より帰国ニ付、野内より南部江罷越《まかりこし》候間玄貞同道之儀」とあるように、この採薬が終ったら帰国する予定だと受けとめられており、玄貞が真澄と浅虫で別れるさいに渡す餞別として不時金千疋の預り

平内の正月

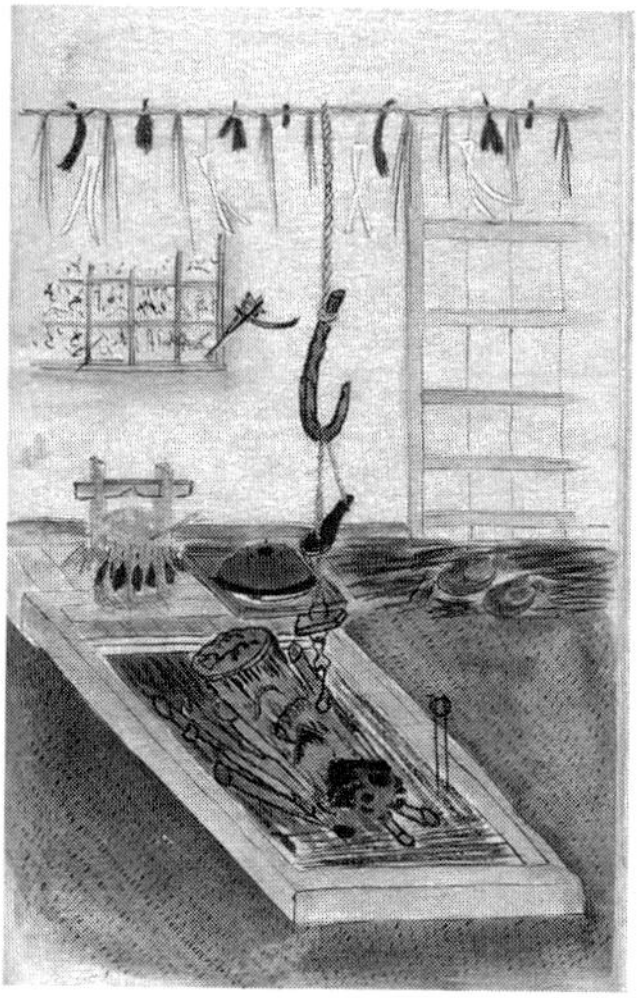

いろりの周辺
（「追柯呂能通度」より，写本，秋田県立博物館蔵）

を認められている。大鰐に始った採薬は山通り青森・浅虫までの行程であり、そのように実施されたことがその後の『国日記』の記事から知られる。

『追《つ》柯《が》呂《ろ》能《の》通《つ》度《と》』は年不詳の四つの断章からなる。その第一部は正月を平内の引ノ腰山の麓、童子という山里で迎え、その様子を詳しく記したものである。真澄が浅虫まで採薬に同行した後の、寛政十年（一七九八）の正月記事とみてよいだろう。

寛政十年元旦、大臼、小臼を家の隅に伏せ、炉の木尻には親鍋、子鍋も伏せている。春木かくる（掻《かぐる》の意か）といって、奥山に入り立ち木に自分の斧印をつける。二日、初嫁、初婿は三年間親の里に行くのがならわしであった。四、五日は近隣の者がよろこびの挨拶に来て、濁酒を飲み、山歌、草刈ふし、十五七を歌っていた。七日、七草粥は行われない。隠し門徒の流れに深くこころざし、神さびた日本の風が少しも残っていない。九日、小湊に行き、久末の家に行った。山里の山子は文字を知らないが、何村の誰とわかる自分の印をもっている。蝦夷のトッパ（イトクパ、祖印・所有印）に異ならない。十五日、村々の若人の「ゑぶりすり」が群れてきた。二十日、年なおし・年とりといって、厄年の者がいると門松も年縄も残しておき、人々を呼んで酒盛りをしている。ひとりの女が男姿になり杓子舞をはじめたので、真澄はその歌詞を書きとめた。

厄年の年直し

この年の春、郷里に帰らないまま平内にいた真澄のもとに、山崎永貞が「くすりのかみ」の使いとして訪ねてきた（『外浜奇勝』）。この春も秋田に近い太山《みやま》に入るように命を受けたので、今回も誘って行きたいとのことだった。真澄は協力を約束し、いったん別れた。この採薬のことは『国日記』にも確認することができる。寛政十年四月二十四日条によると、去年採薬残しがあり、岩木山裾野、目屋野沢の山通り、大間越、それより海辺通りの採薬を実施することになり、白井秀雄が同道し、松本道寿が行くはずだったが、表医師が少ないので山崎清朴に命じた旨が記されている。これより前、四月九日条には、三河の白井秀雄が採薬のことで近日中弘前に来るので、弘前逗留中、一日につき百五十文の賄とする旨の指示がみえる。

再び採薬御用に協力

『外浜奇勝（仮題）』後編によると、寛政十年三月半ば、小湊を出発し、浅虫の温泉に浴して日数を経た。四月初め、青森の湊に出て、柴田の宿を訪ねた。四月七日、出立のさい、柴田、中村、木村、三国の四人が送ってきた。浜田《はまだ》の治右衛門桜を見て、妙見菩薩の林で、とちたけ、きもらたけの薬を採り、人々と別れた。波岡（浪岡）を経て、水木の毛内の門を訪ねた。茂粛、司家女と和歌を詠み、翌日も同様に和歌を詠んだ。九日、藤崎に至り、去年夏深浦で別れた佐渡のくすし大久保某に会った。河越の家に泊った。十日、弘前に着き、翌日体調を損ない、薬を飲んだ。十八日夜、薬の問丸遠藤直規の宿に行くと、初対面の佉羅宇辞《からうし》道春、武蔵の国僧尚、まつい勝文、まつい勝善、介玖太《かくた》其友が来て、漢詩、和歌、俳句を詠みあった。

四月二十六日、山崎永貞とともに殿瀬《とのせ》（外瀬）村に行き、去年採集した草木の苗や、もろこしの苗を植えてあるのを一日中見た。夕方、北岡の家で語らう。二十九日、明日弘前を立つつもりで、満春、僧尚、勝文、勝善、其友、東橋、文石、郁桃らと漢詩、俳句、和歌を詠みあった。五月になっても出立の日を伝えてこず、五日も人々と語らい暮れた。九日は藩主が江戸より入る日だというので清掃し、拝もうと人が群れ集っていた。

十日、弘前を出て、殖田《うえだ》（植田）の「をたき山」に登っていくと、山の大杉を伐り倒したあと、うれ葉を木の根に挿し、山の神を祭っていた。これは『万葉集』巻三にある「鳥総たて足柄山に船木きりきにきりよせつあたらふな木を（鳥総《とぶさ》立て足柄山に船木《ふなぎ》伐り樹《き》に伐り行きつあたら船材《ふなぎ》を）」の歌にあるふるごとで、今はじめて見たと記している。宮館《みやだて》に至り、工藤某と語らった。弘前に帰った。

外瀬村の薬園

山の神を祭る

尾太権現

五月十二日、山崎永貞とともに弘前を立った。悪戸《あくど》、水木在家を経て相馬の沢をわけ入った。こくら（小倉）の窟の神明に幣をささげ、小倉に泊った。十三日、外小倉《ソトコクラ》の沢をわけ入った。十四日、村市を出、寒沢の山路を深く入り、阿葛《アツラ》沢の杣人の小屋で昼休みした。朽ち果てた家が立ち並ぶ鉱山の跡があった。山の神には年老いた猿を尾太《ヲフ》権現として祀るという。杣小屋に泊った。十五日、鼬淵、曲淵を経て、砂子瀬《すなこせ》に出て休み、河原平《かわらたい》（川原平）に着いた。十六日、暗門の沢、諸滝の山に薬がりに出た。鬼河辺あたりの放棄された杣小屋に入り、飯を炊き食事した。十七日、柴倉山の麓近くにはかなしき（坑道）があり、玉霊斤（石膏）があった。薬草を狩り、鬼河辺《おにかわべ》の小屋に再び泊った。十八日、河原平《タヒ》に着き泊った。

岩木山に登る

五月十九日、村市、白沢などを経て百沢の規房のもとに着き、和歌を贈答した。二十日、岩木山の麓の鬼神の辺で薬がりをした。二十三日、岩木山に登ろうと百沢を出た。法晃坊《ほうこうぼう》なかせ、という路の危うさは富士、大峰に匹敵する。みたらしの水がある。種蒔苗代にたとえ、八月に詣でた人が紙に米、銭を包み投げ入れて、浮き漂えばその人の田の実はよくないと占う。山頂の神前に行く。祠の戸を開くと、銅仏三体、石像一体が置かれ、これを岩木山大権現とあがめている。帰りは霰坂を過ぎ、姨石を経て暮れた。

五月二十四日、岳《だけ》という温泉に行くと、病人が集っていた。二十七日、湯の沢を登ると硫黄堆があり、和銅六年にみちのくの硫黄を奉ったのはこの山であったかと想像した。二十八日、岳の湯を出て、湯谷《ユダニ》（湯段《ゆだん》）の出湯に行った。白沢の一本杉に来て泊った。三十日、丁子小平《タヒ》、長平《ナガタヒ》を経て、十腰内観世音に仕える神主長見《ヲサミ》某のもとに着いた。

大ひと・山の翁

洪水

六月二日、朱鞍（赤倉）が嶽に登る。岩鬼（木）山には鬼神《おにがみ》が住み、大《オホ》ひと、やまのひと、あるいは山の翁《オツコ》と呼んでいる。案内の男たちはそれを恐れて進まず、怪しいことばかり話をしていた。大石神社に雨宿りし、拝殿の柱に「委泊祇《いわき》（岩木）やま、そびらのみねは……」と書き付けた。長見の宿に着いた。三日、昨夜より板柳《いたやなぎ》村のくすし高屋玄棟が来て語らう。四日、宿を立ち、浜横沢《はまよこさわ》に着いた。五日、川水がどよみ流れ、洪水になった。鰺ヶ沢でも橋が落ち、家が流されたという。七日、浜横沢を立ち、館前《たてまえ》を経て種里の村長の家に中宿した。田面は冠水し荒れている。大然《おおじかり》村に着いた。八日、川水が深くこの山奥に薬を採ることを断念して引き返し、関村に泊った。

丹後船

六月九日、風合瀬《かそせ》に中宿して深浦に来た。知り合いの竹越里圭の家は去年秋焼け、苫葺きの門を訪ねて語らった。浜町に至り、去年泊った若狭屋某の家に泊った。あるじ里圭、知り合いの其柳から句を贈られ和句した。十三日、山崎永貞が大間越の境に分け入ろうというが、体調を崩し、この浦にとどまった。十四日、舟神楽があった。十六日、丹後船がいないか、停泊中の楫取り、船長を皆神社の前に集めて、岩木山の牛玉宝印を吞ませ、請文に爪印を押させていた。二十八日、永貞が昨日西磯から帰ってきたので、六角沢に分け入った。同じ筋を帰る。二十九日、やましまたという太山に入った。銚子口まで至り帰る。

七月二日、再び六角沢を分け温泉の沢を巡る。帆立貝の化石を崖から掘り、鷲の巣山に入った。深浦に帰り、里圭から俳句を贈られ和句した。三日、出立のさい、知り合いの波丈に人を頼んで俳句を贈った。語らい睦びた人々が送ってきた。追良瀬《おいらせ》に着いた。四日、この追良瀬の山河の水上をめざしていく。曲リ倉を経て見入山に登った。五日、追良瀬を立ち、驫木《とどろき》に泊った。七日、ほつくらという山沢に入った。里に戻ると、ねぶたながしがあった。八日、驫木を立ち、風合瀬、金井が沢を経て赤石に着いた。九日、大然に再び行こうと出、日照田《ひでりた》に来た。ここで『外浜奇勝』は後欠となる。

この後のことは再び『邇辞貴迺波末《にしきのはま》』（第四部）となる。寛政十年五月から始まった薬がりをしばらく休み、弘前に七月十一日頃中帰りした。二十一日、毛内の館を訪ね、あるじの妻司家子、比底子と歌を詠んだ。二十二日、山崎永貞とともに弘前を立つにあたり茂粛より和歌を贈られ、これに返す。永貞の故郷の館野越に来て顕貞と語らい、また夕顔堰の金玄秀の宿を訪ね、さらに羽埜《はの》（野）木沢《きざわ》まで行き宿を借りた。二十三日、戸沢、原子を経て小田川《おだがわ》に着き泊った。二十四日、宿を立ち、古館、燕泊より鹿の子山に分け入った。金木、河倉を経て中里に着き、おととし泊まった米屋某のもとに至った。

津軽半島の薬がり

七月二十五日、牛の久比登《くびと》という所があり、水底に青石脂《あおせきじ》をさぐった。中里に帰った。二十六日、高根を経て薄市《うすいち》に着いた。二十七日、中の股という山に入った。夕方薄市に出て今泉に行く。二十八日、山越えして蟹田《かにた》に出ようと、温泉の沢より大母沢《オホムサワ》に分け入った。大平《オホダヒ》に出て、上小国《カミヲグニ》を経て中小国に宿を借りた。二十九日、宿を出立。門田、山田には稗のみを作っていた。下小国《しもおぐに》、中師《チウシ》、石浜を来ると、道の辺に水火炭《イシウルシ》があった。野田では、子供が牛の子をたくさん引き出し、角を突き合わせていた。根岸、平館、石崎を経て宇田の浜、九ツの崎に来たが、みな見たところであった。

毛内茂粛六十歳の賀

さて、『邇辞貴迺波末』の断章に、川越某の家で正月を迎えた半月ばかりの日記がある（第一部）。前述のように川越某は藤崎の人である。一月一日、家ごとに御霊の飯を手向けており、真澄は「父母のみたまもこよひ在かと尚おもひやるふるさとの空」と詠む。二日、弘前に行く。薬屋では米俵二つに松を立てていた。三日、毛内弓弦より歌が贈られ、やがてこの人も来る。十六日夜、春秋亭に至り和歌を詠んだ。毛内茂粛は六十歳の賀であった。正月のためしは年々に記したので、今年は詳しくないと断っている。とりあえず『全集』本にしたがい寛政十一年の正月としておく。

同じ年であろうか（同前書第二部）、二月五日、去年より来ていた空也堂の空阿が明日弘

採薬御用御免

前を立つというので別れた。十四日には五所川原に至り、閑夢亭で一夜語らい、和歌を詠んだ。ここで「雨中梅」という題で詠んだ一首（春雨のふる枝のしたしづく香をかぐはしみ草やもゆらん）が、最晩年、真澄の肖像画に書かれることになる。

真澄の採薬御用であるが、『御用格（第一次追録本）』の寛政十一年四月二十五日条に、白井秀雄はこの末、採薬御用を仰せ付けられない、賞金五百疋と、南部罷り帰りの路用金五両を下されるとあり、終わったことが判明する。真澄は南部へ行くものと受け止められていた。植田義方に真澄が送ったマキリが届いたのも、この年の九月二十日であった。

真澄の津軽滞在期の年不詳の断章がいくつかあるので、それにも触れておこう。『作《さく》良《ら》かり赤葉《もみじ》かり』のうち、「瑳具楽香里《さくらがり》」は三月、四月頃のまんさくの花、田打ち桜、梅、桜など花の移ろいを記す。『栖家能山』の三内の桜見につながるとすれば寛政八年となろう。「母美地介黎《もみじがり》」のほうは、今年も薬がりをして望の月を十三の港辺で詠んだとあり、寛政十年七月の津軽半島北部の行程に続きそうである。それから弘前に至り、八月二十八日に雪が降った。その後、九月十八日、山路に行こうと、糀《こうじ》（楮）町を出、藤崎の河越（川）のもとへ行く。一日、二日と滞在し、黒石に至り遇万為《くまい》のもとに泊る。さらに、板留の湯けたや、花巻の村に泊った。黒石から藤崎に着いたところで、去年、一昨年見た紅葉の面白い山々を列挙している。

『追柯呂能通度《つがろのつと》』の断章のうち七月半ばのものは（第二部）、黒石の里にあって、くすしの吉田某、益田某らとともに山賎を案内に頼み、鹿の頭を彫った石が二つあると聞く鹿《しし》ケ沢《がさわ》を見ようと出かけたときの文である。上十川《カミトカハ》から入り、安入《アンニフ》の坂で、真澄は母衣月にあると同じような石舎利を拾った。『追柯呂能通度』にはそのほかに、鱈の網おろしや初鱈の祝いなど鱈漁についての文（第三部）、黒石近くの花牧村からも寒苗（三内）と同じものが出土し、その形を写したという文（第四部）が、あわせて綴じられている。『錦《にしき》木雑葉集《ぎざつようしゅう》（仮題）』にも、六月一日、昨日より青森湊にあって野内に行き、二日、田植の光景を記した日記の断片がある。真澄の空白を埋めていく手がかりにはなる。

真澄の寛政十一年夏頃から翌十二年にかけての行動はほとんど知られない。短期間、田名部に行ってきたとか、弘前藩の取調べをうけ日記を没収された、身柄を拘束されたなどと推測されている。『邇辞貴迺波末』や『追柯呂能通度』などの多少混乱した残りかたは尋常ではないが、自らはその後の日記等に何も記していない。

寛政十二年（一八〇〇）の真澄については、四月半ば、弘前の俳人遠藤文石が編んだ『百《ひやく》韻翁草《いんおきなぐさ》』に、「三河の低馬」の名で序文を寄せているのが知られる。低馬の号は『万葉集』などにみえる「引馬野《ひくまの》」の歌にちなむのであろう。低馬が当時の真澄の境遇を示す

竹越貞易

金花香油の伝授

カラフト渡りの青玉

との見方もあるが、推測の域を出ない。

寛政十三年（享和元）正月、真澄は深浦の竹越理右衛門貞易（小浜屋）に「社参次第神拝進退伝」（白井英二署名）を与えている。同地に滞在していたのであろう。竹越両家（若狭屋・小浜屋）と真澄の交際はすでに述べてきたように親密なものがあったが、小浜屋には真澄自製の薬「金花香油」が伝授され、雷よけの呪符「避疫霊」が残されている。この年六月十二日に、深浦の真澄からロシア銀貨が植田義方に届いていることも深浦滞在を裏づける。

さて、『邇辞貴迺波末《にしきのはま》』（第五部）によると、八月十四日夕、津軽の弘前を出立しようと決意し、訪れた人々と同莚で別れの歌を詠みあった。真澄が秋田に入ったのは享和元年（一八〇一）十一月であるから、同年の最後の別れであろう。二十一日、出立にさいし人々から和歌を贈られた。角田其友、斎藤矩房、伏し慣れた家のあるじ中井某、浅野某、笹田某らが駒越《こまごし》の渡《わた》りまで見送ってくれた。鰺ヶ沢の薬屋菊舎に泊った。二十四日、竹越の兄弟が商売で、七月初め深浦から移って鰺ヶ沢に住んでいると聞き訪ねた。津守の役人の佐埜正学《まさとし》が真澄を宿に訪ねて来たが行き違いになった。二十五日、正学が来て語り合う。弘前よりの文に郁桃の俳句があった。青森より来た文には、わが親八千雄が出湯に浴して訪問できなかったとあり、漢詩とともに、カラフト渡りの青珠二十ほど貫いたものを土産として贈ってきた。

八月二十六日、池田某の案内で、化石などはいかい《(俳諧)》の連歌を詠む人々を誘い、佐野正学も加わり、大鷹山の薬師仏の杜に行った。二十七日、問丸の以祁田《いけだ》（池田）某を訪ねた。芭蕉門人の羽笠《うりゅう》（小川宗羽）がうるしで図《カタ》を描いた硯箱のふたがあった。また、湊の新地に住む塩越屋義兵衛の母、丁形婦古燕ははいかいの連歌に心深かったなどと聞いた。九月一日、笹部氏より見風が描いた芭蕉翁の画にもの書いてといわれ、断りがたく書いた。八日、正学が今日弘前に帰るというので歌を贈答した。十三日、深浦より早く来てとの文があった。

第五　出羽路の旅

一　山本・秋田（1）

菅江真澄が津軽を去り秋田に向ったのは享和元年（一八〇一）冬のことで、その日記は『雪《ゆき》の道奥雪《みちおくゆき》の出羽路《いでわじ》』と題されている。

竹越家出立

享《きょう》和《わ》元年十一月四日、真澄は竹越貞易（小浜屋、白湖）の家を旅立つことになった。くすし大高安定、浦谷正令、くすし山崎尚貞、験者仲覚、宿のあるじ貞易、貞易の子の貞養が歌を、また、つがるや其柳、宿のあるじ白湖、たけこし川鳥、あきたや二松、二松の女武良、かゞや巴蕉が句を詠み、真澄はそれに返歌または和句をした。年老いた貞易の父自正からも涙ながらに歌を贈られた。陰《カゲ》の町まで六十人余りが見送ってくれた。宿のあるじ貞政（貞易カ）とたくみ（工）の与之介が同道し、岩崎の浦近くの沙間の知り合い、泉郎《あま》の萱森左兵衛の家に泊った。たくみは帰ったが、貞政も泊って語り暮れた。

十一月五日、あるじ萱森が馬を出してくれ、童が牽《ひ》く馬に乗った。岩崎の浦で深浦の

神殿のごとき家

鰊の網曳き

軽部安右衛門宿の札

問丸（船問屋）桃児《とうじ》の翁（俳人、越後屋庄右衛門）に出会い、桃児の前句に付句した。この辺りでは、神殿のごとくに、家の棟に木をうちちがえておき（棟飾り）、門には黒木で作った二柱の神門《トリヰ》のようなものを立て注連縄をしていた。真澄は、遠きいにしえぶりを見るようだと述べている。大間越で知りあいの菊地某の家で中宿して、乗ってきた馬を帰した。ここのあるじも馬を出してくれた。関を越えていくと、出羽と陸奥の境に境の明神といって祠が二つ並んでいた。関舎（関所）では役人に名前と宿を聞かれ、宿がなければ保長《キモイリ》からの断りが必要だという。岩楯《いわだて》（岩館）の菊地小三郎の家に着いた。

十一月六日、鰊の網曳きで小舟が漕ぎ出していた。網の種類や、盛りの頃の魚舎《ナヤ》の様子など記す。横間《よこま》、立石《たていし》と来ると、雷子《ブリコ》（鰊の卵）を拾うという女たちに出会った。椿の浦には外国船の警備所があった。浜田《はまた》には鰊の盛りに役所が置かれる。湯沢村の瀑布山天滝寺（白瀑《しらたき》神社）には円仁大師の作仏があるという。湯沢《ゆざわ》（八森《はちもり》）の駅を過ぎ、須田《すだ》村に入ると、「疱瘡わらじ」を懸け、「軽部安右衛門宿」と札をさした家があった。向能代《むかいのしろ》で米代川《よねしろがわ》を舟で渡り、能代《のしろ》の湊に着いた。河端町の問屋尾張屋（伊藤氏）に宿を取った。

十一月九日、あるじの舎兄《セナ》加藤某に誘われ、その栖家の富町に行った。能代で有名な春慶《しゅんけい》の塗師、春秋の鰯の網曳き、野代を能代と改めたいきさつ、松前渡りの船路、日吉宮（山王社）の由来のことなどを記す。十日、人に誘われ、真住吉《マスミノエ》の神社に詣でた。齶《あき》

播磨の船

桂葉・里鶯

田《た》の浦《うら》の神で、蝦夷が誓《ウケ》いをした神という。坂上田村麻呂が八幡の神を祀ったとも伝える。近き世に、能代の遊女が播磨《はりま》国女鹿の水主に播磨へ連れて行くといって殺された。以来海が荒れると、問丸、浦の役人は播磨船を追い払えときびしく探索している。津軽の丹後船と同様であった。八幡・住吉社の法印桂葉《けいよう》、その子里鶯《りおう》は北村季吟《きたむらきぎん》に学んだ人で、その学識や著作のことなど、あるじの優婆塞尊弘から聞いた。

見送りの竹越氏帰る

十一月十二日、能代を出た。沙留の松は白坂新九郎・鈴木助七郎の二人の武士が植えたが、これを考えたのはくすし長尾祐達という人であった。新屋敷《アラヤシキ》、浜村あたりでは、冬に氷の下で網引《アヒキ》するための準備をしていた。鹿渡《カド》の浦は泰衡の郎従大川兼任の軍が溺れ死んだところである。一日市《ヒトイチ》の宿に着いた。十三日、土崎《つちざき》の永覚《えいかく》町に至り、能代でなじみとなった矢守某の家に泊った。翌日、あるじ矢守氏、津軽の竹越氏などと語りあう。十五日、いにしえ湊の館があった神明社に行った。十六日、真澄を送ってきた竹越氏がこの日陸奥へ帰った。矢守の家に日を経たが、二十五日、能代で泊めてもらった伊藤氏が訪れて来て語った。その後、小幡屋という問丸に移り泊った。

久保田に来る

十二月半ば土崎を出立した。石の塔があり、これをしるべに船が湊入りする。寺内《テラウチ》に至ると古四王《こしおう》の堂があった。この辺は古き話が多くあり、再び訪ねてみたいと思った。下町には「良久《ラク》」が住む。久保田のある町の石田某のもとに来た。二十九日、日ごとに立つ年の市を見る。家々の軒端に仮屋形を作り、食べ物から、古物店の仏像、釈迦仏の画、さびた刀剣、鏡、化粧品、松などまで売っていた。三十日も暮れると、その舎《ヤドリ》を壊し、物品を家に運ぶそりの音がやかましかった。

享和二年（一八〇二）の正月は久保田で迎えた。その後の足跡はしばらくわからない。『辞《し》夏《げ》岐《き》野《や》莽《ま》望《も》図《と》』は、三月八日、舟渡りをして比内の城戸石《きどいし》（木戸石）を去ったところから

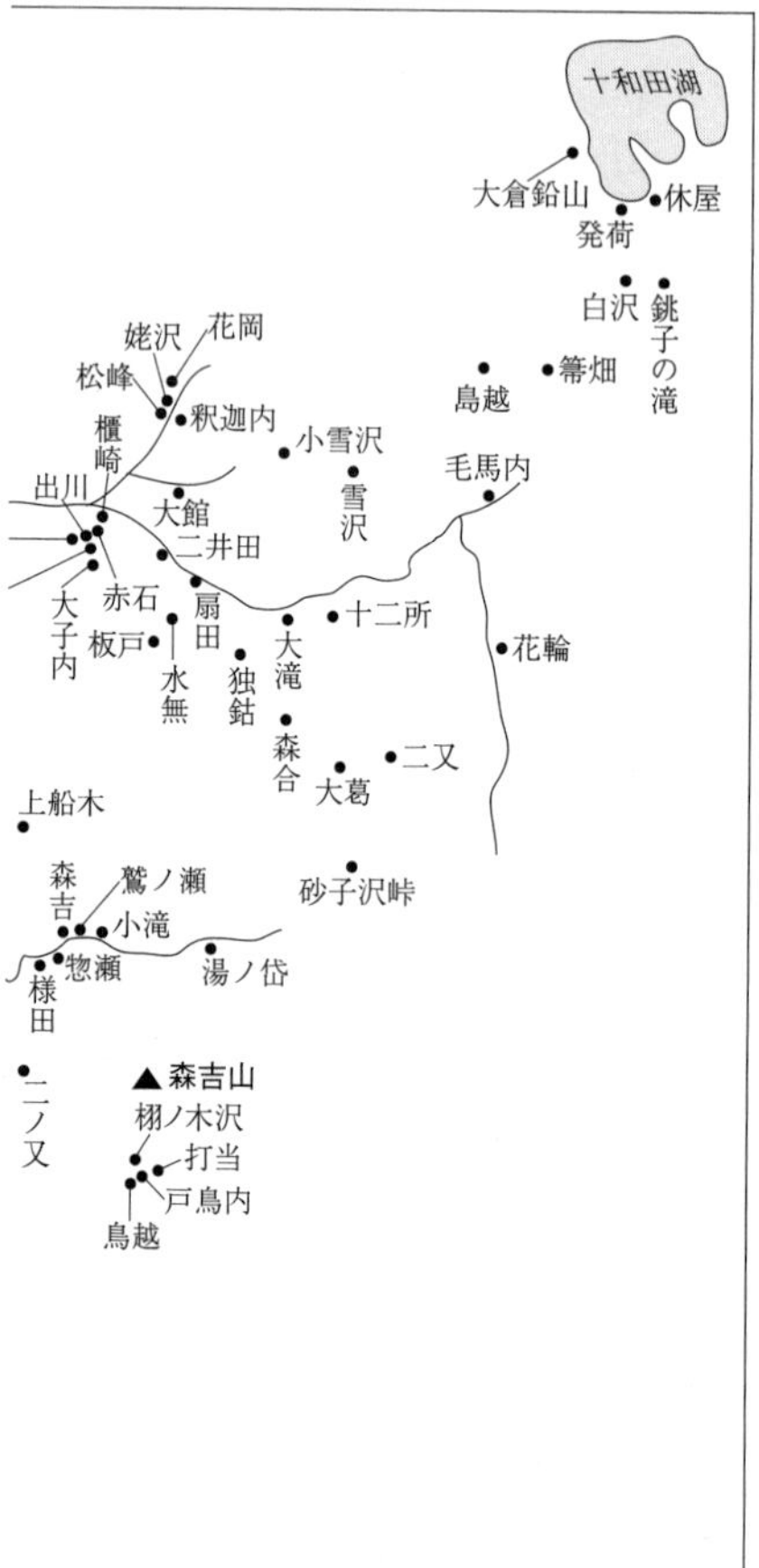

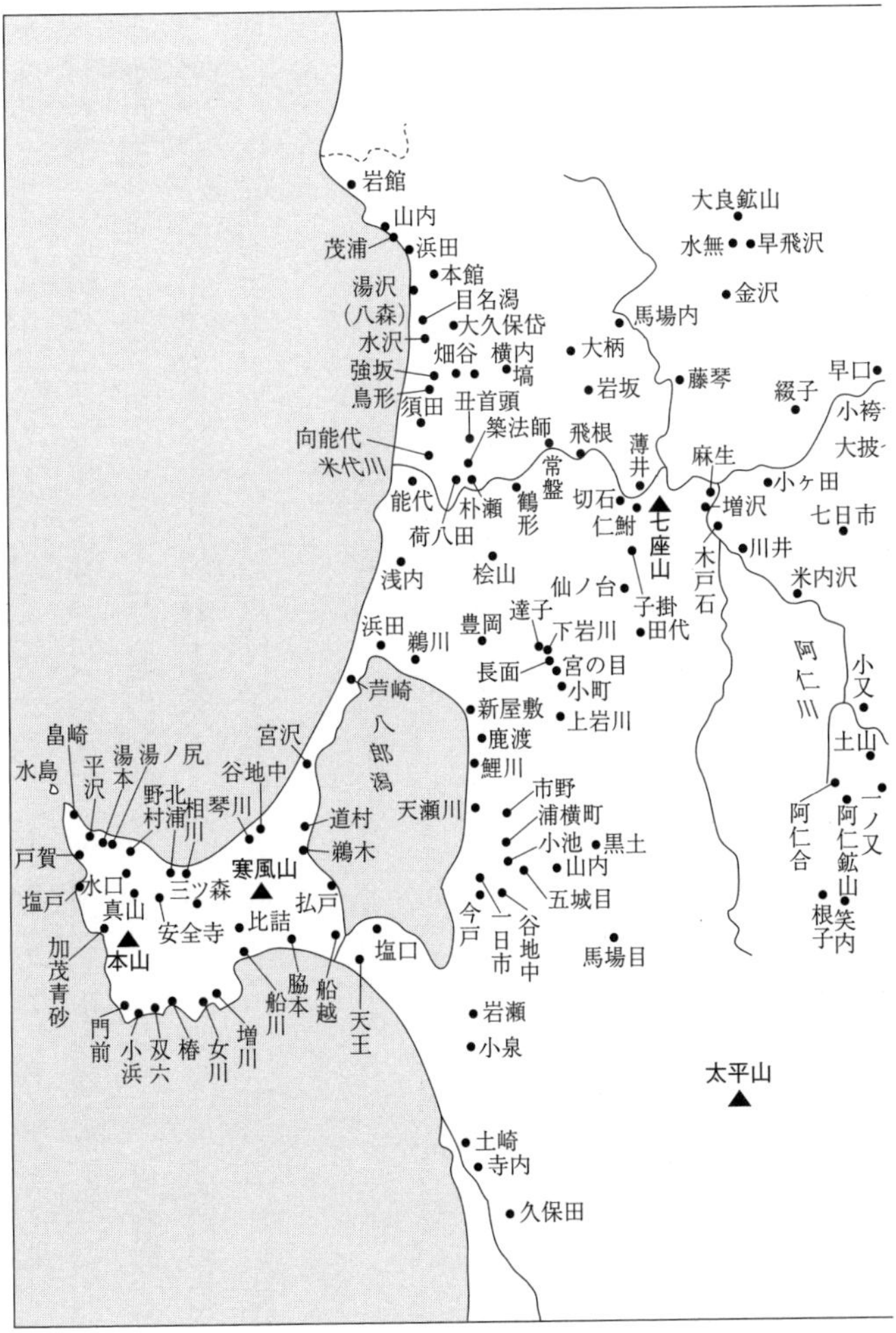
岩館
山内
茂浦
浜田
本館
湯沢（八森）
目名潟
大久保岱
水沢
畑谷
横内
塙
強坂
鳥形
須田
丑首頭
築法師
向能代
米代川
飛根
常盤
鶴形
能代
朴瀬
荷八田
大良鉱山
水無
早飛沢
金沢
馬場内
大柄
藤琴
岩坂
早口
綴子
小袴
大披
薄井
麻生
小ヶ田
切石
仁鮒
七座山
増沢
七日市
木戸石
川井
米内沢
浅内
桧山
仙ノ台
子掛
達子
下岩川
田代
豊岡
浜田
鵜川
長面
宮の目
小町
芦崎
八郎潟
新屋敷
上岩川
鹿渡
鯉川
阿仁川
小又
土山
畠崎
宮沢
平沢
湯本
湯ノ尻
水島
谷地中
野村
北浦
相川
琴川
市野
浦横町
天瀬川
道村
戸賀
鵜木
小池
黒土
山内
寒風山
水口
三ツ森
五城目
塩戸
真山
安全寺
払戸
比詰
今戸
一日市
谷地中
阿仁合
阿仁鉱山
一ノ又
根子
笑内
加茂青砂
本山
塩口
馬場目
脇本
船越
船川
天王
門前
小浜
双六
椿
女川
増川
岩瀬
小泉
太平山
土崎
寺内
久保田

山本・秋田

始まる。増沢《ますざわ》の成田某のもとに泊った。翌九日、あるじの男に案内してもらい、麻生《あそう》の村に着き、七嵢《ななくら》の嶽（七座山）に登った。窟に円仁大師作の権現様（獅子頭）があった。小繋《こつなぎ》の知り合いの家に泊った。十日、案内を頼み、高岩山に登った。男御殿、女御殿があった。権現の窟の奥に斧作りの獅子頭があり、その由来を聞く。女御殿の岩は穴があるので目籠石《めかごいし》ともいい、穴に銭を投げ入ると願いが叶うという。山を下り、藤琴《ふじこと》に泊った。

太良鉱山

三月十二日、宿のあるじ加茂屋某、くすし山田某などに案内され、平山《だいらやま》（太良鉱山）に向かう。十六貫山は炭焼きで木がなくなり、小柴を焼き払い粟稗を作っていた。金沢《かねさわ》村は鉱山の黒鉛を丸木舟で能代まで積み下す場所である。寒屋《サブヤ》沢（早飛沢）の畑作りの宿に休むと、刀自が粟の氷餅を出してくれた。平山に着き、成田某と会い山田のもとに泊った。十三日、床屋《とこや》、山神など見る。山のシキ（坑道）は蜂の巣のようで、千余りの竈《かま》の口があるという。十五日、箭櫃山に登った。ざるあげをし、石からみ唄をうたう女の声が響く。十八日、山田のもとで、軒を並べる「かなご」（金名子）の家をながめた。

四月八日、愛宕山へ登ろうと人々に混じって行った。平山は中昔、いしがね（石金）が涌くように掘り出され栄えたなどと語り合い、酒を飲み食べた。深く入ると水無《みずなし》に大池があった、その由来を聞く。帰り、雪解け水で川を渡れず立ちつくしていると、危ないといってかなご七、八人が来て助けてくれた。九日、平山を出る。金沢村から鉛を積む舟に乗って藤琴に至り、加茂屋に泊った。ここに滞在した。五月五日、笹巻きを作る。仁鮒《にぶな》に舟で渡った。鬼神という村の不動尊の堂に登り、仁鮒の某の家に泊った。

不動明王の滝

六月一日、糟毛川の水上に不動明王の滝があるというので出かけた。滝を見たあと、不動明王の堂の前で遡る小舟にものを与えて乗り、岩の間を漕いでいく。「桃の源」に来たような思いがした。舟で下り、長場内《オサバナイ》の村に着き泊った。翌日藤琴に戻った。十五日、平山（太良鉱山）に行こうと、あるじ加茂屋某に誘われ藤琴を出た。金沢村に中宿して山田のもとに着いた。十八日、平山を深く分けいった。与助滝、白滝、大滝、不動尊の滝、鼻ぐり岩をみて、薬師山、番楽の沢を登った。日が暮て平《だいら》（太良）の宿に帰った。

『雪《ゆき》能《の》飽《あき》田《た》寝《ね》』は、享和二年（一八〇二）十月初め、真澄が阿仁の「赤銅《マカネ》ほりふく真樹《まぎ》やま」（真木山）の辺にいたところから始まる。十二日、六貫目の鉱山を出て、笹平に泊った。十三日、土山に来て泊った。十五日、あるじ小林と別れ、小出沢に着いた。

森吉山に登る

十六日、二の股（二ノ又）の村より御嶽詣でしようと、人に案内されて森吉山《もりよしさん》に登った。昔は夏草を刈る人も精進して登った。近き世から軽く済ませるようになったが、身の清まらない者が登ると、「神さらふ」といって疾風に吹き飛ばされるという。むろの木を土産に折って帰り、火を清める。中嶽の堂には石の薬師を祀り、守良大権現とあがめている。向

算用師の翁

白糸の滝

大雪の路踏み

嶽に登った。毎年、四月八日を山口とし、六月十五日が神事で、八月十五日に登山を禁止する。向嶽にも薬師仏を置き、守良の神を祀っていた。船人はこの山をひき（蝦蟇）が嶽と呼び、船路のしるしにしている。二の股に帰った。

十一月晦日、山のあるじ荘内某に伴なわれ、千代倉、山猫などの雪山に登った。音がして雪が転《ころ》げ落ちるのを鳴提《ナデ》、音がしないで崩れ落ちるのを輪走《ワシ》という。市の又（一の又）の釜の沢にある戸塚の宿に着いた。あるじ鶴歩は俳句を詠む人だった。ここに滞在し、十二月四日、白糸の滝をみようと出立した。頭には奴帽額《トモカウ》をまとった。桐内《きりない》を経ていくと、日回《ヒマワシ》といって、かね山（鉱山）に炭をはこぶ「えだち」（人夫）の宿があった。森《もり》吉《よし》村に泊った。五日、小滝村の村長の家で休むと、算用師と呼ぶ村の物書きの翁、一来という者が来て句を詠んだ。湯《ゆ》の台《たい》（湯ノ岱）に来て泊った。六日、大雪が降ったので三人の路踏みを頼み、川波に行き悩む小舟に乗り、白糸の滝を見る。湯の沢に出て、昨日休んだ小滝の村長新林某のもとに泊った。七日、ここに一来が来て語りあう。

十二月八日、雪が降り積もり、村の長が三十人ばかりを集めて路踏みをしていた。わしの瀬（鷲ノ瀬）村に来て泊った。九日、あるじ四郎平のもとを立つさい、家の刀自《とじ》が濁酒を一杯召し上がれと勧めてくれた。村人を案内に頼み、早瀬《サウセ》（惣瀬）の村に着き、吉田某に泊った。風邪を引き、十二日出立した。桐内村に来ると、左右の村端の雪中に泥《でい》塑《そ》天子のような疫神の形《かた》しろを立てていた。細越を経て小股《こまた》（小又）村につき、案内の者と別れた。斎藤綱継と秋以来の再会を喜びあう。十三日、米内沢《よないざわ》に至り宿を借りた。

十二月十四日、山市（蜃気楼《しんきろう》）が立って見えた。年老いた案内人だったが雪路を間違えてしまい、中畑の村で別の案内を頼み路を踏ませた。湯の台（湯ノ岱）を経て、麻《ヲ》壺《ツボ》沢（真木屋）に至った。十五日、太郎助という山賤のもとを出た。板戸《いたど》村あたりは山畑に粟稗を、山田に稲をつくっていた。独鈷《とっこ》に至る。十六日、上野《ワノ》にある行基菩薩が作ったという大日如来の堂に、宿のあるじと詣でた。浅利氏が住んだという古跡に行った。大滝に着き、奈良某の宿に泊った。湯桁は春のここちがし、歌女のうたう声が聞えた。

くすし三徹の霊祠

十二月二十日、十二所《じゅうにしょ》に出かけた。蝦夷が森の麓に、くすし三徹の霊祠があった。凶作で人々が飢えたとき、馬で運ぶ物成米を君の仰せだとして分け与え、捕まって処刑され、遺言でそこに祀られたという。十二所に泊った。二十一日、森合・水梨子（水無）で摘んだお茶を飲む。大滝に再び来た。二十五日、身に病がおこり、ここに浴して過ごすことにした。二十九日（小の月）は節分の豆を蒔く例で、家ごとに鬼の目を打つ声が聞えた。臼・鍋を伏せ、年も暮れ果てた。

大滝温泉

『秀酒企《すすき》の温濤《いでゆ》』は享和三年（一八〇三）一月から五月までの日記である。序文に白井真隅誌と署名した。真隅は真澄への移行過程を示す。真澄は大滝の温泉で新年を迎え、里の

博打をする

ならわしを細かに観察した。七日、「楽久《ラク》」（門付けの芸人）が家に入ってきて「じうまんぢやうあなたにはなに、こなたには福……」などと歌う。明日は湯の神を祭る日だといって、人々が村長の宿に集り、どんづく、たからびき、六半といった博打《ばくち》をこの日ばかりして日待ちをする。真澄は同じ宿の奥深くに伏した。九日には女が男の仮面をつけ、毛荒《ケラ》を着て鳴子をならして歩く。十三日が節分だが、年に二度あるときは除夜に撒《ま》くのが例であった。十四日はかまくらの祝い、十五日は田植え初めのためしがあった。ほがほが、臼・鍋伏せ、粟穂・稲穂、繭玉の餅、鳥追いなどを詳しく記す。

女の小正月

一月十六日、今日より小正月であるといって女が装い戯れている。十七日、移託《イタク》のめかんなぎ（巫女）が年占に、おしら様をほろぐ。十八日、十二所に出かけた。十九日、若い女たちが一家に集り小麻笥《ヲヲケ》の餅をたべ酒を飲む。男は別の家に集り、なたこのもちをあぶり、酒を飲み遊ぶ。

彼岸念仏の嫗

閏一月初め、十二所に行き、くすし武田三益のもとで一夜語りあった。二十五日は彼岸の入りで、暮近く子供たちが墓で纏火《マトビ》を焚き、霊よばいしていた。二十八日、彼岸念仏の嫗《おうな》たちが酔いしれ、獅子頭をいただき、戯れて踊り唄っている。二十九日、十二所に至り、石井教景のもとに一夜を過ごした。

二月一日、大滝の湯に帰った。二日、送り彼岸で家々で濁酒を飲み、あるいは十二所

マタギ詞

の寺に入り飲み歌っていた。十四日、塩谷山長興寺の夜籠もりに人が群れて行く。美しい女に又鬼《またぎ》（猟人）がまたぎ詞でからかっていた。またぎには忌詞《いみことば》が多い。十八日、十二所を歩いていると、機織の音が聞えてきた。十二所木綿という。二十日、大滝の湯に来て薬師仏の堂に詣でた。薄《すすき》の出湯、たまごの湯の由来を記す。

闘鶏

三月一日、ある人が扇田《おおぎた》の里で折ってきた梅の枝を真澄が乞う。三日、桃の節句には、十二所の館で闘鶏があり、人々は鶏を抱えて行った。二十五日、山桜が盛りというので高岡を歩いた。この辺の山賤の遠祖は、陸奥九戸の乱から逃れてきたという。

三度の市

四月八日、みじか山の頂にある神を詣でるならわしで、老犬《ヲヒ》の神にはもがさの病を軽くと祈り、種井の神には秋の豊作を祈る。十一日、湯あみで同宿した男女が別れのなごりの宴をし酒に酔っている。十六日、河辺にある神明宮を詣でた。二十一日昼、大滝の湯のあるじ奈良某のもとを出立した。扇田に来て神明社にぬかづいた。月ごとに三たびの市が立つ。

五月一日、旅宿にくすし武田成親が訪ねてきた。小又《こまた》の白糸の滝を見に行こうと誘われ、去年見たところだが見たく思い、扇田を出た。独鈷《とっこ》の村に、去年冬泊めてもらった翁の家を訪ね、事なしと別れた。揚《アゲ》の山道を登り峠で休むと、武田敬夫（成親）が硯を出して俳句を詠み、真澄も和歌を詠んだ。沙子沢（砂子沢）の家で休んだが、このあたりは杣山賤の栖家《すみか》である。松懸（松陰）の一枚板の橋を渡り、幣陀《ヘンダ》の飛泉《タキ》をみて、白糸沢に入った。去年泊った家に再び泊った。二日、宿のあるじ大河某、敬夫などと白糸の滝へ登った。帰りは小股（小又）の温泉《イテユ》を経て湯の台に着いた。

稗の田植酒

大葛鉱山

五月四日、舟で川渡りし、幣陀の飛泉、松懸の梯《かけはし》を経て、砂子沢に来る。ある家で、稗《ヒエ》でかもした田植酒を出してくれた。湯の台に近い川下の村は稲田だが、この辺は稗田である。子供たちが鳥を追う小屋があった。大杉では植女が田面で歌をうたっていた。田の道をいく人には祝って貴賤をとわず泥苗をなげつける。大谷《オホヤ》村で長田治兵衛の翁の家に休むと、蜻蛉《ダンビル》長者の物語をした。同行の敬夫に誘われ大葛《おおくぞ》山に行く。二股《フタマタ》（二又）村の山のあるじ荒河富訓に会った。台所という黄金《コガネ》吹く「さもらひ」（役所）に泊った。

烟の病

無縫塔を縛る

五月五日、山は今日の祝いに仕事を休んでいる。金掘りは烟の病で齢が短く、四十まで生きるのは稀で、男三十二歳を四十二歳の祝いのつもりで年賀をする。女は男に先だたれ、老いるまで七人、八人の夫《ツマ》を持つのが多い。声を呑《の》んで話すのを聞き、涙が落ちた。六日、大葛山を出た。新墾畑への糸煮釜設置をめぐる斬殺事件を聞く。森合《もりあい》村では岩水佐左衛門という高齢の翁が茶を栽培していた。独鈷の大日如来堂に詣でた。わらはやみした人は堂の前の庵近くにある無縫塔（白山石）を縛り、癒《い》えたら縄を解くのだという。金剛山竜生寺で休み、去年泊った家を訪ねてから扇田に着いた。

えびすかせ

五月十二日、武田成親を訪ねると、昨日大葛山から帰ったとのことだった。十三日、来訪した明石某に、真澄は自分の日記を見せた。十五日、藤庭山長泉寺に行く。あるじ玉洲が寺の建物や蛇《ヲロチ》にまつわる話をした。二、三日泊った。三十日、明石某を訪ねた。なりどころ（別業）を作り、あるじの名を雪液斎五草といい、円居して語った。

これに続く日記が『贄能辞賀楽美《にえのしがらみ》』である。享和三年（一八〇三）六月一日、移託《いたこ》の盲《メシヰ》の女巫《メカンナキ》が門の外にきて、数珠をすって唱えている。「戎楫」（えびすかせ）という。二日、武田のもとを出立した。二井田《にいだ》近くに来た。藤原泰衡《ふじわらのやすひら》が蝦夷が千島に逃げようとして、ここで郎徒（党）の河田の治郎（次）に討たれた。真澄の『比内物語』（未発見）は、泰衡の最期を書いたものであったか。二井田は贄田《にえ》か、贄の柵の跡かと、真澄は考えた。大披《オホビラキ》の村に宿を乞い泊った。三日、気分がよくなかったが出立した。案内が、二十年の昔だっか、曳欠河《ヒツカケかわ》のはぶかけの高岸が川水で崩れ、そこから家が二、三出てきたと語る。後年、真澄は埋没家屋に関心をもって調べることになる。案内と別れ、小袴《コバカマ》村に至った。櫃崎《ひつざき》村への道を間違え、出川《いでがわ》の村に来た。左藤久五郎の家に宿を求め、滞在した。

六月八日、大子内《オオシナヰ》の村長が訪ねてきて、八十歳の人も知らないという去月二十五日の洪水《オホミヅ》のことを語った。「おかばみ」（おろち）という古い言葉に関心をもった。十一日、近隣の村長、櫃埼（崎）の麻呂岡定政より文の返事があった。十七日、左藤のもとを立った。大

松峰に登る

館の里を過ぎ、釈迦内の酒殿《サカドノ》作右衛門のもとに泊った。十八日、松峯《まつみね》（松峰）に登ろうと出た。山に踏み入ると、神明社があり、さらに験者の寺松峯山伝寿院があった。四月八日には峯の不動尊に詣でる人が多いという。伝寿院に泊った。崩れから駅路の鐸を掘り出し、家の宝としてきたが、近年藩主に奉ったと、あるじが語った。

鈴の図

真澄はその鈴の図《カタ》を見て、駅路の鈴ではなく、天安の地震のさい堂が壊れ埋った時の寺の御鐸《ミスズ》かと推定した。これまでずいぶん鈴を見て、鐸《スズ》の形を写した画を持っている、と記す。

峰入りの行

六月二十日、峰入りを勧められ、若い法師が案内した。剣が嶺、大天狗の岩、天狗の釣橋《ツリハシ》などを歩いたが、行《おこない》は大和の大峯に新客が登ったときのふるまいに同じであった。二十二日、松峯寺を出て、姥沢に来た。川水が深く、人に助けられてようやく渡った。岩本山信正寺があり、河田治郎信正が泰衡の亡霊を祀るとも、浅利が河田のため建てたとも伝えていた。秋田氏と戦い、討ち死にした浅利定頼の家の子・郎等《ろうどう》の子孫が今もこの里におり、正月温雑粥（雑煮）や乾餅を作らないしきたりがある。根井権現には、蝦夷を平定する坂上田村麻呂が籠ったという。里に出て、花岡《はなおか》に泊った。

六月二十三日、ここに住む島潟与三郎高守を訪ねた。あるじ扇峯が句を詠んだので、これに和句した。昼、花岡を出立し、松峯村を経て釈迦内に入り、そこから馬に乗った。大館で蓮の真盛を見て休み、扇田まで来た。この夜は地蔵祭りで、武田敬夫のもとに至った。二十九日、櫃崎の村の丸岡定政の家を訪ねた。

二　山本・秋田（2）

『宇良《うら》の笛多幾《ふえたき》』は真澄が「かい捨たるふみのなかよりひろひ集て」一巻としたもので、時期の違う三つの断章からなっている。その一つ（第一部）が、享和三年（一八〇三）十二月二十八日から翌四年（文化元）正月三日までの日記である。わずか数日にすぎないが、年の暮れ、真澄は阿仁の川居（川井）におり、二十八日の竈の神を祀る牛の絵札配り、二十九日の鍋・臼伏せ、元旦の若水汲みの様子などを記している。

阿仁の風景を描く

真澄の『阿仁迺沢《あにのさわ》水《みず》』は、七座山、四十八滝など阿仁の風景を描いた図絵集であるが（『阿邇《あに》の沢水』という日記本文は失われた）、このなかに川合（井）村の松石の碑のスケッチがあり、「むかひ見やる河合村など、杜良の嶽の雪いとふかし」といった説明文などから季節的にも合い、右の断章と関わりの深い図絵かと思われる。

湛然上人

『恩荷奴金風《おがのあきかぜ》』によると、文化元年（一八〇四）八月十四日、久保田の布金山応供寺を出立した。湛然上人（一七五六〜一八二九）は詩歌・書で知られた臨済僧で、後年真澄が和歌を通じて親交した人である（後述）。五十嵐某の家に寄り、その後土崎の箭守某の家に行き泊った。

十五日、土崎を立つ。額に十字《ヤスコ》を書いた乳子負う女が天神詣でするといって先立つ。天《てん》王《のう》村の天王社（東湖八坂《ひがしやさか》神社）に詣でた。昔、郡司小野良実が素戔嗚尊《すさのおのみこと》を勧請したのが始まりと伝える。神事は六月七日で、やまたの大蛇を討ったときのいにしえぶりをまねて、

脚摩乳・手摩乳

脚摩乳《あしなつち》・手摩乳《てなつち》のわざがある。酥醽搗《ミソツキ》の神事、箸削《ハシカキ》の神事、柏採りの神事、竹伐りの神事などを詳しく記す。神主鎌田筑前（利高）と語らった。暮れて小舟を雇い、淡海《ミズウミ》（八郎潟）の岸辺を漕ぎ、太平山《たいへいざん》のあたりから昇る月を見る。鎌田の家に泊った。十六日、人に誘われ、塩口の浦から舟を出し、杜良《モリヨシ》（森吉）の岳から現れる月を見る。天王の同じ宿（鎌田）に着き、滞在する。二十日、鯨長根に舟で渡り、遠近の浦を眺めて帰る。

寒風山に登る

八月二十一日、友人たちと寒風山《かんぷうざん》に登ろうと、船越《ふなこし》の浦に至り、八竜社に詣でた。八郎が蛇《ヲロチ》となった伝説を記す。同行の桜庭某、山本某、鎌田某が、大倉村《おおくら》に住む吉田に案内させようと言い、大倉の吉田の家に行き、寒風山に登った。寒風山の形《スガタ》に近江の伊吹山の面影が感じられた。脇本《わきもと》、船越に来て、月の出るのを待って舟に乗り、天王の鎌田の家に着いた。二十四日、あるじ鎌田利高と再び小鹿（男鹿）の浦に行く。脇本で神主伊東大和の家に休む。阿陪（安藤）友季のころ太平城があったが、実季に取り囲まれ逃れ出、やがて自害したという。人に誘われ、比詰《ひづめ》の山里の何某の家に入る。

八月二十五日、比詰を出発し、船川《ふながわ》の浦に至る。十月になり雷が鳴ると、鰰の網漁が

赤神山永禅院

始まり、磯回りに魚舎《ヤナ》が並び立つ。漁《イサリ》の海士の酋長を村君と呼ぶのは古きためしである。増川《ますがわ》、尾名川《おながわ》（女川）を浦づたいに来ると、椿の浦の中山には椿が生い茂っていた。双六《すごろく》の浦に来る。御幣島の黒紫菜《クロノリ》は冬に採り、この浦の土毛《こ》として村君が献上する。小浜《はま》の浦の村長佐藤義右衛門の家に泊った。二十七日、門前《もんぜん》（本山《ほんざん》門前）の浦に来ると、赤神山日積《にっしゃく》寺永禅院《ようぜんいん》があった。天台から近き世に真言に移った。坂を登ると五社があった。赤神山は漢武帝の廟たるよしを伝え、同じ山中に秦の徐福《じょふく》の塚がある。阿倍比羅夫《あべのひらふ》に誓約した齶田《あきた》の恩荷《ヲガ》は男鹿に住んでいたのかと思った。日積寺の庫には漢武帝を描いた絵などがあった。再び来て真山の峰に登ろうと心に契り、小浜の浦に着いた。二十八日、馬に乗り出立、脇本の伊東大和の家に泊った。二十九日、寒風の麓の岩清水を人々と見に行った。大保田《おおほた》村の阿弥陀堂の下に漢の蘇武大臣の屍を埋め隠くすという。脇本に至り、翌三十日船越を経て、天王の浦に着き鎌田の家に泊った。

秋田実季の文書

九月五日、鎌田の家を立つ。払戸《フット》の浦の加藤久三郎は古い家柄の村君で、実季の文書などを持っていた。田ごとに穂新《ホニ》、穂架《ホダテ》が立ち並び、女たちが稲を刈っていた。鵜の樹《うき》（鵜木）村に宿を求める。人々が来訪して語り、村長の大淵某は実季の御教書を持っている最も古い家という。六日、鮪川《しびかわ》の山中にある滝の頭を見に大淵某などと行く。鵜木に帰る。九日、大淵の宿に行き語り暮れた。十日、大淵の家を出る。堂村《どうむら》（道村）の永源

芭蕉の石碑

義経の粟の券

寺には大淵氏が立てた芭蕉の石碑があった。五味井子（五明光《ごみょうこう》）の浦では卯津木を刈り束ね薦で包んだものを湖に入れていた。漬柴《ツケシバ》といい小エビをとる。蘆埼《あしざき》（芦崎）の浦に来ると姨御前《うばごぜん》の社があった。これを手摩乳といい、三鞍鼻《みくらはな》（三倉鼻）の岩屋にあるのを夫《ヲト》殿《ドノ》ととなえ、脚摩槌の神を祭っている。門馬荘兵衛の家には義経が蝦夷の島渡りしたさい、糧を借りた粟の券が伝わるという。浜田《はまだ》村の弥三郎の家に泊った。

九月十一日、浅内《あさない》に来ると、賀須《がす》（泥炭）を掘り、乾かして燃料にしていた。能代の伊藤祐友の宿に着く。十三日、三年前の冬頃に語らった相沢光武を訪ねた。十九日、祐友の父伊藤宗因が十三日にみまかったというので、七日の手向に和歌を贈った。二十一日、相沢光武に誘われ、くすし照井象賢の庭の菊を見に行く。

イタコ・ありまさ

文化二年七月一日、『美香弊《みかべ》の誉路臂《よろい》』によると、昨夜から比内の櫃埼（崎）の麻呂岡（丸岡）の家に旅寝していた。四日、出立し、赤石村の正寿院悟峯の庵を訪ねる。七日には出川にいた。八日、初秋を見ようと近くの野山を歩く。十日、同じ村にあり、近隣の村に行くと、草刈りしていた子供がわらはやみし、馬瘧《おこり》か、無縁瘧かと慌てていた。盲目《めしい》の巫女《メカンナギ》が来たのを誘い入れ、その移託巫女《イタコミコ》が弓を打ち神がかりして、病人の身の上を「ありまさ」（病気治しなどに関わる占い師）に語った。昔、ある帝がおこりが治らないのをうらみ、「真草刈る野辺のはらはやみち遠くすむ山里に皈り行らん」と詠むと、もののけが去ったという物語りにちなみ、その歌を書いて与えた。親はそれを童の髻《もとどり》に結んで伏させると、瘧《ハラハヤミ》の鬼《カミ》が落ちて癒えたという。

八月六日、阿仁の川井村を立った。上船樹《フナギ》（舟木）村の鈴木多左衛門を訪ねると、川井村の斎藤数馬治明という知り合いも来ており語りあった。七日、舟木を立つ。大橋矢《ヤ》櫃《ビツ》は承応、明暦の頃、七日市《なぬかいち》村の長崎某によって田に水を引くために工事された。黒滝を見ようと、案内の翁三右衛門と分け入った。下って森吉の村で休み、天津羽《アマツバ》を経て狭《サ》股《マタ》（様田）の継橋を渡り、地主吉田六郎兵衛の家に一夜を乞い泊った。八日、この日、田甕《タカメ》に酒をつぎ、穎祭《カヒホカヒ》をして年の神を祝う、古きためしである。

森吉山に登る

八月十日、森吉山に登るため身を清め、あるじに案内を頼み出立した。群椙《ムラスギ》という所の薬師如来の堂を過ぎていくと、生土杉《ウブスナスギ》が二本あった。ここからは尿をしてはならない山ののり（法）であった。波良避《はらい》川で笹垢離《ささごり》をした。岩堂の峰に登ると杜良《モリヨシ》権現で、真澄が「をと、し」の冬に登ったとき、火焚屋《ほたきや》の破れた板に書きつけた戯歌が残り、「三とせのむかし」を偲んだ。向嶽に分け入る。黒倉にはあやしの大人が住むといい、恐れて人は行かない。案内の翁と別れて麓に下り、栩木《トチノキ》沢村の山賤半三郎の家に宿を求めた。十一日、草刈りに三尺五寸余の柄の長い鎌を使っていた。市太郎というあら雄が来たが、母に孝を尽くしていた。十二日、七葉樹《トチノキ》沢を出て、戸鳥内《トトリナイ》の村に来た。山畑を開墾していると、人の面のような陶を掘るという。陵墓のまわりに埋めた埴輪、立物のようなものではないかと、真澄は考えた。打戸《ウツト》（打当）の村の鈴木長兵衛に泊る。

　八月十三日、戸鳥内の柴田作右衛門の家で雨宿りしていると、九助という藩主から孝子として奨励された子が来た。十四日、所々の橋が落ちた。鳥越《とりごえ》村の高岡六右衛門に泊った。十五日、岩浪沢（岩ノ目沢）に来ると、もがさを祈る紫芋《イモ》の形をした石神があった。

根子のマタギ

笑内《ヲカシナイ》、伏蔭《ふしかげ》（伏影）を過ぎ、中嶋金兵衛のもとに休む。山一つ越え根子《ネツコ》（根っ子）村に入った。村は皆又鬼《マタギ》で、長の家には巻物を秘めている。山辞《ヤマコトバ》を使い、蝦夷詞も多い。地主佐藤利右衛門の家に泊る。地主《ヌシ》は肝入《きもい》リに次ぐ村長をいう。十六日、銀山（阿仁鉱山、銅山）のやかたに行き、知りあいの舘岡喜太郎の家に泊った。四、五日滞在し、二十二日、水無《ナシ》の舟に乗って、米内沢の今日の市路に至る。この里の楢岡某の家で、豊臣秀吉（九戸の乱）や源義経（松前行）のものという古文書を見せてもらい、それを写す。川井の村に着いた。

　閏八月四日、川井村の加藤某に誘われ、舟出し薄井《うすい》に着く。村長秋林某のもとで語り

本嬬木

暮れた。五日、二鮒《ニブナ》（仁鮒）近くで舟を降りた。大銀杏で乳房のたれる本嬬木《モトメキ》があった。下枝に乳袋を掛け銭米を入れるのは、乳汁の乏しい女の祈りという。切リ石（切石）の村長の工藤名左衛門の家に休んだあと、舟渡りして鎧の明神社に行く。『義経記』のか

ぶとの明神はここかと推測した。比井野《ひいの》の村に近づくと、天神山清徳寺があり、西江道人筆記の寛永八年碑を読み取って記す。宿のあるじ秋元某（前出の秋林か）、加藤某ら四、五人と語りながら薄井に来る。

雁木階子

くにうどの言葉

　九月七日、紅葉を見たく、山本郡阿仁庄の川井村を出た。案内を先立ちに田代《たしろ》に来て、布染屋の松橋某の家に泊った。山里の村々では山田を作り、酌（杓）子、木履、柾、炭焼きを世のたつきとしている。雁木階子《ガンギハシゴ》は蝦夷人のニヰガリに異ならない。あるじの姨が茶を煎じ「あつくば、うめ申へてや」（濃ければ薄めましょうか）と言ったのを、真澄が「さまし飲むべし」（冷まして飲みます）と応じたら、けげんな顔をされた。熱いではなく濃いの意味だった。「くにうど（国人）の言葉」を知らなければ、たいそうよい言葉であっても打ち笑ってしまうことが多いと思った。ここに留まり、九日、鳥居の沢に入り新潟《ニヰシキカタ》（精進潟）を望む。帰り道、あるじに案内されて、大滝・横滝を見る。十日、あるじ松橋に別れ、札の木を行くと、鍵掛《カンカケ》の大ぶなの木があった。山葵堆《センノウタイ》（仙ノ台）村では冬、あおししを獲る。横子内《ヨコシナイ》、小掛、二鮒を経て、舟渡りして薄井になり、秋林のもとに着いた。

　文化三年（一八〇六）の春は能代にあった。『霞むつきほし』は二月二十一日に能代を立ったところから始まる。松前や津軽にタツヒ、白神、シリベツの同じ名があり、遠きむかしは蝦夷人の栖家があったのだろう。仁井田《にいだ》の村に行くと、大同のいわれを語る白鶴山倫勝寺があり、近ごろ蝦夷塚が壊れ白骨が出て、石の祠に納めたという。桧山《ひやま》に着いた。二十三日、善城山浄明寺を立ち、あるじの獅絃師、九嶋敏里、成田、高橋、近藤、畠山、およびその子供たちも誘って、深沢を経て母爺《モヤ》に登った。雲谷《モヤ》は嶽ではなく、いや高くひとりそばだつ山をいうか。モヤの名は松前、津軽、八森にも聞える。この辺の沢に油土があり、桧山の大越某はこれを取り、灯火にしていた。安東実季が重病になったとき、父愛季が祈ったという観音堂（円通山広大寺）があった。鶴形《つるがた》の小林長左衛門の家に至り、人々は桧山に帰り、真澄一人が泊った。二十四日、季忌宮の精進といって頭の宿に人が集ったが、暮れるまで酒は飲まない行いだった。

モヤ地名

二月二十五日、鶴形を立ち、釜臥ノ沢あたりで舟に乗せてもらう。筑法師《つくほうし》（築法師）の村に来た。昔は月星と書いたという。貞任の末の子高星が藤崎に逃れ、月星はその高星の子であるなどと、藤崎の長の河越茂助に聞いたのを思い出した。二八田《にはた》（荷八田）の村には大高相模守康澄の子孫がおり、遠祖から伝わる阿弥陀仏の画と厩戸皇子の形代を能代の敬正寺《きょうしょうじ》に納めたという物語をしてくれた。風邪を避けるまじないだといって、村の端ごとにわろうだ（桟俵）を重ねて捨てていた。向能代を経て、鹿野城の村（鹿村）の徳昌庵を訪ねた。能代に至り、伊東某のもとに着く。

能代の敬正寺

三月七日、坊が崎、大伴の塘《つつみ》（小友沼）などを巡り、霊亀山の頂にある古四王の堂に

小町清水

詣で、桧山の里に行く。八日、季忌宮の御前で、梅の咲くのを見て和歌を神のおきつき(奥つ城)の柱に書き付けた。十二日、獅絃師を誘い、近藤伝吉という子供を連れ、桜を見歩く。達子《タツコ》村で子供の近藤の家で休み、長面《ながおもて》の知り合いの近藤氏の家についた。十五日、優婆塞嶺眼を誘い、童一人、例の人々と五、六人で出かけた。宮野目(宮の目)に姨桜があった。小町《こまち》村に来たが、ここは三年昔に詳しく記したところで(『小町《こまち》の寒水《しみず》』か、行方不明本)、小町清水がある。増浦の与五右衛門の家に昼の中宿する。市野村の斎藤清三郎の家で休む。桃、桜、椿がおもしろく咲き、日が暮れて、浦横町《うらよこまち》の児玉嘉兵衛の家に着いた。

三月十六日、高丘の神に詣でた。天瀬川《あませがわ》の村に来る。万助が語るに、母は百六歳で去年死亡したという。これを聞く因播《いなば》(因幡)の国の修行者が、わが国の松原村の鎌部義左衛門は文化二年に百八十三歳で江戸に上り、大樹(将軍)から白銀・扶持を賜ったなどと語る。鹿渡《カド》の知りあいの家に泊った。十七日、くすし青山玄丹、近藤忠右衛門などを誘い、五、六人で小滝、大滝へ行く。閑居山に登り、鹿渡村へ帰った。火事があり、草葺きの家三十軒余が灰になった。あるじの家は残ったが取り散らばり、正安寺の仏の傍らに寝た。十八日、鹿渡を出て、再び桧山に来た。菜園の桜はいまが盛りだった。十九日、能代に夕方着く。

丑首頭の桃園

三月二十一日、宿のあるじ伊東某、近隣のあるじらと、牛野首頤《ウシノクビト》（丑首頭）の桃の花園を見に出かける。横長根にのぼったながめは仙人の栖家かと思った。さおとい相沢光武、照井象賢、伊藤祐友がここで詠んだ歌を記す。月星（築法師）の村、朴の木瀬（朴瀬）村などを来ると、畑の隅々に桃が多く、くね垣には桜を植えていた。二十四日、相沢光武に誘われ、桧山の散り桜を見ようと、宿のあるじ伊東某などと能代を出た。桧山に出ると季忌宮の祭で人々が群れていた。浄明寺に休み、夕方古城に登った。麓の寺に泊った。翌二十六日、馬に乗って能代に帰り、光武と別れた。

片目の魚

『宇良《うら》の笛多幾《ふえたき》』（第二部）によると、文化三年四月十三日、真澄は能代にあって、真住吉の神社で藤の花が咲くのを見ている。くすし照井象賢、伊東浚、伊東祐信などを誘い、近くの荻野の沼をめぐり岡に登った。五月雨の沼の魚は片目で、神の使いとして網を掛けないが、この春藩主が来たときには沼の鮒をとり料理に出したという。暮れ深く能代に着いた。五月七日、薬がりに例の人々と出かけた。杉の木立のなかに相沢《すぎさわ》権現があり、こうのとり、ときがいた。住吉の優婆塞《うばそく》里鶯（前出）が罪となり、男鹿に流されたことなどを記す。能代に着いた。

『宇良の笛多幾』（第三部）は岩楯（館）山の笛滝に出かけた部分である。文化三年七月五日、能代を出て、水沢《みずさわ》に至り泊る。皆河吉秀や、その子東元は、真澄が津軽にいたころから名を聞いていると懇ろに語ってくれた。七日昼、水沢をたち、湯沢に至り、阿遮羅《あしやら》明王（不動明王）の滝を見に行く。明王に仕える天竜院のあるじ尊翁が斎居《イモイ》していたので、その堂に泊った。八日、浜田に来ると、岩堂といって不動尊を祀っている窟があり、案内を頼んで行った。明王は円仁作と伝え、鹿に噛みつくされたという。案内の家に泊った。九日、藻浦《もうら》（茂浦）、三内《さんない》（山内）を経て、岩館の菊地某に宿を借りる。十日、関山の守り役人である桧山の大越某が訪ねてくる。共に舟人を頼んで磯舟に乗り、一日中笛滝のもとにあった。

不動明王の滝

文化四年春、真澄は山本郡岩河（川）村長伝寺山主施の「番匠祖神」の軸に筆を執り、「白井真澄」の署名を用いている。真澄を使い出したことを示す（『菅江真澄没後百七十年記念遺墨資料展』）。

真澄の署名

『雄賀良能多奇《おがらのたき》』は文化四年三月初め、山本郡岩楯（岩館）の浦を立ったところから始まる。め（若布《わかめ》）刈る小舟に乗せてもらった。去年見た笛滝あたりで戻り、天狗岩、懸り滝など漕いで過ぎ、舟賃を渡して三内の浦で降りた。知り合いの五穀山宅蔵院の優婆塞を訪ねた。円仁作の大日如来など秘め置く。種蒔桜は紅の深い山桜の初花をいう。風邪を引き、ここに日を経た。

種蒔桜

三月二十二日、三内を出立し、椿の浦に来た。しかし、けぶり（薪）のために伐り尽

菫の図集

し一本もなかった。浜田の三左衛門の家で休んだ。二十三日、滝の明王堂に詣でる。「八森山不動尊縁起」を記す。母爺《もや》の薬師峯《ヤクシネ》に登り、滝を見下ろす。芝生のなかに蔓菫があり、この草には種々の化《カハリ》があるので、『百菫《モ、スミレ》』という冊子を書こうと思い採取した。真澄の『無題雑葉集（仮題）』『錦木雑葉集（仮題）』に菫の絵がある。母也は蝦夷人の辞の靄《モヤ》であろうか、独立《ヒトツ》山をもやという。温泉《ユ》沢（湯沢）の村に出て、くすし細田の宿を訪ね泊った。二十五日、あるじ細田政興に誘われ、成田元泰や子供も多く誘い、元館《もとたて》（本館）村の桜を見に行った。甲斐より落ち延びた武田重右衛門の旧館があった。

中国漂着民

三月二十七日、細田の家を出立した。伊豆森（蝦夷森）のあたりから石弩が出る。海辺の寄り木に混じり、松前の嶋人がいう「小人嶋の網浮《アバ》」（コルク）が多い。道を行く僧（老法師）に、八森の新屋鋪《アラヤシキ》の海士吉太郎が松前に渡ろうとして中国の澳州に漂着し、寛政十一年帰国のとき官人から贈られたという弁扇の漢詩の模書を見せられる。目名形《めながた》（潟）の智積院の宿に泊った。二十八日、村人に誘われて御山《オヤマ》へ詣でようと出た。稲前の原に日揚《ヒアゲ》ノ明神社があった。御山権現に登った。役小角が開き、御前にある獅子頭は円仁が刻んだと伝える。大窪平《タヒ》（大久保岱）で村長と語る。宇治姓が多く、宇治から来て田を開いたという。手這坂の桃の花園を見て、大久保平《タヒ》に戻り泊った。

四月十日、目名形の村を出で、水沢村の皆川の宿に休み、送ってきた人々と別れた。

山の神を祭る

水沢村の金狐の氏神稲荷の来歴を記す。鳥潟《とりがた》（鳥形）の村に来ると、はじめて杣入りした者たちが、木の高枝に弓やはぎまき、調度類を結い供え、山の神を祭っていた。強坂《ごうさか》村の村木秀庵というくすしの家に泊った。二十日、村木の元を出た。畠谷《はたや》（畑谷）の村長後藤長右衛門の家は飛騨人が作り、二十代を経たが火事にはあわないという。横内《よこうち》村の白鳥甚兵衛の家に休んだ。人々が酒を飲んでおり、真澄は一緒に猫森の観音十一面菩薩に詣でた。神酒をささげ、神のように敬う国ぶりであった。上の字が嶽という山の消え残る雪のかたちを見て、早苗をとり、田打ちをする。海の海士は鰯《いわし》が来ると漁の準備をする。

西の寺巡り

山深い河内《カッチ》の近右衛門の家に、家の刀自が西の寺巡りに出かけた、あとふきの祝いだといって、馬に酒をつけて訪ねた。田から男女が皆あがってきて、篠《スズ》の筍、水麻《ミズ》、鯡《ニシン》の干物、七葉樹菜《トチナ》（矢車、聟の五器）を肴《さかな》に飲んだ。人々は酔って西の寺巡りの歌をうたった。この帰り、酔人たちとのりくら山に登り、物見ながねに移って麓を下り、塙《はなわ》村に着いた。水木弥五右衛門の家に語らって、中沢《なかのさわ》に出て仁義《じんぎ》の野良（神祇台《じんぎのたい》）を歩く。

大柄の滝

四月二十三日、強坂村を馬で出立し、常盤《ときわ》に来て泊った。二十四日、雄賀羅《オガラ》（大柄）の温濤《イデユ》の奥に面白い滝があると聞き出かけた。薬師堂のほとりに寒泉《シミズ》が湧き、それを樋でふね（浴槽）に落し、柴で焚いて温湯にする。田植えが終わると人々が浴するという。佐左木八兵衛の家に泊った。二十五日、案内を頼んで行くと、大石村の清右衛門の家の尻に大石が二つあった。昔蝦夷の長が住んでいたのか、鬼神のいたところといって正月一日から五日まで神酒、餅を手向けるという。下夕滝《し》、上滝《ウハタキ》を見る。知母《やまところ》（はなすげ）、支連《しれん》（黄蓮《おうれん》）などの薬を採った。再び佐々木の家で休み、岩坂村に来て泊った。二十七日、市之介のもとを出た。梅内の和光院の庭中に三十貫目の石があり、叩くと金鼓《ゴング》の声がする。自分が住んでいた三河の額田郡乙見の荘、岡崎旭山の前のかな石の音に同じである。樋野口《ヒノクチ》の村を経て、兜の社に幣をとり、飛峯《トヒネ》（飛根《とぶね》）の駅を出た。

五月一日、岩河《いわかわ》（岩川）へ行こうと、能代を出た。豊岡《とよおか》の里で知りあいのくすし神馬敬益善継を訪ねた。二日、善継に誘われ藤巻の古柵を見に出かけた。藤の井権現の鳥居の柱に歌を書き付けた。木戸沢の島田某仙風を訪ねたが不在だった。升沢（増沢）村の北林与七郎の家で休み、女達子《メタツコ》の岡に登る。それより、長面《ナガヲモテ》村に出て神馬善継と別れ、知りあいの利教院長伝寺に入り泊った。五日、祖神に馬曳きが詣でている。今日一日は鍬をとらない。季忌宮《キノミヤ》に詣でた。わらはやみの人は男でも女と名乗り、神前で田唄をうたうと癒えるという。六日、手習いの童の机のうえに、嶺眼験者の祖父清応院堯慧作の『山本郡名物往来』があり、その文を書き写した。嶺眼とともに達子の村に行き、常楽山一応院賢峯の家に泊った。

五月二十六日、陸奥の狭布の郡の温湯《イテユ》に行こうと能代を出立した。蝦夷が千島に火箭の音がし（ロシアのエトロフ来寇事件）、秋田藩も出兵の用意で、街道、渡し場、宿駅はなかなかの騒ぎだった。今泉《いまいずみ》宿の長の成田のもとに泊った。二十七日、綴子《つづれこ》、早口《はやぐち》を経て大館に入ると、松前渡りの人々がいくさの装いでここに来ていた。泊る宿がなく、帰り馬に乗って、小雪沢の関屋を越えると、道辺に丹塗りの人形二体があった。春秋に作り変え、疾疫《エノヤヒ》（疫病）を避けるまじないという。雪沢《ゆきさわ》の里に着いた。

疾病を避ける

三　鹿角・十和田

『錦木《にしきぎ》（仮題）』は、『錦木雑葉集（仮題）』に収載された日記の草稿である。文化四年（一八〇七）五月末、雪沢の村を出て、国境を経て南部領（盛岡藩）の鹿角《かづの》に入ったところから始まる。烏帽子山、あるいは母爺《モヤ》（茂谷山）がそびえている。その背の方に坂上宿禰《すくね》（大宿禰、田村麻呂）が蝦夷《エミシラ》等を平定したいわれのある、出羽月山を祀った山がある。瀬田石《せたいし》を経て、毛馬内《けまない》の県に着く。毛馬内、花輪の土毛に茜、紫の根がある。月ごとに三日の市が立つ。たかはし某の家に泊った。

七月初め、月山の神に詣でようと人々に誘われた。母爺の麓に大同のころの一位大坊《だいぼう》の旧跡があった。毛馬内の北に古館が見えた。鹿角二万石のあるじは武田統であった。

鹿角の武田統

武田の家の和田兼蔵某は蝦夷人の虜になってその国へ連れていかれたが、年月経て津軽藤崎に逃れ、藤崎坊と名乗って再び狭布に来て、大坊一位の家を興したという。以下、日記は後欠であるが、真澄が集めて写していた各人の錦木塚を詠んだ漢詩、和歌、長歌を掲載している。

十和田湖の眺望

『十曲湖《とわだのうみ》』によれば、十和田山にかねて登ろうと思っていたが、文化四年八月十九日、幸いに案内してくれる人があり、毛馬内を出立した。鳥越村に来ると、家の門ごとに注連を張り、あるいは地獄茨を引きはえ芻霊《クサヒトカタ》（草人形）二つを女男の鬼としているのは、疫癘《エノヤマフ》を避けるためであった。和田某に泊った。二十日、会うと契りをしていた松尾某が来た。牧野平《タヒ》には武田の館があったころ、奥の十三牧の一つ藤原の牧があった。熊坂の峠で休み、級《マダ》の木長嶺《ナガネ》に来ると、十和田の湖がよく見えた。小国千町、十和田千町と呼ぶ険しい山中で、湖の磯山近くに鉛吹く坑場《カナバ》（大倉鉛山）があった。水海の大鞍嶋、茜が碕、中嶋の景色は、塩竈の浦の寺から見た間籬《まがき》が島（松島）より優っていると思った。松尾某の兄弟小笠原某などと語らい、駒が嶺政福の「さもらひ」（役所）に入った。三、四日雨で、今日（二十五日か）外に出ると、青金《あおがね》（鉛）を臼でつき砕く音が聞えた。二十六日、湖《ウミ》の岸にある稲荷山に登って山々や湖の島を眺めた。

休屋の参詣小屋

八月二十九日、金掘りの案内で、こまがね（駒が嶺）某とともに大倉を出た。休屋《やすみや》に

難蔵法師

来ると、夏のころ人々がたくさん詣で、まろね（丸寝）、あるいは「いもゐ」（精進）に籠るための板葺きの小屋が三、四棟あった。五戸《ごのへ》・七戸《しちのへ》からの道がある。黒木の鳥居を立ち重ね、堂には青竜大権現の額があった。『三国伝記』の難蔵法師の物語、鹿角の里の南草坊・八郎太郎の物語、三戸郡科町《とが》（斗賀村）の竜現寺大満坊の物語、および盛岡の永福寺の物語を記す。春の土《ツチ》用から夏の土用にかけ、奥瀬蔵人某に仕える折枝要右衛門が精進し、六月十五日に優婆塞《うばそく》が集って祭りが行われる。

散供打ち

奥の院に行く。散供《さんくう》打ちするところで、銭米を紙に包んで投げ、沈むと願いが叶い、浮くと叶わない。また、紙よりして投げ入れる紙線散供《ヨリサンク》があり、願いが叶うと沈むという。休屋に泊ろうと煙立つ軒を訪ねると、案内の知り合いの又鬼《マタギ》たちで、茸採《タケトリ》に来ていた。藁のかますを枕に、布を厚くさした裋《ボト》というものを着て寝た。三十日、茸がりの人々は急用だといって麓へ出立した。門の柱に歌を書きつけた。鹿角はっか（発荷）に来て、淵に臨み、紙撚《こうよりう》打ちをした。大倉の本山という坑場に着いた。毛馬沢為憲の漢詩『十曲湖』を記す。

銚子大滝を見る

九月一日、駒がね氏と大倉を立った。朱鶴《トキトヲ》（鴇）の村の駒がねの家に滞在した。八日、時戸尾（鴇）を出る。高清水の村には大同と呼ばれる家があった。毛馬内の青山の宿に着いた。十九日、銚子瀑《ちょうしのたき》（銚子大滝）を見に福本興正とともに出かける。箒畑《ほうきばた》につくと、この村は、たもぎ（あおだも）の木の灰を染物屋に、さわふたぎの柴の灰を紫屋にそれぞれ売り、あかしでの木で履物を作り市路に商っている。雪が降れば山に入り狩をするという。成田正吉の家に行き、熊のことなど夜語に更けた。二十一日、萱野発峠《カヤノハツカ》を経て行くと、白沢村に止リ滝があった。遠くに中滝を見て、大滝沢《ナヰ》の滝のもとに行った。銚子の瀑布《たき》だった。この飛泉を見に来た東都源尚、毛馬内為憲の漢詩を記す。ここで『十曲湖』は終る。

厚氷の上を歩く

この後、文化四年冬から文化五年にかけての真澄の行動はよくわからないが、『夷舎《ひな》奴安装婢《のあそび》』表表紙裏に「文化五とせ春霞よもに辰のはつ空、渟代の浦回に在て」とあり、文化五年の春は能代にいたことがわかる。そして二月を経ようというのに米代川は凍み氷り、厚氷の上を人も、米積む馬も渡っていたというのである。

臼の図集を編む

また、臼氷臼麿撰『百臼之図《ももうすのかた》』は旅をした東海地方から、信濃、越後、出羽、陸奥およびアイヌ民族に及ぶ各地の臼の図を描いたものだが、その序文に「文化五とせの夏の初、委底波の国臼沢ちふ鴟臼花《ウスゴサ》発く山郷に、も丶うすのかたをかいあつめたり」とあり、文化五年に編まれている。臼沢は七日市村の枝郷である。この序文の後ろに、名古屋の唐本屋勘右衛門の古臼にまつわる冷泉為村《れいぜいためむら》の「臼の曲の唱歌」が書き加えられ、「右、三河のくにうと、菅水斎かふた丶ひしるす」と追記されている。

四　八郎潟・男鹿

文化六年（一八〇九）秋の日記『夷舎奴安装婢《ひなのあそび》』の序文に、未発見の『花の真阪路《はなのまさかじ》』『浦《うら》の梅園《うめぞの》』という書名が記されている。『夷舎奴安装婢』は『花の真阪路』を書き継いだとあるので、『花の真阪路』は文化六年夏の日記であるのは間違いない。また、『浦の梅園』には「承和の石仏」の由来を書いていたとあり、五城目《ごじょうめ》付近を歩いたときの日記になるが、タイトルから同年春の日記と判断してよいだろう。

田の神

南朝頃の碑

『夷舎奴安装婢』（第一部）文化六年七月一日、真澄は寒苗郷《サムナヘ》（山内《さんない》）の輪田（和田）の伊東某に昨夜から泊っていた。田の中を行くと、落雷した所に塚を築き田の神として祀っていた。野では麻刈り、里はその蒸し剥ぎに忙しそうであった。六日は眠流しで、夜、桐の広葉に歌を書いて流すためしがあった。七日、五十目《ごじょうめ》（五城目）の盆市に人々が群れて行った。十日、今戸《いまど》に行くと、熊野山密厳寺実相院のあたりに康永・暦応の石卒塔婆があり、また小今戸《こいまど》の村の薬師仏の堂のまわりにも同じ年号の墓誌石《ハカシルシ》があった。南朝頃の碑が多いのはなぜかと思う。今戸へ帰った。ここに山内村の楞厳山円通寺、および下山内の宮地山三光院金剛寺の由来を記す。

以下（第二部〜第六部）は日記ではなく、七月十三日の魂斎《ホカヒ》の夕べから二十日夜にかけての盆踊・番楽の様子と「番楽舞辞」、文化六年春「石仏地蔵大士の記」（五城の目新河町の堂にある石仏の由来）、野舎箇帒《やしやがふくろ》（夜叉袋）の来歴、天瀬川《あませがわ》村の能布巨《のぶこ》畠の由来、文化六年九月朔日「柳の社のふること」（浦山城三浦兵庫頭盛長の妻のこと、安産の神）からなっている。

歌謡集を編む

真澄の『ひなの一《ひと》ふし』は秋田、津軽、南部、仙台を中心に、三河、信濃、蝦夷《エミシ》、魯《ロ》斉亜《シイヤ》、琉球《ウルマ》などの民謡を収録した歌謡集である。その草稿（異文）『鄙乃手振《ひなのてぶり》　ひなの手風俗』の表紙に文化六年とあり、文化六年に編集したものであることが判明する。真澄の民謡への関心は、「ももうすの図《カタ》」を写生するとともに、春女《ツキメ》がうたう歌を聞くにまかせて筆録してきたといい、『百臼之図』と分ちがたく結びついていた。前年『百臼之図』をまとめたのに続いて、田唄、船歌、念仏踊、盆踊りまで含めて一冊を編もうというのであった。

菅江の真澄の署名

『比遠能牟良君《ひおのむらぎみ》』は文化七年（一八一〇）正月に始まる日記である。真澄は谷地中《やちなか》の佐藤某の宿にあって「月たち」と記しているので、前年から長くそこに滞在していたことになる。序文に「菅江の真澄」と記し、菅江真澄がペンネームとして初めて使用された日記でもある。

文化七年一月七日、七日の粥というものがなく、この日はじめて雑煮を食べる。昨夜

八竜湖の氷上を渡る

幸神の祝い棒

より馬場目《ばばめ》の白山に、七日堂といって夜籠に行く人たちが出かけて行った。八日、万歳が歩く。九日、「山鳴らさぬ日」といい、若木を山に伐りに行く人はいない。十一日、米蔵を開いて祝い、女たちが神酒に酔い田唄をうたう。山祇《ヤマノカミ》の幣を藁でつくり、処女《ヲトメ》らが取り争う。十二日、餅飯間《モチアヒ》の塩を買うためしで、五城目の市に人が群れて行く。馬も人も八竜湖《カタ》（八郎潟）の氷を渡ってくる。十四日、神明宮に一夜籠って明けた。十五日、夕暮れ近く、田植えといって雪に稲茎を束ねてさす。また、梨・桃の園で斧をふり、としぎりをした。夜が更けると大臼、小臼、磨臼を伏せ、家の奴僕《ワカゼ》には馬の餅を与える。新穂積《ニホツム》といって皆寝たら、年男が火を埋めて寝る。十六日、暗いうちから童男《ワラシ》が鳥追い歌をうたって歩いている。きのう見た幸《サイ》の神の祝い棒は蝦夷の木幣《イナヲ》に変わりない。

一月十八日、今戸の浦より入り、八竜湖の凍《ヒ》の下の網曳《あび》きを見に行く。五城目の六たびの市の通路として、天王《てんのう》の浦より今戸浦まで氷《シガ》の上に道ができている。氷魚《ヒヲ》漁の

サデ網
（「比遠能牟良君」より，写本，秋田県立博物館蔵）

様子を図に描いた。八千仲（谷地中）に来た。二十三日、また氷魚の網曳きを見たいと思い、鯉河《こいかわ》（鯉川）の浦辺から奥《オキ》に入った。氷厚く、遠くに引網しているのが見えた。鳥海山から煙がのぼっていた。鳥海の岳は不二の面影があり、ここの眺めは諏訪湖に異ならないと思った。鯉川の村に出て、伴ってくれた人の知りあいの泉郎《アマ》の家に泊った。二十四日、一日市《ひといち》に来たが大河の渡りがならず、五十の目（五城目）の知りあいの番匠の長のもとに泊った。二十五日、谷地仲《（中）》に帰った。

伊勢参詣のしるし

鶏を嫌う神

『雄鹿《おが》の春風《はるかぜ》』は文化七年三月から四月にかけての日記である。三河国乙見なる菅江の麻須美と序文に記す。梅園をみたく思い、八千仲（谷地中・五城目町）の宿を出て、去年から訪ねて馴染みとなった小池村の斎藤某の家にあり、一日二日と過ぎた。三月二十日、斎藤の翁と脚摩乳の窟に詣でたあと、天瀬川を渡り、斎藤の縁の児玉某の家に泊った。二十一日、河尻の渡しを綱舟で渡り、鵜川の村に来た。ある家の庭に、にぎて（幣）を立て注連をめぐらし、四乳のわら沓に小石を置き、水で清めていた。宿のあるじが伊勢神宮に詣でているしるしであった。いにしへぶりを感じる。路傍に馬の白骨、頭を二十余りも積み重ね、「汝是畜生皈依発菩提心」「一仏成道観見法界草木国土悉皆成仏」の札をさしていた。足埼（芦崎）に至る。嫗御前は手摩乳の神で、湖面をへだて脚摩乳のいわやど（窟）に向かいあっている。鶏を嫌う神で、家鶏《カケ》を飼わない。この浦の家に泊る。

法然上人六百年祭

三月二十二日、芦崎を立ち能代に来た。伊東某井眠の翁が、ことし一月九日、六十六歳で亡くなっていた。四、五年親しくした友垣で、寂法慧然とある霊棚の法名を見るにしのびなかった。二十五日、西福寺で法然上人の六百年祭があり、流れ灌頂といって、亡霊の名を記した卒塔婆に火をかけ、水に投げ入れ流した。二十六日、能代を立ち、再び蘆（芦）崎に来た。四、五日過ごし、二十七日、足（芦）崎を馬で出て、谷地中《ヤチナカ》の浦（男鹿市）に着いた。体調が悪く加藤某のもとに泊った。二十八日、琴河《ことがわ》（琴川）の山里の花見に行き、夕方、谷地中に帰った。二十九日、風邪を引き、近辺の花見で日が経った。

真山・本山

四月七日、心地がよく、馬に乗り出発、真山の麓の真《シン》山の村に着く。摩訶般若堂、金剛童子堂、薬師堂、神楽殿、赤鬼《アカキ》堂などを見て、さらに行くと、赤神山の額を掲げる堂があった。十一面菩薩を秘め赤神山客人大権現という。漢武帝を祀っている本山に等しかった。赤神に仕える紅雀、未顕、逆面の鬼《カミ》が山に住むという。真山の奥の奥たる薬師の峰に至る。荒れた堂の中に石《イシ》仏の薬師が据えてあった。登ると本山の高峰で、丹髪《アカガミ》の嶽であった。

鹿の食害

石積みの囲いに薬師如来の堂があった。鹿が田畑のものを食べ尽くすので、秋には田ごとに縄網を張るが、女鹿は網目をくぐり稲を食べると、案内が憂えて語った。真山の村に帰り、関金七の家に着いた。老女が集り、薬師の前に夜籠りし念仏を唱えている。更けると歌い踊り、堂の板敷を夜中踏み鳴らしていた。

馬櫪神

四月九日も同じ山里にいた。疱瘡《モカサ》の最中で、門の外に疱瘡の神を祀っていた。馬柵《マヲリ》の柱に、怪しげな鳥居の画が家ごとに見えたが、二歳馬に鍼《はり》をさし、初めて馬の血をとったとき、馬のくすしが画いて馬櫪神に奉るという。十日、光飯《バウ》寺偏照院に行くと、空海、雪舟などの絵や、雨乞いにかぶる竜王の面、雨が止まないときかぶるあま《（雨）》あげの面など、寺宝をみせてくれた。この山里、浦々では、神が忌むとして家鶏《カケ》を飼わない。十一日、よき滝があると聞き、水口《みずぐち》村に来て善八の家に休み暮れた。十二日、あるじの翁の案内で、大平《オホタヒ》の広野、蟻塚長根を行き、真山より落ちる大滝を見る。水口村に帰った。

島の蝦夷

四月十四日、北の浦（北浦《きたうら》）のくすし林宗哲の住む松菊舎を訪ねた。十五日、日吉の社に行く。飛騨の工が墨縄を打ったと伝え、秋田実季が歌を書いたという三十六歌仙の画や、狩野探雪の画があった。また、天正元年二月、秋田染川村神主紀康法が書いた冊子は、金野小鹿介《ヲカノスケ》が真山の山の神を祀り、島の蝦夷等《エミシラ》を討ち滅ぼす物語であった。浦の寺社を巡り、松菊舎撫琴のもとに泊った。十六日、松菊舎のあるじに誘われ、古い碑《イシブミ》があると聞き出かけた。館には安陪兼季の柵の跡があった。北鶴田の碑、十文字野の碑を見る。後者には康永の年号があり、兼季の時世を偲んだ。

雨乞いの寝地蔵

四月十七日、松菊舎を出て、鹿子田を経て行くと梵字を刻む寝地蔵《ネチサウ》があり、雨乞いのときに立て田の泥《コヒチ》を塗るという。十八日、埜村（野村）の小林某のもとに行き、村君の細井、島宮などと語る。十九日、埜村の観音庵の了応師は、陸奥国本吉郡清水河の生まれで、松島の物語をした。二十二日、近くの温泉源《ユモト》（湯本）に出かけ、村長の平賀のもとに泊った。二十三日、太上神仙の祠に詣でた。観世音菩薩を秘め、大同の初め、坂上将軍田村麿《（麻呂）》が祀るという。二度の雷火で宝物を失ったと、別当の常楽院乙峯が憂えて語った。野山にある金帯花《ガザ》を採り、一年の糧とする。また、山の蝦夷百合を掘って、白根を餅とし、また米の粉と混ぜて蝦夷百合飯《エゾロメシ》にして食べるという。同じ宿に帰って浴す。

山の蝦夷百合

五月一日、再び北の浦に来た。松菊舎のあるじと磯山の藤を見る。岩谷某と語っていると、「岩谷孝子伝一巻」（寛政十一年春、明道館教授、武藤達撰）を見せてくれた。五月上旬、湯本より来て湯の尻の浦に一夜伏した。鹿が多く、田毎にやきしめ（焼標）をさし、暮れても貝を吹いて追うのに暇なしと聞く。

田植え後のさなぶり

同年の『雄鹿の春風』に続く日記は『小鹿《おが》の鈴風《すずかぜ》』である。文化七年五月半ば、北の浦を出て、鹿子田、野村を歩き、温泉尻《ユノシリ》に来た。この辺の家は板戸がなく萱戸で、鳴子をつけていた。平沢《ひらさわ》に来て石垣某のもとに泊った。田植えが終わった村は手遊び、さなぶりで五、六日休む。小豆飯・煮しめ、濁酒を持って寺に行き、亡霊に手向けてのち飲み、唄い、舞ってひねもす遊ぶ。植え田を鹿が食べるので、暮れると畔火といって藁、柴などを焼きしめのように焚く。中昔、近世の稲の品種名も聞き記す。

六月となり、本山《ほんざん》の神事、真山《しんざん》の祭りが近づいた。神主らが両山《フタツ》の獅子頭を回して歩くのに人が群れていた。去る七日は船腰（船越）、天王の浦の牛祭り、十四日は北の浦の山王祭、十五日は本山の逆柴祭、十六日は真山の花幣祀《ハナヌサ》だったが、真澄は風邪を引き神事《カンハザ》を見ることができなかった。日を経て心地がよくなり、北平沢を出て、畠崎《ハタケザキ》に来た（日にち不明）。髪の末を一ヶ所結っている男がいたが、鰒《アハビ》の潜りで髻が乱れないためであった。女は山畑を作り小田はない。北畠が古名で、言い伝えでは北畠玄慧法印はこの生まれという。岩の上に作るささやかな家に泊った。

六月二十三日、赤狭間《アカサマ》より、えぐり舟という丸木舟に乗り、水島に渡った。岸で女たちは、海索麺《ウナハ》、凝海藻《コルモ》（てんぐさ）を採り、男は潜って鰒《アハビ》、栄螺《サタヲカ》を採った。貝類を舟に取り入れ、波が来ないうちに漕ぎ出した。鹿《シシ》落しという高岩の岸があったが、鹿狩のときこの崎に鹿をかり集め、岩の上より海へ追い落とすのだという。同じ泉郎《あま》のあるじの家に着く。二十四日、畠崎を立ち、戸鹿《とが》（戸賀）の浦に来た。大船小舟の入る港で、くぐつがおり、薦被《コモカブリ》という。塩戸《シホド》の浦の泉郎の家に泊った。隣家の嫁が出産したが、産声《ウブコエ》を立てないので、産屋《うぶや》に入り鎌を火箸で打っていた。そうすると泣くという。

文化七年七月十三日からは『牡鹿《おが》の嶋風《しまかぜ》』となる。この日の朝から二十日まで洗い物をしないならわしであった。老女は、かながら仏といって、鉋で削った屑七枚に七ツの

タコバタを揚げる

仏の名を記して青葦の簾《すだれ》に並べ、色々の供え物をしていた。塩戸《しおど》の浦をえぐり舟に乗って出た。海士の子が舟に乗り、多巨婆太《タコバタ》といういかのぼり（凧）を揚げていた。加茂《かも》の浦に着いた。夕暮れになると、男女・童が蚊を恐れ、浜辺の砂の上に、裑袍《シンパウ》というあつく織った衣、あるいは胴褨綴《トウザツヅレ》という衣を被って寝ている。蝦夷の島人が木糸《アツシ》の衣で同様にして、浜に出て伏すのに似ている。十四日、小豆の蒸飯、魚や山ふゞき（ツワブキ）などの煮物を仏前に供え、しばらくして、蒸飯を濁醪《コザケ》（濁酒）にかえて、「しづかに召《マキ》れ」と女がいう。夕暮れからは、加茂と青沙《サ》（青砂《あおさ》）の女男が入交じり、地蔵堂の前で踊っていた。十五日、不動明王の滝を見に行き、月見をしながら帰り、青沙に宿を借りた。

七月十七日、賀茂（加茂）の誉市という宿から丸木舟を漕ぎ出した。白糸の滝は、人見多地美（但見）が『夏の木草』に歌を詠んだ所である。但見は蕉雨斎とも号し、『黒甜《こくてん》瑣語《さご》』の著者として知られた人である。大産橋、小産橋、紅雀が窟、蝙蝠《カハフリ》が窟《イハヤ》など巡った。御幣島《オンベイシマ》（帯島）では広海苔《ヒロノリ》を土毛としている。阿久呂王《あくろおう》が投石、鬼の取上石という怪しの物語もあった。門前《もんぜん》の浜に寄せ、本山日積寺永禅院に入った。寺宝の虫払いで開いていた薬師如来堂に、小法師の案内で入った。漢武帝の寿像《ミカタシロ》の画など種々の寺宝があった。ここに、先の『夏の木草』を引用し、箕山翁『雄鹿百首』、滄州翁『鹿の細道』

男鹿の地震体験

など男鹿に関する書をあげている。高野の弘法大師の堂、徐福の塚などを見て、門前の浦に下り一夜泊った。小児が泣くと、なまはぎが来たと言って脅かす。みちのくの「もつこ」は、蒙古国が襲ってきたのを恐れたことに始っている。日記はここで終わるが、そのあとに、『赤神山大権現縁起』（享保十一年、吉重書）の一巻を記す。

文化七年七月十八日からは『牡鹿《おが》の寒《さむ》かぜ』となる。序文には「菅江真澄」と署名している。門前の浦を馬で立った。椿の浦、増川の浦を経て、雄猪鼻《ヲヰノハナ》の崎（生鼻崎）で馬から下り、菅大臣の社に幣を捧げた。伊東某を訪ねて、七年前のむかし話をし、事なしと言って別れた。安藤某に中宿し、鮎川《あいかわ》（相川）に着き小林某のもとで日が経った。二十三日は真山の地蔵踊りで、老人、若女が打ち群れて詣で、踊るという。八月になり、倒季子《コギノコ》（つくばね）を採りに温泉《ユモト》山に至り、日を経た。十五日の月を磯辺にみようと出歩いた。

八月十七日、埜村（野村）に至ると地震《ナヘ》があった。十八日、今日も地震で、鮎川で聞くと日ごとに地震があり、箱井の寺の塔が壊れたという。二十五日、湧本《ワキモト》（脇本）の菅大臣の祠を詣でようと出た。夜からの空の様子、海の濁りなどから、巨涛《ツナミ》が来るだろうかと話し合いながら、島田に来た。知り合いが一、二日留まりさないというので泊った。夕方、烹粢《ニシトギ》（生米の粉を練って餅・団子状にし煮たもの）と、提《ひさげ》の濁酒に稲穂一房をひたした穂酒を神に供えていた。刈揚の餅といって、今年の米の餅を食べるためしであった。

八月二十六日、鬼節《オニブシ》（雷）が鳴る、いよいよ大涛《ツナミ》がくるだろう、津波が来たら山陰の里に避けようなどと話しながら暮れた。二十七日、あるじ目黒某と語っていると、午後二時過ぎに大地震があった。人々は外に逃げまどい「命こゝに死なん」有様であった。菌堆《コヤシツカ》の上に戸板など敷き仮館《カリヤ》を作った。二十八日、二十九日と地震が続く。人が来て語るのを聞くと、村はしの家はことごとく倒れ、傾き、身も損なったという。脇本、舟越などの家はみな倒壊し、とくに前郷と呼ぶ南の浦が強かったようだ。なかなかの世の騒ぎだった。宇佐美龍夫『新編日本被害地震総覧』によると、寒風山付近が山崩れ、全潰一〇〇三戸、死者五七人などの被害であった。妙見山（湯本）の温泉が止まった。田畠の仕事をよそに、仮の住まいに皆いた。奈良某が米の施しをした。寒風の麓に卒塔婆を建て、地震で死んだ者の亡霊祭があった。

地震死者の亡霊祭

十月初め、安善寺《あんぜんじ》（安全寺）村に行き、真壁某のもとを訪ね泊った。六日、三森《ミツモリ》（三ツ森）に至り、目黒某のもとに泊る。九日、北の浦、相川の浜で神魚《ハタハタ》の網曳きをしていた。二十五日、渋川《しびかわ》（鮪川）の滝の頭を見たあと、谷地中《ヤチナカ》の浦に出た。二十八日、この辺の人は地震を恐れ、岡獅子という小山に仮屋を作り避難した。麓の清宗山洞昌寺のあるじ俊山法樹を訪ねると、この寺も地震で壊れ、仮庵を作り住んでいた。六代の洞海本牛和尚についての話を聞く。

第六　地誌・随筆への情熱

一　新たな出会い

男鹿の正月行事

『牡鹿の寒かぜ』によると、菅江真澄は宮沢《みやざわ》の海士の家で、文化八年（一八一一）の元旦を迎えた。二日、神霊《ミタマ》の飯を取りおろし、仏前にこざけ（醴）を手向け、亡き霊を親神と呼んでいた。三日の夜、本山、真山の両寺であぶらもちのためしがあった。十一日は舟《フナ》霊祭《タマ》で、船具などをととのえ海の神に供えている。十五日も夕暮れ深くなると、丹塗りの仮面《ヲモテ》をつけ、肩蓑《ケラ》を着た生身剥（ナマハギ・ナマミハギ）がやって来た。二十日は灸《ヤイヒ》ぞめだった。真澄は、海士の家に滞在しながら、その正月行事をいつもながらよく観察している。二十四日、大雪が降り、湖面の氷潜網《シガクグリ》を曳きに行く人はいなかった。二月一日、きのう搗いた餅を神に供え、仏に手向け、牛王宝印や病除けの札を貼っていた。

『簷迺金棣棠《のきのやまぶき》』は文化八年三月半ば頃、神足《カナセ》（金足《かなあし》）の荘に向い、岩瀬《いわせ》村の小埜氏の家に滞在したところから始まる。十八日、観音菩薩をうぶすなの神としてまつる岩瀬の萱

茂木知利

草祭があった。二十四日の夕方、餅を搗き、これを枯れ葦の長串にさし、山吹とともに母屋などの軒に葺いていた。

四月初め、湧元（脇本）の浦に行き、神主伊東某の家に滞在した。三年前に語らった

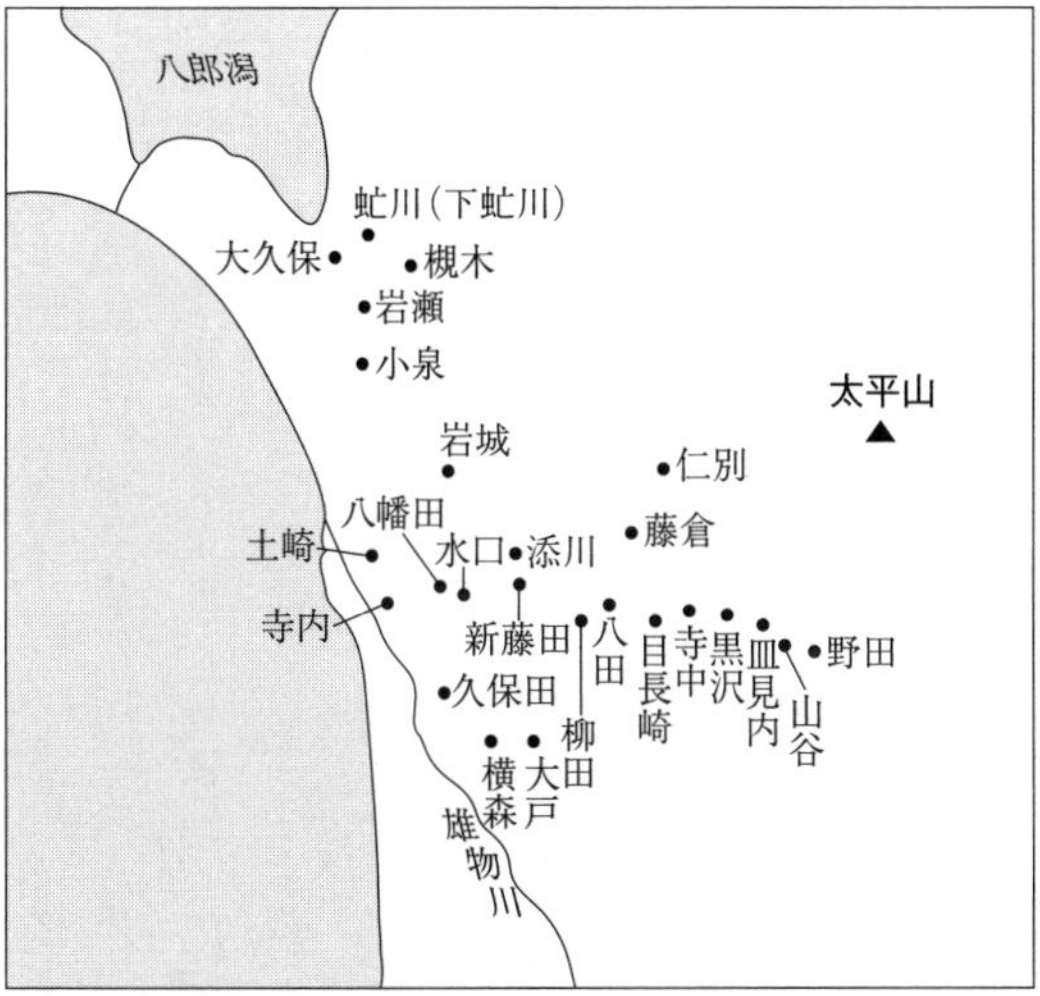

久保田周辺

桧山の白井某の翁が去年よりこの浦におり、再会を喜びあった。また、去年の春であったか、谷地中の宿で行き違いになった久保田の茂木《もてぎ》知利（巽）と思いがけず会うことができた。「としごろむつびし人と語るこゝち」がしたと、真澄の人生の変わり目となる出会いを表現している。知利は秋田藩士で、滝沢馬琴の『玄同放言』に秋田人茂木蕉窓として名前がみえる。

岩瀬に来て日を経た。この年は閏二月があったため、四月半ばに早苗を植えている。初田植には、田長が早乙女

那珂通博

に豊神酒《とよみき》を進め、行き交う人に泥《こひじ》の苗を打ちかけて祝う例は、どこも同じである。五月十二日、小泉《こいずみ》村の奈良某の家に茂木知利が来ていると文があったので、すぐに出かけた。行くと茂木をはじめ、那珂通博《なかみちひろ》、広瀬有利といった人たちが居並んでいた。久保田の秋田藩士とも新たな交際が始まる転機となった。那珂通博（一七四八〜一八一七）は秋田藩儒者で明道館の助教などを勤め、屋代弘賢《やしろひろかた》らの『諸国風俗問状』に回答を寄せた。真澄はこれに協力したかに推測されているが、真澄自身は何も書き残していない。この時は奈良氏のはらから（兄弟）の家に行って眺めを楽しみ、碧峯老人（通博）の漢詩に、和歌を詠んで応えた。語り更け、共に伏して、翌朝岩瀬の宿に戻った。

大同の旧家

　五月雨の晴れ間、大久保に出かける。久保田（応供寺）の湛然上人（前出）が円福寺に来ていると知り訪ねたが、急用で帰るといい挨拶もままならなかった。円福寺の祖碓という法師と、去年よりこの辺にいる常陸国久慈郡入四間《イリシケン》の渡辺藤右衛門を誘って野路に出た。田屋の泉荘助の家に休み、隠元の書をみる。大同のむかしに建てられたという沖村の沢井重助の旧家《フリシ》を訪ねた。家を壊して売り、一間《ひとま》だけ残り住んでいた。毎年二月九日の八幡の獅子頭の舞のさい、この家に中宿し、白粥に萱《かや》の折箸を奉るのが例であった。竜毛《りゅうげ》の竹内八兵衛の家にも大同元年に船橋《ふなばし》村の又兵衛の家より婿が来たなどと記す、家の過去牒があるという。槻木《つきのき》村の大宮山照明寺で寛明法印に面会し、円仁作の地蔵を

鷺舞

鹿島舟流し

示してくれた。帰り、本木《もとき》（元木）村の金工《かなだくみ》坂本の家に休んで、大久保の鎌田のもとに来て泊った。

五月二十一日、虻川《あぶかわ》の内外（神明）の神垣に詣でた。大きな斎槻三本があり、木の枝にはぎまきを掛けていたのは、病人のお礼参りであった。佐竹義隆のお成り場があり、義隆はこの神に祈って田づらの鷺を射ることができたことから三本の槻を自ら植えたという。別当福蔵坊が義隆の前で鷺舞をするなど、義隆と縁の深い神社であった。釈迦前は古石の釈迦牟尼仏を掘り出したところ、剣の宮は地主の神だったが今は知る人もいないなどと、むかしを慕う翁が古い物語に語ってくれた。

五月二十九日、鹿島舟流しの日で、大船を作り、船軍《ふないくさ》の様子に仕立てて流した。六月二日、「昆虫《むし》やらふ」（虫送り）の夏祭があった。四日、小泉の雌雄の沼を見て、新城の岩城《イハキ》に行く。むかし、桧山の安東実季に滅ぼされた岩城右衛門大夫康信が城主であった所である。麓の吉祥山福城寺（臨済宗）には、岩城半治郎某の念持仏という虚空蔵菩薩を秘めている。近くの瑞竜山雲性寺の長老は美濃国上有知《カウツチ》村から出た謙宗という人で、父母の近隣の国だったので懐かしく、その国の事など語り合った。帰途、竜宝山宝蔵院神王寺法印玉容やその子善随坊玉豊らが居並んで語っているのを聞くと、上祖《トホツオヤ》は源義経の家来鈴木重家なのだという。『簷迺金棣棠《のきのやまぶき》』の最後には、文化八年夏、荒河光弘の別《なり》宅《どころ》を訪ねたときの「五城の目森明庵の記」があり、須賀衣真澄と署名している。『簷迺金棣棠』の序文によると、この日記を書き継いだ『久保田《くぼた》のおしね』があるというが未発見である。真澄が久保田の城下に落ち着くようになった経緯など書かれていたのだろう。

勝手明神

続く『勝手能雄弓《かってのおゆみ》』は文化八年八月十日、太平山の麓にある黒沢《くろさわ》の勝手明神に詣でたときの紀行である。那珂通博に誘われ、今日が約束の日だった。江田純玉、広瀬有利という人たちと出かけた。野埼を過ぎ、手形山本念寺（浄土）には元力士で法師となった名山《メイザン》源太左衛門の石像があった。谷内佐渡《ヤナイサト》の村では、田面の刈り取りが近かった。通博が「やないざと」を歌に詠み込んだので、真澄もその折句歌を作った。柳田《やなぎだ》に至ると、西山といって秣《まぐさ》を刈る野山があったが、今は杉を植えていた。又の名を推古山といい、推古の陵をこの山に移したのだと伝えている。八田《はった》村に来ると、竜淵山松応禅寺があった。開山は松原寺《マツハラデラ》の二祖無等良雄和尚で、万里小路中納言藤原藤房卿のことという。

大江氏の旧跡

元町《モトマチ》（目長崎《めながさき》）に来た。舞鶴箇館《マヒツルカタテ》の旧跡は大江氏が頼朝に貰った城といい、六代広忠のとき、安東実季との戦に破れた。太平山元正寺、今は源正寺と変えているが、大江元正の建立で、聖観世音は大仏師定長（朝）の作という。嵯峨理右衛門利珍の家に中宿して休み、寺中堀内《ジチウホリノウチ》に行くと若宮八幡があった。運慶作の獅子頭を秘し、八月十五日の神楽の日にはこの村の柳田与衛門《（与右衛門）》、目長崎の嵯峨利衛門《（利右衛門）》（利珍に同じか）の二家から蒸飯、豊御酒を奉ずるという。二沢山正徳寺などを見ていくと、熊野山林清寺だった。そこには天明国師大空老大和尚という有髪の僧の木像《カタ》があるので髪長堂と、土地の人は呼んでいた。『勝手能雄弓』は目的地の勝手明神に着く前のところで欠けている未完成本である。ただし挿絵によって、その後の行程をおおよそ辿ることができる。勝手明神を詣でた後、皿見内《さらみない》に出て、台村の古柵、三内川《さんないがわ》、岩谷山の女人堂、岩谷山の窟、杉沢村の石塚長兵衛の庭、鵜養（鵜飼）村、ふなさくの滝、柳館《やなぎだて》村、二ツ屋《ふたつや》村などを歩んで久保田に帰ってきた。この『勝手能雄弓』は歩く時間軸にしたがって叙述されている点で日記・紀行の枠内にあるが、一日の行程のなかに地域の故事来歴をはめ込み、風景を挿絵に描き、地誌的色彩の濃い紀行となっている。それまでも時に一日の行程を子細に書くことはあったが、以後、真澄はこのようなスタイルを意識的に追求していく。

随筆への取組み

文化八年秋には、真澄の代表作品の一つとなる随筆『布伝能麻迩万珥《ふでのまにまに》』（『筆のまにまに』）が起筆された。序文には「菅江のますみ」の名で、「此ふみは見し事聞きし事どもを筆にまかせて書やりつれば、こをふでのまに／＼と名づけ」たと、題名の意図を説明している。一巻の書き出しには「椎屋　筆随意《フテノマニ〈》一ノ巻　菅江真澄誌」とあり、真澄は

椎屋

久保田の住居を椎屋《しいのや》（椎ノ屋）と称していた。日記（紀行）から随筆・地誌へ志向が変わり

はじめたことを示している。

文化九年秋の『月迺遠呂智泥《つきのおろちね》』によると、この年の春以来、土崎のあたりを訪ね歩き、寺内山の旧跡を辿った『水の面影《みずのおもかげ》』、土崎の湊の古今の物語を記した『麻裳《をもの》の浦風』、そして『千枝の桜』という春の日記を書いた。このうち『水ノ面影』上巻のみが現存している。これは、寺内《てらうち》、高清水《たかしみず》の岡という狭い範囲を対象にしたもので、文化九年二月初め、この里に住む鎌田正家《マサヤカ》、梅花湯《ウメノハナユ》を売る屋《ヤド》のあるじ、童などを誘って、寺内の根笹山の坂の上にある堂場《ダウニハ》を出立したところから始まる。歩いた道筋にしたがって土地の沿革・事跡などを記し文献考証を加えていくというものである。日が暮れて近くまた訪ね巡る約束をして、寺内に帰りひとまず終わった。そして、三月初め、鎌田正安（正家の父）のもとを出て、正家とともに同様に歩いて見聞した。スタイルとしては『勝手能雄弓』を踏襲し、日記・紀行体をベースに新しい叙述形式を模索している様子が窺われる。

鎌田正家《かまたまさやか》（直記、一七七三〜一八四一）は寺内の古四王神社の末社田村社の神官で、国学を学び、真澄の終世の知己となり、真澄を自家の墓の近くに葬った人である。また、真澄は文化九年春、梅の花湯（梅の香）を飲むと効能があるという『梅の花湯の記』を書いているが、先のあるじの求めで作文したのであろう。

『月迺遠呂智泥』が起筆された文化九年七月十三日、土崎の岩谷《イハヤ》貞雅《サダノリ》が久保田からの

太平山の月見

帰り、寺内にいる真澄を訪ねた。那珂《ナカ》通博《ミチヒロ》が来る十七日に太平山《ヲロチノタケ》へ登り、一夜居《ヰ》待の月見をする、十六日昼に出立の予定なので参加してほしいとの言づてであった。十四日、通博から文が着て、目長崎で落ちあうことになった。

副川の神

七月十六日、土崎より貞雅が来て、正家とともに旅装いし寺内を出立した。郊埜《カウヤ》（高野）、萱岡《カヤヲカ》辺の稲田は五月《サツキ》末より雨が降らず、夜昼水争いでなかなかの騒ぎであった。八幡田《ハチマムデム》の村長《ムラギミ》三浦某の家で休んだ。山崎《やまさき》村を経て水口《ミノクチ》村に来た。白幡八幡宮の祭は今日で、石階《ミハシ》を登ると相撲が行われていた。白坂山の南麓に天徳寺があり、御霊社《ミタマヤ》参りの人々で群れていた。添川《そえがわ》村に来ると古社杉生《スギノフ》の神があり、これが『延喜式』にある副川の神であろうか。神主の古川《コカ》若狭正家直の家で湯漬けを食い、中宿して出た。やがて目長崎になり、去年訪ねた嵯峨勝珍《ハツハル》の家に着いた。しかし約束した那珂通博は来ない。翌十七日も雨が降り久保田から誰も来なかった。夕暮れから晴れ、盆踊りがあった。白歯、黒歯に、赤い顔の男が混じっているのか、男女の歌声が聞えた。

淀川盛品

七月十八日、雨があがり、夕方頃那珂通博をはじめ、淀川盛品《モリタヾ》（東市、一七六〇～一八一八）、樋口忠一《タヾカツ》（音蔵）などという人が誘われてきた。盛品も秋田藩士で、通博とともに『諸国風俗問状』の回答をまとめ、また『秋田風土記』を著した人である。十九日、目長崎を七、八人で立った。去年一夜泊った山谷《ヤマヤ》村の邑長《ムラキミ》を訪ねた。野田《ノダ》村を経て、御嶽詣《みたけもう》での

ほうたき棒

人が来て泊る東光庵で休んでいると、嵯峨勝珍より飯を炊いて持ってきてくれた。庵の前に塚があり、春に童が死んださい埋めた場所に「ほうたき棒」という粥杖のようものを立てていた。これは蝦夷《エミシ》の木幣《イナヲ》に異ならず、蝦夷龍霊《ヌシヤカムヰ》を祭る墓に等しいと思う。中平《ナカタヒ》に鳥居があり、太平山の額は雪花斎国豊の手だった。

女人堂

大蛇山

　蔵王権現の舞台石は大きな蛇《ヲロチ》がいたところで、松原寺の眠堂和尚が経を読み退散させたという。青金《ナマリ》を掘った坑場《シキ》跡があった。寺内《テラウチ》が渓《サワ》の由来があった。寺内村の平助は、その母が太平山《オホダヒラヤマ》の三吉《サンキチ》（山鬼神）の妻になったというので探しに行き、沢に落ちて死んだ。母は実は羽黒山《ハクロヤマ》の参詣に出ており、その後帰ってきたという。女人堂に来た。新城の黒川《くろかわ》村の鉄玄法師が女人堂を作り、鉄玄にしたがった山谷村の新兵衛（一入）が後を継いだが、今は荒れてしまった。宝蔵が嶽の峰に辿り着くと、小さな堂が並んでいた。麓よりの西国巡り三十三番の止めだった。日も暗くなり弟子帰りの嶺を伝った。大峰にかろうじて登り、堂に幣を捧げた。別当の僧北雲は食《クヒモノ》を断ち七日《ナヌカ》の物忌みをしていた。太平山大権現、あるいは大蛇山《ヲロチヤマ》ともいい、大同の年に神が鎮座したと伝える。狭い堂に七、八人、また案内人まで入り込み、寝付けなかった。外に出てみると、月がほのかに照り、金《かね》の御嶽《みたけ》（奈良県、金峰山《きんぷせん》）にも似ていた。

　七月二十日、通博は堂の戸に句詩《クシ》を書き、正家は堂の柱に歌を書きつけた。四方八方

の眺望を記す。山の植物を見ながら、「採薬一身香」と声に出して歩いた。山の神沢を

大山祇社の逆樹

分け入ると、大山祇の社があり、鳥居ごとに木の枝の鉤を掛け、社の傍らには逆樹といって黒木三尺ばかりがたくさん立てられていた。蝦夷の木幣《イナヲ》のようであった。川原村と元町（目長崎）の村境に出、大道《オホミチ》になると盆踊りから帰る若い男女らの一群に出会った。嵯峨の家に着き、寒食《カンソク》の行いも終ったなどと談笑しあった。

　七月二十一日、夕方近く目長崎を出た。柳田の村長鎌田藤右衛門の家で雨やどりし、那珂通博らとはここで別れた。真澄、正家、貞雅の三人はこの家に泊めてもらい、翌朝出立した。貫束山《ヌカヅカヤマ》、手形山、天楯山《アマダテ》に登ったところで後欠となる。

臨写粉本

　真澄は大蛇山《おろちね》（太平山）を表題にした『雪能袁呂智泥《ゆきのおろちね》』という「臨写粉本」を残している。其一の荒屋敷村の図に十月二十七日の日付がある。『月迺遠呂智泥』に続くとすると、文化九年の冬と考えてよいか。おそらく荒屋敷村をその日に出発し、大蛇峯《（丘）》、鬼踰山、中埜目、天楯山、蔵王台、鍋倉山、石峯、雌雄滝、愛染山、銭形阪、笹岡山を巡りながら、風景を写生して歩いたと推察される。

高階貞房

大友直枝

　文化八、九年の現在確認されている真澄の日記（紀行）には名前が出てこないが、秋田藩士高階貞房《たかしなさだふさ》（平吉・広主・菅園、一七四四～一八四七）や久保田町人の鳥屋長秋《とやのながき》（卯助、？～一八四二）もこの頃出会った人であった。二人は鎌田正家や大友直枝（吉言《よしとき》、八沢木村波宇志別神社神官、一

七六五〜一八二九）らとともに国学の同士となった。貞房は十六歳で大小姓になった人で、藩主佐竹義和《さたけよしまさ》の側近であった。「菅江翁の絵の写し」という『鈴の図』（仮題）があるが、これは広主（貞房）が文化八年七月のおわり頃に写したものである。鈴の図の一つに「御納戸にありて真澄に拝見被仰付候」との書き入れがあるので、久保田に来た真澄が久保田城の納戸にある鈴を特別に見せてもらったのであろう。六、七月といえば、未発見本の『久保田のおしね』執筆の時期に該当する。それが残されていたならば、真澄が貞房を介して藩主義和に対面したかどうか、はっきりしたに違いない。

貞房の真澄評

貞房は大友直枝に宛てた七月三日付（文化八年）の書簡で、参河人[三]菅江真澄は寺内村の鎌田子に止宿しており折々面会している、「学問はさのみの者」ではないが、諸国を経歴し、色々の雑事はよく覚えており話が皆面白い、と評していた。さらに、その書簡には、藩主の「内々御沙汰」によって、真澄が仙北筋を実地にめぐり書き著すことになったので、直枝の在所（平鹿郡八沢木村）にも行くことであろう、と記してあった（渡辺前掲書）。著述のため秋田領内の巡遊を藩主から許されたことになる。

佐竹義和の内々御沙汰

真澄が貞房に宛てた書簡は数通残っている。そのなかに、文化九年と思われる十二月四日付の馬喰街《ばくろうまち》白井真澄から「大堰端御館」高階貞房宛に出された手紙がある。「作物」を思うように書けず、困っている様子であった。『勝手能雄弓』について「是はあまりよろしからず」といい、書き直したいが料紙がなく、少しばかり「尊覧」に呈する、また『月迺遠呂智泥』も山崎大野氏方でねぶや（根布谷）与右衛門に写させ「館公」に献ずる、と書いていた。最大級の敬い方は貞房を通して藩主佐竹義和に献呈もしくは閲覧されることを意識してのことであろう。新たな叙述形式を生み出すための苦しみが伝わり、『勝手能雄弓』が未完成に終わったのもそのあたりに理由がありそうだ。真澄は後年、文化期頃に『百臼図《モ、スガタ》』を奉ったとしているが（『笹ノ屋日記』）、藩主に献上したのはこの頃のことであったか。

鳥屋長秋

また、真澄は貞房宛書簡で、弘前藩で親交を結んだ津軽画工溝城茂幹《ミゾキシゲル》を「よき人物」と紹介したり（九月二十三日付）、このほど「山林経回」して帰り、鳥屋長秋らと出会いの席でいつも貞房のことを床しく噂しているなどと書いていた（九月二十三日付の別の書簡）。文化八年あるいは九年か決めがたい。長秋は秋田藩の飛脚方御用を勤めがら、国学を学んだ人で、終生かけがえのない知己となった。『ひなの一ふし』が貞房の手元に蔵されたのも真澄との親交を示すものである。

二　地誌三部作の構想

文化十年（一八一三）春に書かれた『花の出羽路の目《ナ》』（仮題）に、『勝手の雄弓』『月のをろちね』『あさ日川』『水のおもかげ』『をもの浦風』の五つの書名が挙げられている。『あさ日川』は御膳川《おものがわ》の水門を起点にこの川筋のことを述べたものという。その一部が『筆のまにまに』五巻に「あさひ川」として収められている。書かれたのは「余《オノ》れ去年《コソ》の秋、大蛇峯《ヲロチヤマ》にのぼりたりしとき」とあるので、文化十年とみてよい。

仁別に入る

それによると、月日はないが、二十日であろうか、真澄は藤倉《ふじくら》の山路を経て仁別《にべつ》に入り、知りあいの大嶋多治兵衛（正家）の家に泊った。翌朝（二十一日）、あるじ正家に案内されて向村の長滝を見に行く。帰りに大嶋新左衛門、佐藤作右衛門の旧家に寄って由緒を聞き、この日も同じ家に泊った。翌二十二日、保長《ムラキミ》佐藤某の案内で波多《ハタ》の沢にある鬼が窟《イハヤ》に向ったが、雪が深く、また日に緩んでぬかり、辿りつけなかった。わずか三日間の記述である。真澄が高階貞房に宛てた三月尽（末）の日付の書簡に、仁別の山奥まで一見したが残雪で心にまかせない、今は藤倉の旧跡を探し歩いている、近々日記を尊覧に呈したい、などと書かれているので、三月の探訪であろう。

地誌の全体構想

『花の出羽路の目』は、「三河の国乙見《オトミ》の里人菅江の真澄」が秋田藩全域（出羽六郡）に及ぶ地誌の全体構想を述べ、かつ『花の伊伝波路』の起筆とすべく書かれた。真澄は、出羽六郡の地誌を『花の出羽路』秋田《あきた》・山本《やまもと》二郡、『月の伊伝波遅』河辺《かわべ》・仙北《せんぼく》二郡、『雪のいてはぢ』雄勝《おがち》・平鹿《ひらか》二郡の三部構成とし、それぞれの地域の特徴を雪月花になぞらえて編集しようという計画であった。その最初となる『花の伊伝波路』は、序にあたる冒頭（文化十年春）で出羽の国・郡について概説し、そのあとに出羽六郡に関する文献を紹介し、具体的な記述に入るものの、新道田《しんとうだ》（新藤田）村、藤倉村の二村にとどまっている。藤倉村は貞房宛書簡に調査中とあった村である。

この藤倉村の記述は、「一王子の橋とてまた旭川を渡りて岡にのほれば」などとあるように、探訪の行程に沿って書かれ、『勝手能雄弓』などと同様、日記・紀行のスタイルの枠の中にある。最晩年の『雪の出羽路平鹿郡』などの地誌とは明らかに異なる。

紀行体地誌

藤倉村のことは『花のいではぢ　松藤日記』のなかにも出てくる。この日記自体は、真澄が鳥屋長秋『養老田ノ記』に書き添えた「おゆのわかゆ田」（文政五年）のことを記しているので、後年の完成になるが、その前半の松原村・藤倉村と後半の田中村・搦《から》田《みでん》村などとでは記載形式が違い、少なくとも前半部分は紀行体であることから文化十年に書かれた草稿を利用したと考えてよい。文化十年から十二年にかけて書かれた紀行体地誌はややを間をおいて文政六・七年頃になって再び利用・編集されたのであった。

雄勝郡調査

文化十一年（一八一四）五月一日、久保田を立って雄勝郡に行き、翌十二年三月帰ってきた。これは江戸詰中の高階平吉（貞房）に宛てた四月十日付（文化十二年）真澄書簡から知られるが、『増補雪の出羽路　雄勝郡二』（『秋田叢書』編纂本）冒頭の雄勝郡の箇所に文化十一年夏五月の日付が記されていることと合致し、『雪の出羽路』を編むための旅であった。前年からの『花の出羽路』秋田郡などの調査をひとまず終え、つぎは雄勝郡と定めての行動であった。右の平吉宛書簡によると、五月四日は雄勝郡松岡山の白山蔵王権現の忌夜にあたり、群集が夜籠りしたが、真澄も行き例年の狐火を一見した。六月は三十日ほど杉宮で避暑し、あれこれ認物をし、晩秋には駒ケ嶽に登り駒形根神社へ参詣した。温泉神の旧地や広鉾山も訪ねた。杉宮の宝物は図にして貴覧に呈したいとも書いていた。

山の神の手向け

この雄勝郡の行程の一部は『駒形日記《こまがたにっき》』『高松日記《たかまつにっき》』および『増補雪の出羽路』などによって判明する。『駒形日記』は、文化十一年八月十九日、檜山（檜山台）の高橋のもとを出立し、朴ノ木台の萱原、赤滝明神などを歩いたときのもので、後欠となっている。朽木・木の根などに木の小枝を折って挿す、山の神の手向け（山の神の花立ともいう）の記述がある。この旅で真澄が詠んだ歌を記す『駒形山歌集』（『菅江真澄没後百七十年記念遺墨資料展』、以下『遺墨』と略記）には「駒形山日記」の書名がみえる。

川原毛の温泉

『高松日記』の文化十一年九月五日、真澄は川向《かわむかい》荘板戸《いたど》の曽我吉右衛門七十歳の案内で出立した。山路を高松荘へ越え麓の村の坊沢《ぼうのさわ》に出て、三津川《さんつかわ》（三途川）村の某家で休んだ。女たちが蕁麻《あい》（山藍）の皮を剥ぎ糸を取っていた。川原毛《からげ》の温泉に着くと、湯の滝では螻蓑《けらみの》・編笠すがたの病人が滝に身を打たせている。温泉にはもう寒くなって人がおらず、萱葺きの小屋を壊していた。地獄巡りをしてから、石硫黄を製する長の家に泊った。六日には三津川（三途川）村から来た高橋甚太郎が硫黄を採掘する山の内を案内してくれた。笹森山の麓で高橋と別れ、苗代沢に入った。泥湯山の麓の温泉も浴人《ゆあみと》は去り、小屋《やど》を壊し骨組みだけとなっていた。上新田の藤原藤八に宿を借りた。七日は疲れて足の痛みから休み、翌八日ここを立ち、板戸村の三浦氏のもとに着いた。

『増補雪の出羽路』によると、杉宮《すぎのみや》に初めて詣でたのは文化十一年五月十七日のことで、右の高階平吉宛書簡の記述と齟齬しない。文化十二年の正月は柳田《やなぎだ》で迎え、正月三日に杉宮の削花の神事を見ている。この他にも、同書に文化十一年の記載を数ヶ所見出すことができる。『雪の出羽路雄勝郡』は後年になって書き改められたが、この文化十一年・十二年の雄勝行のさいの草稿が基礎になっていたのは明らかである。

菅生村佐藤太治兵衛

真澄が十月二十日付の雄勝郡菅生《スガフ》村佐藤太治兵衛に宛てた書簡がある。内容から文化

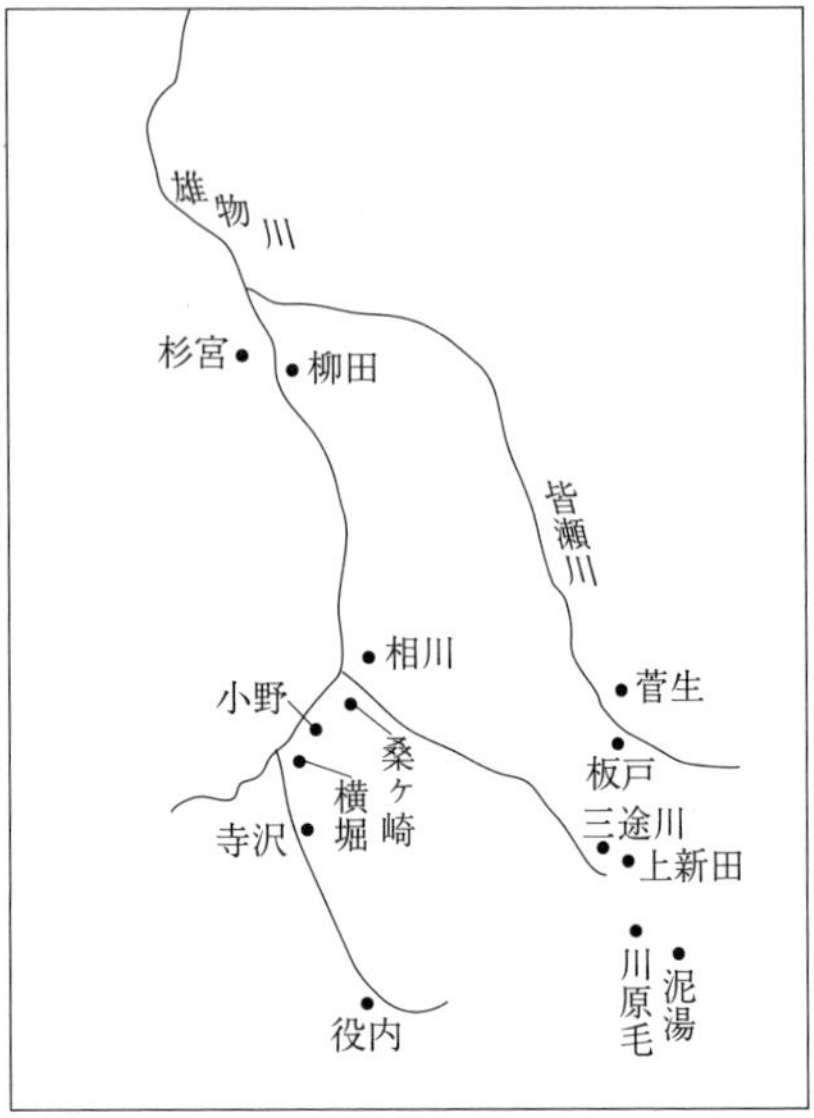

雄　勝

十一年と察せられるが、学館（明徳館）からの御用状を真澄に届けてくれたことへの礼状である。佐藤家に長々滞在して情志を受けたことにも感謝の意を述べ、六七日以前、相川《あいかわ》を出歩き、桑ケ崎《くわがさき》、小野、横堀《よこぼり》、寺沢、中村、役内《やくない》など経回し、役内温泉村に無事に止宿していることを伝えながら、御用状の内容にも触れ次のように記していた。

真澄日記の学館呈出

真澄が認めた日記を「上様」（藩主義和）が逐一御覧になりたいというので、久保田の宿許に置いてある日記の内、『秋田の刈寝』『ひろめかり』『率土《ソト》が浜風』『奥の手ぶり』『けふのせば布』『牧の朝露』『小野ノ寒泉《シミヅ》』『凡国異器』『わがこゝろ』『牧の冬がれ』『蝦夷喧辞《エミシノサヘギ》』など都合二十六冊を学館（明徳館）へ差出し尊覧に呈することになった。残りもまた差上げるようにとの叮嚀な仰せであったので、これより急々久保田に行く。そして興奮気味に、「当館様」(藩主)の御覧か、あるいはまた「京都近衛様」などの申し入れで「公方様」(天皇)の「御上覧」に供されるのだろうか、「下賤之身」にとって大悦身にあまることだと、太治兵衛にうれしい心境を吐露していた。

このため久保田に一度戻ったかと思われるが、十二月五日には久々に太治兵衛に会い、刀の鑑定に立会っており(翌六日付真澄書簡)、再び雄勝郡に戻り調査を続行したことになる。

右の作品とは別に『勝地臨毫』という景観・眺望を描いた十二冊本がある。七冊が雄勝郡、四冊が秋田郡、一冊が河辺郡となっている。雄勝郡は『雪の出羽路』を編述するための調査のさいに描いた図で、真澄が貞房に宝物の図を見せたいとしていた小勝(雄勝)郡三の杉ノ宮を除けばほとんど風景図で、「勝地」と称したゆえんである。秋田郡・河辺郡は雄勝郡の調査に出る前の、『花の出羽路』に取り組んでいた時期に描かれたものと思われる。ただ、文化九年冬と推測される『雪能袁呂智泥《ゆきのおろちね》』の図(粉本)が「秋田郡二」に数点取り入れられており、それも利用していたことになる。各冊に描かれた場所から、文化九年冬から文化十一年春まで真澄がどこを歩いていたのか、およそわかるが省略する。

前出の文化十二年四月十日付の高階平吉(貞房)宛書簡によると、真澄は同年三月久保田に帰ってきたあと随分平安に暮しており、大友対馬《つしま》先生（直枝のこと、文化九年社家大頭役任命、同十一年十月対馬と改名）や岩堀氏が来臨し、鎌田翁（正家の父正安）も来て、藩主に随従して五月帰国予定の貞房の噂をしている。また、鳥屋長秋は城下の五丁目横町《ごちょうめよこまち》河端、山本（能登屋）の隣家に「あら《（荒）》物店」を出し、内室も迎え、やがて薬肆に変化するつもり、などと国学の同士たちの近況を書いていた。

『花のしぬのめ』という、年不記載の日記がある。三月半ばも過ぎるころ、道案内の童一人を連れ、十日ばかり滞在した山本某《ウヂ》の家《ヤド》を出て、五丁目橋より旭川《あさひかわ》を渡り、上《ウハ》根子屋《ネゴヤ》町の明徳館、広小路《ひろこうじ》、山の手の千本《チモト》の吉野桜（吉野山）、北ノ磨《（丸）》の花の朝市、通町《とおりまち》などを見物して、能登家《ヤ》（山本某）に戻って来た一日の紀行であった。右の平吉宛書簡と時期が合うようなので、『花のしぬのめ』は文化十二年と見てよいだろう。

佐竹義和の急逝

名君の誉れ高かった藩主佐竹義和（一七七五～一八一五）は、文化十二年五月二十七日久保田に着城したが、七月八日城内で急逝した。義和の死は真澄にとって大きな衝撃で、「大殿かくれさせ給ふよし聞えたまへハ　朝夕に君かめ《（恵）》くみし民艸のつゆ《（露）》はなみ《（涙）》たと袖にこほる、　真澄」（『遺墨』）と、仁恵深き君の死を悲嘆して詠んだ歌の短冊が残されている。

多可茂助の回想

その頃の真澄の消息を伝えるものとして、多可茂助『覚書』が知られている。老人になってからの回想であるが、十三、四歳の頃、岩野（上野）の人参畑に「常かぶり」と俗に呼ばれている、医者なのか「マシミ」という名の人がいた（内田ハチ「多可茂助の『覚書』による真澄の学問の源流」『菅江真澄と秋田』）。頭に大疵があるので大暑でも被りをとらないとの噂であった。天樹院（義和）から「御領内之内、名所ら敷《しき》所を見立、又は田舎名目にて、いやしき名立等もあらば、能名《よきな》に改名」するようにとの仰せを蒙り、回在見分していたが、天樹院の死により途中で絶えたようだと記していた。そして真澄は、下屋敷梅津家中の伊藤官兵衛の家にいて「老病」にあったというのである。

頭巾を被る真澄

人参畑、病気のことなど真澄の動静が窺われる。秋田時代の真澄は常に黒い頭巾を被っており、人びとを不思議がらせ何かと噂されたが、真澄自身は何も語らなかった。詮索を重ねても真相はわからない。真澄の『勝地臨毫』はたしかに義和の名所見立の要望に応えるような仕事であった。どれだけ正確な記憶かは別として、雪月花三部作をめざした真澄の回村調査が義和の死をきっかけに中止され、『雪の出羽路雄勝郡』も草稿のまま放置されてしまったことを推測させる証言である。また、前述のように藩主御覧のため日記類が差し出されていたとすれば、それも真澄に返却されただろう。藩の公式の調査とは言い難いものであったが、高階貞房らの執り成しによって、真澄は少なくとも義和の意向に沿うかたちで、あるいは義和の庇護を受けているという意識を持って、雪月花三部作を編纂しようとしていたのだと思われる。真澄が再び地誌の編纂に情熱を燃

地誌調査の中断

やすのは数年後のことだった。

女性歌人との歌会

それ以降の消息はまばらになるが、文化十三年（一八一六）に真澄が詠んだ和歌が『かぜのおちば』六に収められている。その中に同年春の歌会に参加した人たちの歌が記され、久保田一丁目大野氏市女、みなと（土崎湊）の間杉氏辰明《トシアキ》、同船木氏都奈女、同松井氏鶴女、同すすきとのあきの姪麻佐女、同山田氏百女の名があり、女性に囲まれた歌の会であった。最初の市女の歌題は「浦立春」であったから場所は土崎であろうか。老女《オヨナ》の市女のことは『花のしぬのめ』（文化十二年）に出てくるが、久保田・土崎辺の女性歌人の中心的な人だったのだろう。この集りのほかに、真澄が詠んだ歌で場所が明記されているのは、本誓寺、西勝寺（十一月十七日）、大山氏（十二月七日）である。

文化十三年のできごととしては、九月二十一日、紀伊国名草郡加太浦の淡嶋大明神加大ノ社の社家である坂本左膳直房、はいかい（俳諧）の名を吉彦という人が、真澄の久保田の旅《ヤ》館《ド》を訪ねて来て、ひねもす語りあうことがあった（『筆のまにまに』四巻）。また、文化十三年冬、『万葉集』巻の第九にある歌を書にしてもいる（『全集』十二、断簡）。地誌三部作のことはすっかり熱意が醒めたかのような真澄の様子であった。

本誓寺是観

文化十四年丁丑二十日、新々館で公教、是観、真澄の三人が「当座通題」二五のテーマを詠みあい、それを記録したのが『道の夏くさ』である。「五十雨」を詠んだ歌が多く五月であったろう。新々館は久保田寺町の浄土真宗本誓寺《ほんせいじ》十三世住職の是観（如是《にょぜ》観《かん》、?～一八三二）の号で、三省館ともいった。公教は同じく浄土真宗の西勝寺《さいしょうじ》の住職で、二人とも歌僧として知られていた人である。前年以来、真澄は是観、公教との交際を深めていたことになり、是観とは『華《ふで》の山口《やまぐち》』（文政五年）によれば、二十年来の親交であったという。再び地誌編纂に没頭するようになるまでは、是観らとの歌会が真澄の主要な日々となっていた。和歌が真澄の精神の支えであった。

埋没家屋の出現

同年六月、洪水で米代川が氾濫し、秋田郡北比内の小勝田《おがた》（小ヶ田）村の高岸が崩れ、埋没家屋が出現した。真澄はいつか不明だが現地に行き、出土品（木鍬、木履、機織具、櫛《ク》梳《シ》、苧笥《ヲケ》、槌など）を写生した。その図を収める『埋没家屋』（仮題）は、他所出土の甕の図を加えて、真崎勇助が「菅江真澄翁画」として一冊にまとめたものである。これらの出土の事情については、『さくらがり』（文政七年）の「小袴ざくら」や『筆のまにま』七巻に記されている。『支干《しかん》六十字六方柱ノ考《こと》』も文化十四年の出土品についての真澄の考察である。文化十四年の埋没家屋の出現は評判を呼び、大館の黒沢（二階堂）道形の『秋田千年瓦』に詳しい。平田篤胤は『皇国制度考』に岡見順平の見聞として「六方柱の図」を掲載している。

平田篤胤

年不詳の『をか《（が）》たのつと』の断簡（「椎ノ屋」と柱にある用紙）が残っている。山崩れで出

尾張出身の盲法師即成

山が崩れ出土

土した物を見学に行くと書いており、これが埋没家屋のことをさしているとすれば、文化十四年となり、書名もふさわしい。この日記によると真澄の行動はおよそ以下の通りである。八月あるいは九月であろうか、十五日に「やどの翁」（鎌田正家の父正安）と月見・紅葉折に出かけ、山家井《ヤマガヰ》、高清水の岡を経て、根笹山西来院の前に庵を構える盲法師即成を訪ね帰ってきた。即成はこの日以前のことであるが、真澄が故郷を問うたところ、尾張国智多郡長尾の紫雲山皆満寺の僧侶で、熱田神宮の神官粟田知近と親しかったと答えた人である（前述）。十六日、正安翁は急用で久保田に行き、正家と今日も語っていると、笹原寺（本誓寺）の是観が土崎からの帰途、十六夜の月を待って語ろうと立寄った。十七日、久しく会っていなかった土崎湊の岩谷宗章《ムネブミ》に昨日、歌を贈ったが、今日、早く訪ねてくるようにとの返事であった。

ここで断簡は途切れるが、『椎の葉』（文政七年編むか）にはそれに続く箇所が綴じられている。十七日鎌田正家と別れてから、法興寺《ほうこうじ》の松原に宗章が住む松箏亭を訪ね、そして法興寺に入り泊った。四、五年前、この寺に滞在したことを回想している。二十五日、岩谷宗賀の家を出立したが、数日前から宗賀のもとにあり、宗章、辰明《ときあきら》、千代女といった人たちと秋の月や虫の音を楽しんだ。そして真澄は古き所々を見さぐり、このたび山が崩れて「調度」などが出たあたりに赴くのだと記していた。『をかたのつと』の書名は『新《しん》古《こ》祝《いわい》甕《べ》品《ひん》類《るい》之《の》図《かた》』（後述）の秋田郡大久保駅鎌田善兵衛家蔵の甕の図の説明文中に出てくる。なお、『をかたのつと』を文化十年とする内田武志の見解もある。

古碑への関心

真澄は後述の『月の出羽路仙北郡』九巻に、秋田郡五十目郷古河町地蔵の後《ソビラ》にある承和五年碑や谷地中村近くの貞観の石仏《イシボトケ》を出羽六郡の古碑の例としてあげ、埋もれたり摩滅した石碑の類を図《カタ》にかいた『世々のふる塚』という一巻があったが、「人のためにうせたり」と記している。『椎の葉』にも『世々のふるつか』の雄勝郡の三つの塚についての文章を収める。文化六年頃から五城目付近や男鹿の古碑に関心を持っていたが、それ以来書きためてきたものをまとめて『世々のふる塚』としたのであろう。成立年は不詳だが、真澄の考古学的な関心とふれあうものとして紹介しておく。

手製の油薬

文政元年から翌年にかけての真澄の行動は秋田領内を旅していたようであるが、確実なところよくわからない。ただ、大友直枝の身には大きな変化が生じていた。直枝は文化十一年十月に名に障りがあり対馬と改め、文政元年十二月長年の眼病により社家大頭役を辞し、翌二年二月には家督を譲って閑居し、直枝に復号した（渡辺綱次郎『近世秋田の学問と文化―和学篇―』）。真澄が大友対馬宛四月十六日付書簡に、眼病の様子を尋ね、手製の油薬（洗い薬）のことを記していたのは、その間のことである。直枝は文政五年、眼の治療と眼科医術の免許を得るために江戸に登っている。

『乙随筆』は真澄自筆の雑纂であると判明したが（松山修「翻刻『乙随筆』」『真澄研究』七）、なかほどに文政三年庚辰正月の記載がある。続いて大館の沼田源助の名、二月五日秋田郡早口の地名などがみえ、真澄は文政三年の春、大館近辺にいたことになる。さらに、その記事の後に「上津野の花」が続く。

鹿角へ行く

同名の『上津野《カミツノ》の花』は『筆能《ふでの》しらかみ』や『椎の葉』にも収録されている。『筆能しらかみ』のものによれば、真澄は三月初め、秋田郡十二所郷の吹谷氏のもとに三、四日滞在していた。鹿角へ行こうと人に誘われ、三月五日に出羽の折橋の関を越えた。沢尻村を経て堺川を渡り、陸奥国《ミチノク》鹿角郡土深井《ドブカキ》村、西道口《サイドウクチ》を過ぎ、花輪の小田島氏の家に着いた。六日、近辺を見歩く。福士《フクシ》川は清き水で、紫根染め、茜根染めを晒す。「あまちこ」という醴《コザケ》が五月から八月にかけて売られ、本家《ハジメ》は六日町の久右衛門であった。花輪、鹿角の地名の由来や、花輪郷の鎮守幸《サキハヒ》稲荷、五ノ宮の嶽《ミタケ》の由来など記したところで後欠となる。『乙随筆』のものは三月七日に十二所に来た、あるいは鹿角への関屋を越えたとも読め、微妙に異なるものの、ほぼ同内容の文である。全集の解題では文政四年三月としているが、『乙随筆』の記載順に従うなら、文政三年のことであった。

出土遺物の写生

『新古祝《いわい》甕《べ》品類之図』は真澄が実見した出土遺物類を写生した図集である。その一例に「ことし文政三年」の五月に仙北郡六郷の古城跡から大小の小瓶を掘り出したとあり、このことから文政三年を中心とした取り組みであったことが窺われる。各図には、土器の出土年月日、出土地（あるいは家蔵者）、出土状況を記載し、現状を客観的に記録保存しようとする考古学的な態度に通じている。家蔵者（または出土地）の多くが北比内、南比内、大阿仁の秋田郡の村々である。

薬の販売

辰十月朔と書かれた薬販売の帳面の断片が残されている（『花のいではぢ　松藤日記』表表紙裏打紙）。辰は文政三年にあたる。門前三倉町、十狐《とっこ》町、花岡・日詰内、閑居町、田町坂ノ上、長倉町・横町などといった町名と、売り先の人名、薬名（金白竜、紅州利白、金花油、達生散、血薬など）が記されている。十狐町、田町、長倉町、横町は大館町の町名で、『新古祝甕《いわいべ》品類之図』に大館長倉町、同永倉（長倉）町、同田町の各所蔵者の壺・甕の図が収載されているのと地名が重なっている。真澄は自家製の薬の販売と並行しながら、秋田郡の村々の出土物の調査の旅をしていたことになる。

金花香油

真澄は久保田に根拠をおくようになってから、自家製の薬を売って生活の足しにしようとした。早くは十二月六日付（文化十一年）の前述佐藤太治兵衛宛書簡に、薬料たしかに落掌とあり、また、月日不詳の高階平吉宛書簡では「金花香油」の進上にさいし効き目がよいと述べ、自信のほどを示していた。真澄はどれほど秋田藩の薬草栽培と関わっていたかは不明だが、とくに義和死後、生計もあって、薬の製造と販売に力を入れていたことが断片的な記事から浮かびあがってくる。

『雪能夜万蹺《ゆきのやまご》え』という日記がある。年不詳で確証が得られないが、去年（文政四年）の春、杜良《モリヨシ》（森吉）嶽の麓にいたと記しているから（『華の山口』）、その前の旅の日記と考えれば書名もふさわしくつながりがよさそうである。

狢の噂

土屋琴斎

十二月十日（文政三年）、滞在していた五十ノ目（五城目）古河町のかゞ《加賀》屋彦兵衛の元を出立した。久保田の寺町に狢《むじな》が出るとの噂を聞く。あわせて虎子《トラコ》という少女狢《ヲトメウジナ》や久保《クボ》村の古《フル》狢のことを記す。サムナイは蝦夷言《エミシコトバ》で倭人沢《シャモナイ》の転音《ウツリ》かと解釈し、秋田には蝦夷人《アイノ》が住んでいた地《アト》が多いと、ここでも述べている。上山内村には山内右衛門尉の柵趾《タテアト》があった。その人と縁があった円通寺（曹洞宗）は松前の殿の菩提寺で、松前に末院が多いという。寺に並ぶ袁南碁《ヲナゴ》の林のヲナゴは『続記《ミフミ》』に出てくる俘囚宇奈古《ウナゴ》かとも考証する。黒《くろ》土《つち》村の里長《ムラオサ》石井与右衛門の家に着いた。久保田の琴斎（土屋茂村、後述）が事前に真澄の訪問を手紙で伝えていた。

十二月十二日には、石井の隣の家に移った。前から知る人だった。山の神を祭る日で、家ごとに餅を搗《つ》いていた。久保田、土崎湊の人たちから手紙があり、雪が深くすぐに帰ってくるようにとのことだった。十五日、この家を出、富田村の知り合い原田儀右衛門の家に着いた。十九日、中津俣《ナカツマタ》の荘に入った。八田村西の山根のサイカチのある森には住吉の神を祭り、半夏生に田祭りをするという。長面《ナガオモテ》、乙市を経て脇村に来ると、蔵王権現堂や山ノ神社があった。ここで『雪能夜万踰え《ゆきのやまご》』は終る。

文政四年春は前述にように森吉嶽の麓に真澄はいた。この年のものとしては、文政四年睦月九日に五十嵐朗明の求めで書いたと思われる「旅寝しつる」の文、「滝図」に書いた文政四年四月朔日の日付のある和歌が知られている（『遺墨』）。なお、『上津野の花』の成立をこの年とみれば、三月に南部領鹿角に足を運んだことになる。

三　明徳館献納

久保田の中ノ町に移る

文政五年（一八二二）春の日記『筆の山口』（「椎ノ屋集、春ノ巻、筆の山ぐち」）によると、文政四年の冬、久保田の笹原寺（本誓寺）の是観上人のもとにあり、除夜より同じ久保田の中ノ町に移った。是観は文政二年四月故郷の越後に行き、そのときの日記を真澄が写している（「高志路ノ日記」、『高志栞』所収）。また、『筆のまにまに』九巻に、天狗にさらわれた頸城郡大鹿《おおじか》の里の農民が二十年を経て帰ってきたという、是観が持ち帰った文政四年頃の「天狗ものがたり」を記している。是観との親交はさらに深まっていく。

真澄は文政五年を中ノ町（扇ノ丁、茶町三丁の中）で迎えた。元旦、杉野氏の家で筆試しに和歌を詠む。三日夕、笹原寺の近隣の竜峯山敬相寺《きょうそうじ》に行き、本誓寺の是観、あるじの湛照《たんしょう》上人と和歌を詠む。八日、梅の町に出かけ、九日には観世音菩薩堂に詣でた。十二日、是観が土崎湊に出かけるというので、岩谷宗章《ムネブミ》らに和歌を贈った。十七日、保《ほ》戸《ど》野《の》六合町のくすし稲見升有武の家を訪ね、和歌を詠む。十八日、人麿《（麻呂）》の神祭りで、是観と笹原寺を出て土崎に行く。寺内の鎌田直木正家《マサヤカ》と坂で逢ったので挨拶し、古四王社に詣でた。湊の問磨（問屋）舟木武定の家に鎌田正安翁、石田友良、あるじ武定の母の綱子、是観らが集まり、歌を詠みあった。十九日、早朝久保田に帰る。二十三日夜、敬相寺に行き是観とともに和歌を詠み、二十四日は布金山応供寺《おうぐうじ》で詠んだ。二十七日、高階貞房の父の死を聞き、和歌を詠み悼む。二十八日は敬相寺の湛照の歌に返し、二十九日の夕は敬相寺に行き湛照・是観と、三十日夜は笹原寺で是観、西勝寺の公教上人と、続けて和歌を詠んでいる。

柿本人麻呂の神祭

武藤盛達

閏正月一日、おたぎの町にある武藤盛達（秋田藩士、一七三三〜一八二六）を是観、湛照と訪ねる。盛達の著に『男鹿紀行』がある。館《ヤト》には駒木根波門隆秀、進藤半介俊武、是観、湛然、湛照が円居し、歌を詠みあった。三日、法雲山西勝寺の養愚亭に入り歌を詠む。四日、今宵より「艸庵集」の句詩《クシ》の題で歌を詠むと定め、春と恋を詠んでいくことにする。五日夜、敬相寺で和歌を詠む。七日、古河町の吉川《きつかわ》久治忠行（秋田藩士、一七九九〜一八六四）の家に円居し、和歌を詠む。忠行は後に藩の要職を歴任、邸内の惟神館で人材を育成し、吉川流兵術で知られた人である。十三日、笹原寺に人々が集う。十五日夕、是観、鳥屋長秋と、楢山にある高階貞房の菅苑を訪ねた。十八日、敬相寺で歌会あり。十九日、近隣の鈴木善兵衛の庭の白梅を見ながら、人々と歌を詠んだ。二十日、かねのみたけ（金峰山）に登った夢を見、芳野の嶽に登った昔を思う。二十八日、火事で二百軒余りが焼失、五丁目横町の山本氏による被災者の救済があった。

是観の寿像に歌を書く

二月一日、歌会あり。八日、保戸野《ほどの》本丁の進藤俊武の翁を訪ね歌を詠む。十日、蝦夷《エミシ》の国の臼が嶽が焼けたと聞く。十一日、本誓寺の新発意《ほつい》恵観上人から、京都《ミサト》の絵仏が描いた父是観の寿像《イケルカタ》に歌を書いてくれと頼まれ、筆をとった。真澄はここに「衣のたま」という是観の事績を記す。十三日、楢山本《もと》新町の駒木根掃部隆秀のもとに行く。あるじの案内で、吉川忠行、武藤盛達、湛照、是観らと楢山村の山里に出かけ、和歌を詠みあう。十四、十五日、竜峯山（敬相寺）で湛照と語りあう。十六日、二月初め小場和満よりかねゆり板に書をと頼まれており、『万葉集』の家持の歌を引き、「こがね」の歌を詠む。十八日、小沢ノ翁蘆庵の「六帖詠草」を見る。

津村淙庵

二月十九、二十日、武蔵の人津村宗安（淙庵）の『雪のふる《（古）》道』（寛政二年）を抜粋し、「相見ざりし人」ながら懐かしく思う。二十二日、是観上人と笹原寺で語り合う。二十

養老田の記

三日、土屋琴斎より梅津利忠の『家談集』などを見せてもらう。利忠（一六二七〜一六九〇）は秋田藩士で梅叟《ばいそう》といい、その歌を集めた『空野集』がある。二十五日、越後国蒲原郡三条の東本願寺の僧坊寺《カケショ》に京都より門主が入るので、その御影を拝するため越後に旅立つ是観を見送る。応供寺に歌の集いあり。二十六日、人が来て闐真《（信）》寺の花を語り、『雪の古道』を引く。旭川の橋本近くに住む千穂屋《チホノヤ》（鳥屋）長秋の家に行き語る。『諸国名義考』の三河白髭明神、および白髭水について記す。二十八日、長秋が文政四年三月に秋田郡迦羅美伝牟《カラミデム》の孝子、鎌田清左衛門孝敬について書いた『養老田《オイヲヤシナフタトコロ》の記《フミ》』を見る。

花商売

三月一日、中屋敷の土屋茂村（琴斎）を訪ねた。二日、人に誘われ、河辺郡に行こうと千穂屋を出る。蛭児神社《ヒルコノミヤシロ》で浅野数馬が作った秋田暦を買う。横森村には梅津政景のために再建した応供寺跡《ヤシキ》があった。この村に梅津敬忠の別荘葦能磨屋《アシノマロヤ》がつくられたおり、舟岡淡水翁（梅津利忠）は『磨屋の記』を書いた。大戸《おおと》村では地竹でせりかご（大戸籠）を作っている。花商売《ハナウリ》は桜の枝を花室《ハナムロ》にこめておき、十一月の仏事や正月に市でひさぐ。大戸の保長《キモイリ》松淵正治の翁の家に着き、以後一ケ月半ほど滞在することになる。三日、山里のひなまつりにいにしへぶりを感じた。五日、苗代の種を床《トコ》に寝《ネ》さすのをみて、湯種《ユダネ》蒔《マク》という歌の意《コヽロ》がわかった。

長秋の子の死

三月六日、去年の冬、千穂屋長秋のひとり子鳥屋安助がもがさ（疱瘡）で死んだので、その手向けに桜の枝を贈った。長秋からの歌に袖をぬらした。七日、久保田の湛照が越後蒲原郡の故郷に赴くと聞き、歌を贈る。八日、あるじ松淵翁に誘われ真山平《タヒ》に登る。二十七日、梅の翁（梅津利忠）の『舟岡集』を繰り返し読み、その世を偲ぶ。二十九日、長秋の『養老田の記』（前出）の末に「おゆのわかゆ田」を書き添え、三河国菅江真澄と記した。同日、八沢木の大友吉言（直枝）が武蔵に赴くというので（前述）、久保田に出てきた直枝とこの大戸で別れた。『華の山口』はここで終る。

東本願寺献納

この間、文政五年二月初め『ひをのむらぎみ』を清書した（前出『比遠能牟良君』の異文）。それを記す『華能しからみ』によると、『氷魚村君《ヒヲノムラギミ》』は「東本願寺に奉りしときその下かきのちりたるをあつ」めたものという。二月といえば、是観の越後行とおそらく関係し、真澄は是観に託し、東本願寺に献納したのであろう。

『槻のわか葉』は『華の山口』に続く文政五年の日記と知られるが、『華能しらかみ』に収載されたのは久保田へ行く四月十七日の一日分である。親しく睦びた松淵正治《マツフチマサハル》翁の案内で大戸を出立、今日より田植えが始まり、田唄を聞きながら士坊《サムラヒマチ》の長野に至った。長野桜小路といったが、ある法師がこの桜を欲しいと独り言したことから伐られてしまった。

出雲崎の橘由之来訪

久保田に戻った真澄は、「高志のものかたり」（『筆のまにまに』六巻）によると、文政五年五月八日、久保田の長野坊《マチ》小野寺の舘《ヤト》にいた。この日、越後国蒲原郡出雲崎の橘窠守《すもり》由之が来訪している。この翁は『海月のほね』を編んだ人であった。

その後の真澄であるが、随筆『久宝田能《くぼたの》おち穂《ぼ》』の序には、「椎ノ葉集久宝田能落《クボタノオチ》穂《ボ》」として、文政五年秋に秋の夜の長野というところで、「三河のくにうど、すがえのますみ」が執筆したとある。また、秋の半ばくらいより中屋敷の琴斎（土屋茂村）のもとにあった（『笹ノ屋日記』）。十月二十九日の夕には、琴斎の家で、是観より大坂天王寺近くの見世物の動物の話しを聞いている（『かぜのおちば』二）。是観は越後からさらに京・大坂に上り、その頃帰ってきたのであろう。文政五年十一月から翌年三月にかけては『笹ノ屋日記』という草稿が残され、文政五年分が『かぜのおちば』一に、六年分（『笹ノ屋春ノ日記、千代のいろ』）が『華能しからみ』に収載されている。

小柯亭（笹の屋）に移る

文政五年十一月十七日、琴斎の家から同町伊藤氏の温故亭の傍らに「少室」を営んで移り、その住まいを小柯亭あるいは笹の屋と呼んだ。その心境を、「こゝに身をやすらひ、老を楽しみ、仙薬《イククスリ》を煉りて世にも布《ホトコシ》なむ」と記している。土屋琴斎、桑原芳軏、伊藤鶴斎などといった人々と、吹寄せという飯もの、酒でその晩を過した。十九日に鎌田正安翁、石田惣助翁、二十二日に武藤盛達、千穂屋長秋、遠智能井正家、三枝苑、琴斎といった人たちの名が記されるが、真澄を来訪したのであろう。二十四日には横手産の孫定子文行翁が訪ねて来た。

十二月二十七日、応供寺の湛然より、年の暮れ用にと紫菜《ノリ》と美曾（味噌）などが贈られた。二十九日には石田氏よりも白米一俵を贈られる。三十日には、しめを引きはえ、ともし火を照らした。更け行く頃、出羽の国に老いたわが身を振り返り、故郷の尾張三河を思いながら、「暮て行くとしの尾張や三河路を思ひ出羽に身は老にけり」と詠んだ。

明徳館献納の書目

この十二月の箇所には記されないが、翌年二月六日の箇所に、去年十二月、五十冊余《イソマキ》の書を明徳館に献納した経緯を記している。書生《フミワラハ》が献納を切望しているのは聞いているが、書き違えや乱れが恥ずかしく気乗りしなかった、しかし人々の仰せに負けて奉ることにしたと、謙遜気味に述べている。酬《ムク》いとしてくがね（金）を賜ったと書いているから、この六日に貰ったのであろう。真澄が挙げる献納の書目《メヤス》は以下の通りである

勝地臨毫（出羽十一冊、秋田郡三巻・川辺（河）郡一巻・雄勝郡七巻、図《カタ》のみ）

○出羽郡　恩荷能春風《オガノハルカゼ》、男鹿鈴風《ヲガノスヾ》、雄鹿秋風《ヲガノアキカゼ》、小鹿寒風《オガノサムカゼ》、牡鹿嶼風《ヲガノシマカゼ》、比袁能牟良君《ヒヲノムラギミ》、贄能辞賀良美《ニヘノシガラミ》、霞《カス》む月星《ツキホシ》、小町《コマチ》の寒泉《シミズ》、をがらの滝、浦の笛滝、しげき山本、みかべのよろひ、月のをろちね、のきの山吹、阿仁の沢水、ひなのあそび

○蝦夷ノ部　えみしのさへぎ、えそのてぶり、ひろめかり

○津軽ノ部　つがろのつと、つがろのをち、率土《ソト》が浜風、錦のはま、雪のみちのく

雪のいではぢ

○南部ノ部　いはでのやま、おくのうら〳〵、おくのてぶり、をぶちのまき、牧の朝露、まきの冬がれ、十曲湖《トワダノウミ》

○信濃ノ部　わがこゝろ、来目路橋《クメヂノ》、いなの中道《ナカミチ》

その他に百臼図《モヽスガタ》（文化のころ奉りし一巻）

菅江真澄遊覧記

いわゆる明徳館献納本のうち、ここにないのは、津軽の『雪の母呂太奇』『作良かり赤葉かり』、出羽の『雪能飽田寝』、『秀酒企の温濤』、『勝手能雄弓』の五冊である。事情はわからない。『率土が浜風』は献本されておらず、『率土か浜つたい』と勘違いしたのであろう。『百臼図』は明徳館本とはされなかった（国立国会図書館所蔵）。その後、明徳館本に『雪の出羽路平鹿郡』『月の出羽路仙北郡』が加わることになるが、この段階では未執筆である。明徳館本は一括して「菅江真澄遊覧記」と呼ばれ、佐竹家の家蔵を経て、現在秋田市の辻兵吉氏所蔵となっている。一九九一年、国の重要文化財に指定された。なお、『小町の寒泉』（所在不明）・『十曲湖』（神戸市立博物館所蔵）の二冊が流出した。

亡霊への感謝

文政六年（一八二三）の元旦、真澄は神・亡霊《ミタマ》の名を具体的に記して斎い奉った。前述（第一参照）したので再掲しないが、人生の上で思い出深い、親しまれ睦びた亡霊に対する感謝であった。老境に入った真澄が新たな住まいを笹の屋とし、著作の献納も行い、こ

こが終の住処かと新年を迎えたとき、それらの人々の名が脳裏に去来してきたのであろう。そして生まれ育った三河、尾張を偲び、鳴海潟・二見の道を歌に詠み込んだ。

さえの神祭り

一月三日、是観、小野寺氏、千穂屋、進藤氏が訪ねてきた。四日も万歳の鼓を打つ声が遠く聞えてきた。七日の七草、父母の国がしきりに偲ばれた。十四日夕の城内坊《サモラヒマチ》での鎌倉祭《カマクラマツリ》、十五日の男童《ヲノワラハ》が火焚棒《ホタキボウ》を持って女を突いて歩く、さえの神祭りなど、正月行事を記す。十六日、来訪の是観らと和歌を詠む。十七日、中城坊《ナカシヤウノマチ》梅津の館《イヘ》では、分捕《ブントリ》高名といって、人々が餅を敵味方に分かれて奪い合う行事があった。二十五日、菅神の御前に歌を捧げた。

岡見順平

二月五日、岡見順平（知康、一七六二〜一八三三）が訪ねて来た。翁は三春の馬の名医村井東洋のことや、もろこし渡りの奇南《キナ》という薬のことなどを物語した。順平は、『六郡郡邑記（享保郡邑記）』『柞山《ははそやま》峰之嵐』などを著した岡見知愛の子で、秋田藩の財用奉行などを勧め、当時は退職していた。平田篤胤《ひらたあつたね》の秋田の学友として『皇国制度考』にその名が出てくる。真澄が再び地誌編纂に意欲を持っていくのは、順平の勧めなどがあったからだろう。また、この日、扇の町の山本氏から雲脚《チャ》一袋を贈られている。六日の著作献納・報酬の記事は前述の通りである。

肥前の法師旭栄来訪

二月十日、是観、湛然が来る。十一日、肥前国佐賀郡の法師旭栄が来訪し、その国の

伊勢の中西正高来訪

誉都比咩《ヨトヒメ》大明神、正月七日の爆竹、三月の節句、歯固、八朔の祝、嫁入りのことなどを語り、それを記す。九日、雪がたいそう降って、故郷の春を想い歌に詠んだ。十七日、鎌田正安翁が来て、明日、土崎湊の真杉《（間）》辰明《トキアキ》の庵で歌の会があると聞く。二十日、伊勢国の中西正高が訪ねて来て、網代弘訓の『詞ノ小車』のことなどを語る。二十一日、土屋琴斎のもとに湛然、武藤盛達、石田道などが集まり、更けるまで杯を取り、歌を詠んだ。二十四日、大館の横山数（くすし名は一方）が来て語るに、去年松前に渡って臼の善光寺で出家したが、京都《みさと》に至り、九国へも行きたいとのことだった。二十五日夜、伊藤鶴斎の妻《ツマ》が菅神《テムジム》に、松梅を画いた額をお礼参りに持っていくというので、真澄が代りに歌を詠んであげた。二十七日、由利郡亀田の里人の物語である峯澙《ミネガタ》の大蛇《ヲロチ》の話を記す。

桜の名所

三月四日、秋田藩の桜の名所を記す。十二所の「雨《アメ》ふり桜」は『桜がり』に詳しく記したとあり、『桜がり』の執筆が進んでいたことを示している。九日、風邪で日記を怠るが、桜の枝を贈ってくれる人があり、うれしく花籠に挿した。二十三日、桜色が深くなり歌を詠む。二十四日、秋田郡神足荘《カナセノサウ》堀ノ内村の古城の跡のことなど、思い出したことを記す。岡見知愛の『郡邑記』を引用しているので座右にあったのだろう。なお書き継ぎたいことが多いが、病気が起こり苦しいので止めたとある。『笹ノ屋日記』はここで終わっている。

雄勝郡地誌のまとめ直し

これ以降の文政六年の日記は残っていないが、文化八年（一八一一）秋に起筆した『筆のまにまに』は、その二巻を文政六年（一八二三）六月二十五日に秋田の笹の屋で書き終えたと記している。中断状態を再開し、翌年にかけて精力的に考察と執筆を進めた。藩主義和の死去などの事情で草稿のままの『雪の出羽路雄勝郡』も、日記・紀行体から、いわゆる地誌的な体裁にまとめ直されたのは、文政六年を中心とする時期であったろうか。『花のいではぢ松藤日記』、『花の出羽路秋田郡』、「月の出羽路河辺郡」、『花の出羽路山本郡』も、おそらく同様の経緯で、文化六年から翌七年にかけて編集されたのであろう。著作の明道館献納を契機に、草稿類を整理し、宿願の達成をめざしたい気持ちが高揚し、また周囲の期待もあって、『笹ノ屋日記』のあと、それらの作業に没頭した真澄のすがたが想像される。

四　地誌編纂の再開

『さくらかり』下のなかに、文政七年（一八二四）三月末、笹原寺の是観が狭布の里（鹿角郡）の錦木塚を見ようと旅立ち、これに真澄が歌を詠んで贈った記事が出てくる。『さくらかり』（上下、ただし上未発見）は、桜に想いを寄せてきた真澄が各地の桜の名木・名所の由緒を集大成しようとしたものであった。完成したのはいつか分からないが、是観を見送った三月末からあまり離れないころであったか。

『筆のまにまに』もこの年で終わりを迎えた。六巻の末尾に文政七年五月九日、千穂屋で書き終えた旨を記し、千穂屋を称した鳥屋長秋の家に滞在し執筆していたことがわかる。また、同書第八巻の末尾には文政七年六月八日の日付が記され、続けて第九巻の編集に取り掛かり、それを終えたところで筆を擱いた。前出の『笹ノ屋日記』などを綴じ合わせた『かぜのおちば』も、文政七年の夏六月十二日の記事を含むので、それ以降の成立であるが、この年に雑纂としてまとめられたのであろう。

平鹿郡の調査開始

さて、地誌編纂のための調査が再開されたのは、文政七年秋のことであった。『雪の出羽路平鹿郡』の冒頭文に相当する箇所の草稿（「平鹿ノ郡」）が『椎の葉』に綴じ合わされているが、その末尾に「文政七年といふとしの秋きの中の八月、菅江真澄しるす」とあるのが着手の時期を示している。

地誌三部作の再確認

「平鹿郡壱巻」の序文に地誌の書名について「またこゝにいふ」として、六郡を雪、月、花になずらえて、山本・秋田の二郡を「花ノ出羽道《イデハヂ》」、河辺・仙北の二郡を「月ノ伊底波路《イデハヂ》」、平鹿・雄勝の二郡を「雪のいではぢ」とそれぞれ名づけたと記し、文化十年春の『花の出羽路の目《ナ》』の構想が踏襲されている。各村の記述にあたって『郡邑記』

寺内
田沢湖
雄物川
梅沢
面日
境
横道
角館
下荒川
心像
雲然
刈和野
長野
米沢新田
強首
野田
北楢岡
松倉
小種
神宮寺
横沢
四ツ屋
花館
板見内
大杉
南楢岡
戸地谷
払田
大曲
六郷（六郷高野）
内小友
外小友
六郷東根
鉢位山
角間川
保呂羽山
金沢新西根
八沢木
猿田
田村
大森
阿気
下境
八柏
横手
沼館
土淵
浅舞
大屋寺内
山内
植田
醍醐
増田

仙北・平鹿

からの引用がしばしば見られるが、予めこれは享保年間の岡見氏、青竜堂老人《ノオキナ》の編集であると断っている。『六郡郡邑記』（享保郡邑記）の名で知られているが、岡見知愛《おかみともなり》が享保期の郷村調査（『御代官帳』）から抜き書き・転写したものという（柴田次雄編『校訂解題久保田領郡邑記』）。真澄は実地調査にあたってそれを常時参照したが、その他『続日本紀』などの古文献や、秋田藩の『享保日記』、『新田開発記』などから引用している。また、近藤甫寛の『保寛六郡記』（久保田領郡邑記、寛政末期）も利用していた（『かぜのおちば』一）。

平鹿郡地誌の構成

『雪の出羽路平鹿郡』は秋田藩の行政的な親郷（本郷）・寄郷単位でおおむね巻が編成され、巻の最初の村名（地名）をあげておけば、一巻（角間川《かくまがわ》）、二巻（沼館《ぬまだて》）、三巻（大森）、四巻（弥沢柵《やさわぎ》、八沢木）、五巻（八沢ノ荘）、六巻（阿気《あげ》）、七巻（下境《しもざかい》）、八巻（浅舞《あさまい》）、九巻（植田《うえだ》）、十巻（増田《ますだ》）、十一巻（醍醐《だいご》）、十二巻（大屋寺内《おおやてらうち》）、十三巻（横手）、十四巻（山内荘《さんない》）となっている。調査の過程もこの巻のほぼ順序にしたがって進められた。

「平鹿郡」三巻の大森村の項に、文政七年の秋、大森村の剣が岬《ハナ》の八幡宮に詣でて御前の松に書き付けたという和歌が掲載されている。このように、真澄は自らの行動を地誌のなかにさりげなく記すことがあった。「平鹿郡」二巻に今宿《いましゆく》の五名所の記載があるが、別に同年十月初めに平鹿郡今宿の五名所についての文（断簡）を土地の小西氏の求めで書いており、その頃の調査であったのだろう。

八沢木村保呂羽山波宇志別《ほろはさんはうしわけ》神社の『大友家日記』（大友兵衛、直枝の弟）によると、真澄は十月二十日大友家に移り、そこに暫く滞在し近在の調査をしていた。「平鹿郡」四に「保呂波（羽）山縁起」「保呂羽山年中行事」および「大友家古記禄（録）並古物之図摹《ウツシ》」が記載されるが、十一月七日の神楽を同家にあって見学し、また、十一月三日、右の古記録を写し終えたと記している。『大友家日記』の十一月二日に、真澄翁は「不快、惣身フルイ」という瘧のような症状になり、同十一月十七日にも「持病差起」とあり、持病を抱えながらの調査であったようだ。十二月二十三日、同家を出立し猿田《さるた》村へ移った。

持病差起

猿田村で越年した。この村で頼まれたのであろう、正観音を安置する鉢山（鉢位山）の縁起（『鉢位山神社縁起』）を書いている。文政八年（一八二五）正月の日付があり、「三河国人《ミカハノクニウド》菅江ノ真澄」と署名していた。『雪の出羽路平鹿郡』では三巻に該当記事がある。真澄が大友直枝に宛てた一月十二日付書簡には真澄が猿田村で無事に歳を重ねたことを伝え、この先二、三ヶ所、また阿気《あげ》村などに赴く予定であるが、正月中に久保田に帰府して「積意」を物語りしたいと述べ、「旧館」（八沢木大友家）で詠んだ「愚永三首」を添えた。

明徳館和学方設置

なお、直枝は文政八年十月三十日、明徳館に和学方が設置されるにあたり初代の取立方（五人扶持）となるが、江戸から帰国後、久保田で家塾を開いていた。

文政八年正月中、手紙通りに久保田に帰ったのか明らかではない。二月初午の日には猿田村の紫明神を訪ね、その「三狐専女《さんことうめ》牟良佐伎《むらさき》明神由来」を書き奉った。その後、真澄は、阿気、下境など平鹿郡の調査を順次進めていった。六巻阿気村の「野関四屋」では、旧家小松田作左衛門・同分家松右衛門の家が今年すなわち文政八年の二月八日の火災で焼け、伝来の家財《タカラ》がすべて失われ、惜しきことと記す。七巻田村《たむら》の「柴田氏家系譜」に、十一代茂通が文政八年の今年四十六歳、同じく七巻の八柏《やがしわ》村八幡宮の挿絵説明にも今年文政八年とみえる。

野上陳令『御学館文学日記』文政八年七月二十六日条によると、菅江真澄の「遊覧著述」のために、「御学館」（明徳館）より合力銀百目、筆墨紙料銭一六貫文支給することになっている。また、同日記十月二十三日条に真澄の動静が記される。真澄は、去年中（文政七年）「平鹿郡旧跡吟味」に赴き、村々を回村してこの節大体片付き、横手近在もすでに吟味（調査）を終えた。去秋出立のさい旅装の援助（「合力拝領」）を受けたが、その後吟味が「延日」になり、衣服が「零落」し如何ともしがたくなった。鳥屋卯助（長秋）を通して「合力」を願い出、この日銀百目下されたとみえる。なお、長秋も明徳館和学方設置のさい大友直枝とともに登用（「会日出席」、二人扶持）されている。

文政九年（一八二六）の春は横手辺で調査していたことが『雪の出羽路平鹿郡』の記述から推測される。横手前郷村の枝村である松原村の祠官は文政九年十三代の孫と記載され

合力銀・筆墨紙料支給

衣服零落

（十二巻）、また横手郷大水戸《オホミト》町の箇所に文政九年の今年とあり、年を越してからの調査であった。地誌の順序からすれば、十三巻の横手から十四巻の山内荘（郷）へと移動したといえそうだが、土淵《つちぶち》村の枝村岩瀬村鶴ケ池の箇所には、「今は冬枯の梢しげう春秋のながめに及」ばないとあり、横手の前に調査を済ませていた可能性がある。真澄がつぎの地誌『月の出羽路仙北郡』の調査を文政九年の五月下旬には開始しているので、『雪の出羽路平鹿郡』はおそくとも五月半ばくらいまでには完成したと思われる。

仙北郡の調査開始

『月の出羽路仙北郡』の一巻序文に文政九年五月二十九日の日付が記されている。準備はその前から始まっていただろうが、この日から本格的に着手したことになる。仙北郡の地誌は全二十五巻からなる。最初に巻構成とその最初の村名または事項を示しておけば、一巻（境《さかい》）、二巻上（強首《こわくび》）、二巻下（刈和野《かりわの》）、四巻（北楢岡《きたならおか》）、五巻（神宮寺《じんぐうじ》）、六巻（神宮寺、松倉《まつくら》）、七巻（花館《はなだて》）、八巻（内小友《うちおとも》）、九巻（大曲《おおまがり》）、十巻（戸地谷《とちや》）、十一巻（六郷高野《ろくごうこうや》）、十二巻（六郷諸寺院上）、十三巻（同下）、十四巻（六郷東根《ひがしね》）、十五巻（六郷本郷高野神社部上）、十六巻（同下）、十七巻（金沢新西根《かねざわしんにしね》村）、十八巻（「奥州後三年記」）、十九巻（「羽陽金沢山八幡神社記」）、二十巻（払田《ほった》）、二十一巻（横沢《よこざわ》）、二十二巻（米沢新田《よねざわしんでん》）、二十三巻（野田《のだ》）、二十四巻（長野《ながの》）、二十五巻（雲然《くもしかり》）となっている。二十五巻のみは草稿で、後述のように真澄の死によって清書されなかった。平鹿郡と同様に親郷・寄郷関係にもとづいて編成し、一巻

仙北郡地誌の構成

で収まらないときには複数巻を当て、とくに六郷の寺社に力を入れていたことが窺われる。

面日日記

仙北郡の場合もおおむね巻の順序にしたがって調査されたと思われる。地誌中に記された日付などから、その過程を追ってみよう。一巻面日村の箇所に「面日日記《オモニチニキ》」と題して、六月十三日、下荒川の旅館《ヤド》を出て上荒川、木仏《キボトケ》、横道を経て面日村に入ったときの紀行文体の文章を挿入している。完全にはそうした文体を捨て切れない真澄であった。一巻の末尾には、文政九年七月十三日、小種《こだね》村の村長加藤氏の宿で書き終えたことを明記している。心像《こころやり》村の枝村滝ノ沢村の嵯峨勘重郎について書いた文政九年十月二十日付の真澄の短文（断簡）が別に残っているが、滝ノ沢村は巻二下に掲載されているので、その頃心像村を回っていたことになる。四巻の大杉村（南楢岡枝村）堀井嘉左衛門家の系譜を真澄が記したのは文政九年十二月十六日、そして四巻途中の南楢岡までを同年十二月二十三日に書き終わり、神宮寺村に移って年は暮れたと記している。

神宮寺村で新年

文政十年（一八二七）の行動については、四巻外小友《ソデヲトモ》の箇所で、神宮寺の里に出て年を越し、花館、四ツ屋、内小友などを記録して、六月二十一日にこの外小友村に入ったと明らかにしている。五巻のはしがきには、笠水の里（神宮寺村）で文政十年の新年を迎えたとし、十五日までの当地の正月行事（七草・鳥追いなど）の様子を記す。十巻の末尾には、大曲・属郷十三カ村を文政十年八月二十五日に書き終えたとある。それから真澄は十一巻以降の六郷方面の調査へ向ったと思われる。

六郷で新年迎える

十六巻諏訪神社（南諏訪社・西諏訪社）の挿絵説明文によれば、今年（文政十年）は六郷高野で暮れ、文政十一年（一八二八）の正月朔日、六郷という処で春立つ、と記しているので、真澄はここで新年を迎えた。六郷に滞在しながら、小正月の「釜蔵《（鎌倉）》」・「鳥追小屋」などを観察した。七月二十七日の西諏訪社の祭礼の様子も「画図《カタ》に委曲《ツバラカ》」と本文に記しているので、それも見物したのだろう。文政十一年七月一日の日付のある、西諏訪社神主斎藤則庸の持つ一巻に書いた「はしがき」（断簡）も伝存している。

五　肖像画と死

板見内村に入る出原三郎兵衛

菅江真澄を描いた晩年の肖像画がある（能代市杉本家所蔵、能代市指定文化財）。真澄は『月の出羽路』仙北郡の編纂を続け、文政十一年（一八二八）八月十日、板見内《いたみない》村に入った（「仙北郡二十」）。死の約一年前である。村の里正は出原《でばら》三郎兵衛で、肖像画はもとは同家に所蔵されていた。出原家が慶応二年（一八六六）に賀藤月篷《かとうげっぽう》（文筆家、一七九二～一八六七）に書いてもらった「菅江真澄翁小伝」（軸装）が添えられている。後に肖像画を譲り受けた高橋軍平が昭和三年（一九二八）に書いた箱書きによれば、出原家に滞在中、真澄は同家の厚情に深く感じ、鏡に向って自画像を描き、それに和歌一首をつけて贈ったものとされる。肖像画は、真澄が着る衣服の梅鉢紋、花瓶に活けられた梅花、添えられた梅の歌など、真澄と菅公とのつながりを想像させてきた。内田武志氏は菅原道真の末流と伝える出原氏の系譜意識に沿うものといい、梅の季節から、真澄が翌十二年四月頃雲然村の後藤家滞在中に、出原が絵師を派遣して描かせたと推測している（『全集』別巻）。

肖像画の模写

肖像画はその後たびたび模写されていった。明治十三年（一八八〇）に小室怡々斎《こむろいいさい》（秀俊、一八三七～一九〇〇）の描いた模写画が二点あり、一本は真崎勇助（一八四一～一九一七）が怡々斎に写させたもので現在大館市立中央図書館（口絵）に、もう一本は秋田県立博物館に所蔵されている。その他、石川理紀之助《いしかわりきのすけ》（一八四五～一九一五）が真澄の八十年祭（明治四十二年、古四王神社）のさい荻津《おぎつ》白銀斎（瞭翁）に模写させ古四王《こしおう》神社に献納したものや、大正十四年（一九二五）に広栄が模写したものなどが確認されている（『遺墨』）。真崎は流出した明徳館本を入手して献上するとともに、真澄の著作を収集し散逸を防ぎ、前記大館の図書館に真崎文庫として所蔵されている。石川は適産調べなど明治期の老農としてよく知られた人物で、真澄の『無題随筆集』（無題、年不詳）を持ち伝えた（『出羽路』一〇五）。

石井忠行の画像観察

真崎季顕（勇助）から怡々斎の模写画（大館市立中央図書館本）を見せられた石井忠行《いしいただつら》が真

肖像画の和歌

澄の画像に説明を加えている（石井忠行『伊頭園茶話《いずえんさわ》』二十一）。それは皆川某（手形谷地町住の文四郎）が「蔵せると聞ゆる真澄が自画像」（出原家蔵の模写か）を写したものという。忠行は画像について、「此像少し肥えたる方にて顔赤し。例の黒頭巾を冠り、薄萌黄色の紋付衣装に黒き半臂に紋つけたるを着たり。紋はいづれも蔓梅ばち也。小布団に坐し後ろに机あり（引出十二有り）、華瓶に梅花をさして机にあり。又、硯、筆立、水入、書籍も机にあり。齢いそじ余りとも見ゆ」と観察が詳しい。和歌は「春雨のふる枝の梅のした雫（しつく、肖像画）香をかくはしみ草やもゆらむ」とあり、「津軽の五処河原村の辺にて詠みし事、遊覧記に出」ていると指摘している。寛政十一年であろうか、五所川原の閑夢亭で「雨中梅」という題で詠んだものであった（『邇辞貴迺波末《にしきのはま》』）。

真澄の印象の記憶

忠行は十歳余のころ、菅園翁（高階貞房）のもとに真澄が来たのを見たことがあり、そのときの「顔薄青白く、丈ケ低き方にて痩せたり」という記憶と、真澄の肖像画がずいぶん違っていると記している。そこで真澄を見覚えある人を訪ねて確かめたいと思い、真澄と親交のあった是観法師の笹原本誓寺に行ってみたが祖父の代ということで誰も知る者がいなかった。ただ、西勝寺の閑居（公教）なら視力を失っているものの記憶しているだろうといわれ、聞いてもらうと「丈ケ低く肥えたる方にて顔色白かりし」という印象であった。そこで、肖像画は顔色が少し赤過ぎている点を別にすれば、実際の人物像に似ているのだろうとの判断を下している。

黒頭巾姿

真澄の黒頭巾姿は人々の注目するところだったが、忠行が人に聞くと、それはスッポン頭巾というもので、「頭巾の上端を額の上にて内へ折込」んでいたのだという。真澄は衣服や料紙・筆墨など知己から恵みを受けていた。粗食を苦しく思わず、うまいものであってもうまいと誉めることはなかったというのが、人の語る真澄の人物像だった。

さて、真澄は文政十一年十一月、葛川《くずかわ》村肝煎から常覚院の由緒書の提出を受け、歳末には野田村に移り、文政十二年（一八二九）の正月を迎えた。同年春からは長野村周辺を回村し、それから雲然《くもしかり》村に入り、六月二日、梅沢村（明治二十二年神代村の大字となる）に移っている。『月の出羽路仙北郡』は二十四巻の「長野邑」までが浄書され、真澄死後に明徳館に献納された。二十五巻「雲然邑」は草稿にとどまり、梅沢村については何も残されていないので、梅沢村に来て間もなく発病したと考えられる。

真澄の死去

真澄が死亡したのは文政十二年（一八二九）七月十九日とされる。石井忠行『伊頭園茶話』二十の「参河の人菅江真澄が事」によると、石井が鎌田正家の養子に入った旧神官鎌田孫六（蔵人正貞）から、明治十一年五月二十四日に聞いたこととして、『月の出羽路』といふふみあむとて、角館に近き梅沢村にありてやみつきて、角館の神明宮の神官某の宅に終るとも云ひ、又梅沢村に終るともいふ」と、死亡地に二説あったことが記されている。仙北市角館町の神明社に「菅江真澄翁終焉之地」の記念碑が建てられている。昭和三年の真澄百年祭（古四王神社、柳田國男が秋田図書館で講演）のとき、角館史考会が設立したものである。そのいずれの地であるにせよ、「身まかりて駕籠にて鎌田広海《ひろみ》・正宅《まさやか》（正家）が方に送来しかば、同じ村の犬戻しといふ辺りなる正宅が家の墓どころに葬りて、今も鎌田の家にて盂蘭盆に幣手酬《たむく》るよし也」とあるように、真澄を埋葬したのは寺内村古四王神社の摂社田村社の祠官鎌田正家であった。

鎌田正家による埋葬

真澄の墓地

　真澄の墓地は国史跡秋田城跡（出羽柵）の近くの高台（秋田市寺内大小路）の寺内村共同墓地にあり、昭和三十七年（一九六二）、秋田市指定史跡に指定された。真澄が書いた『水ノ面影』によれば、文化九年（一八一二）三月初にここを訪れている。伽羅橋の北の岡を、高野山《こやま》といい、その岡の上に「古墳《フルツカ》」がすきまなく並び、「祝《ハフリ》、神子《ミコ》、こと人（余所者）」を埋葬していた。昔は大松があって「かむさびた」処であったが、今は松もまばらの岡辺《オカビ》で、「浜風吹越して、松のこゑいと淋し」とその

菅江真澄終焉の地の碑

三回忌に墓碑を建てる

菅江真澄翁墓

地の印象を記している。このときは自身ここに眠るとは思いもよらなかったであろう。

墓碑は建てた日付を記さないが、真澄の三回忌を記念して建てられた。墓碑の正面には「菅江真澄翁墓」とあり、鳥屋長秋が「友たちあまたして石碑立る時によみてかきつけける」、真澄の一生についての簡潔な文を刻む。「三河ノ渥美小国ゆ雲はなれ」に始まり、秋田に来て遊び、殿の命をいただいて名所を歩き、書いた「ふみ」を明徳館に献納したと、功績を讃えている。墓碑の右側側面には「文政十二己丑七月十九日卒年七十六七」と刻まれている。

六　真澄の人物像

最後に真澄の人物や人生についてどのような像が結べるのか述べておこう。

遊歴の旅を支えた和歌

真澄は基本は和歌の人であった。和歌詠みとしての作法、技法が遊歴の旅を支える源泉であった。

和歌を契機にして地域の文人・有識層との接触・交流が生まれ、人的ネットワークが広がっていった。和歌を詠むのは地域の有力な身分や階層に属する者が多く、武士、神官、僧侶、医者、村役人、上層町人といった人たちである。彼らはその旅人が知的好奇心や教養を満たしてくれるのなら、地域社会に置いておくことに経済的な負担を感じない。真澄は同じ地域に二年も三年も滞留できたのは、そのような支えがあったからに他ならない。俳諧は和歌以上に百姓や町人に浸透していた。真澄も求められたら俳句を詠み、あるいは和句して応え、俳諧グループとつきあったが、俳諧との一線は保ち続け、自ら進んで詠むことはあまりなかった。

人々の悲しみの声を聞く

むろん、真澄の人的交際・交流は、そのような狭いサロン的な時空にとどまったのではない。真澄は馬や舟にも乗ったが、よく歩いた。ただ歩いたのではない。見ず知らずの土地の人と語り、漁師であれ山民であれ、あるいは飢えて地逃げしたり、災害に遭って身内をなくした人の悲しみの声を聞いた。宿に泊れば、その家や村の年中行事を子細に書きとめた。真澄に故郷へ早く帰りなさいと諭す庶民の老婆にも耳を傾けた。山を歩くにも旧跡を歩くにも案内を立てることが少なくなかった。真澄はこだわりを持てば行くのを諦めず、気に入れば何回でも同じ場所に出かける性癖があった。真澄の日記（遊覧記）が土地の人々の暮らしに寄り添いその気持ちを思いやることができたのは、そうした旅の特徴から来ている。

真澄は名古屋に出て学んだが、京都や江戸に出て学者・歌人、あるいは医者として立身出世を求めようなどと考えた人ではなかった。採薬や地誌編纂に関わったが、それで藩に仕官しようという気持ちも乏しかった。結婚せず一人暮らしで、家を興し産をなそうなどとも考えなかった。人生の方向がふつうとは違っていた。不思議なのは、故郷を懐かしみ、夢に見たり和歌に詠んだり、知り合いとなった人たちに郷里に帰るとあれほど言いながら、帰ろうとしなかったことである。家族・故郷とはいつしか切れてしまったが、故郷を思う気持ちを持ち続けることによって、旅人としての境涯をいつも確認していたのかもしれない。

故郷を思う気持ち

真澄の旅を見ていると、温泉が好きな人で、長く滞在することも珍しくなかった。山歩きの好きな人だったが、とくに滝はどこに行っても沢を深く分け入り見極めた。桜や紅葉、月見をことのほか好んだ。桜にまつわる物語をたくさん集めてもいる。旅をしていると、関所や沖の口での改めがあり、川水や吹雪で足止めをくらい、時に宿を貸す人がなく道に迷う辛さもあった。熊や狼に襲われる怖さもある。しかし、真澄はそれさえも旅の面白さに変えていったように思われる。

旅を楽しみ極める

くにぶりの中の古き日本

三河の人真澄を、これほどまでに北日本に引きつけたのはどうしてだったろうか。真澄は『万葉集』など古歌の意味を探りたいという動機があって、古き民俗や伝説、歴史への関心をひろげていった。臼や作業歌、鈴、古碑や出土遺物などへのこだわりも大きかった。地方や辺境に古の日本の好ましい事例がたくさん残っている、そのような復古的な国学の心情が真澄を北日本に向かわせたのは明らかである。古代蝦夷の痕跡を探ることも興味をそそられる一つだったろう。道南のアイヌの言語・生活文化に触れて北東北に戻ると、北東北の地名や習俗のなかにアイヌ文化的な要素をたびたび「発見」してみせる。北東北のいにしえぶりとアイヌ文化的なものがつながるのか断切しているのか、あるいは重層性、融合性として捉えるのか、真澄が触れてしまった問題は地域アイデンティティと密接にかかわりつつ、いまなお解き明かしえていないテーマとして私たちの前に横たわっている。

真澄の東北体験、アイヌ文化体験で評価すべきは、近世人が常識的にもっていたであろう華夷意識的な偏見、蔑視感が希薄なことである。日本の神道・神国観のようなものに精神的には依存しながら、排外的・優越的日本意識に陥っていかなかったのは、アイヌ民族を含め、人々の日常の暮らしに標準を定めて、穏やかで静かな目線が確保されていたからであろう。薬の製法や和歌にこめた祈願を別にすれば、人々の困難に深く介入し、何かしてあげようという政治実践的な行為は見られないが、国家主義的・権威主義的ではない、開かれた可能性をもつ国学（地域学・民衆学）を真澄の世界に展望できそうである。

略年譜

年次	西暦	年齢	事蹟	主な作品
宝暦四	一七五四	一	三河国にこの頃生まれるか（岡崎説・豊橋説あり）	
安永元	一七七二	一九	この頃（十代後半）、姨捨山の月見に信州を旅行	
三	一七七四	二一	『初老寿詞集』に和歌を寄せる（知之）	
六	一七七七	二四	二月二〇日、遠江の内山真龍を訪れる（岡崎伝馬町白井幾代治知之）○この年より、名古屋の丹羽謝庵（嘉言）に書（漢学）を学ぶ	
七	一七七八	二五	八月一八日、『国風俗』を書写し、「まなびの親」植田義方に贈る（白井秀超・白井幾代二）	『般室記』
八	一七七九	二六		『石居記』
九	一七八〇	二七	五月四日、近江伊吹山に丹羽謝庵らと登る	
天明元	一七八一	二八	二月二二日、岡崎の兵藤某七回忌に和歌を手向ける	『浄瑠璃姫六百回忌追善詩歌連緋序』（源秀超）
二	一七八二	二九		
三	一七八三	三〇	二月末、故郷の三河出立○三月半ば信濃飯田に着く○五月二四日、本洗馬で洞月上人に会う○二八日、医者可児永通を訪ねる○八月	『伊寧能中路』『わかこゝろ』『雄甫詠艸』

			七日、兼平明神神主梶原景富の『やまとふみ』の講釈を聞く○一五日、姨捨山の月見をする	
四	一七八四	三一	一月、本洗馬の釜井庵で正月を迎える○一五日、諏訪下社の筒粥神事を見る○三月二日、諏訪上社の御頭祭を見る○六月、洞月より『和歌秘伝書』を授かる○三〇日、本洗馬を出立し越後に向う○七月一日、湯の原で真澄の叔父を知る玉島（岡山県）円通寺の国仙和尚に会う○二〇日、犀川に架かる久米路の橋を渡る○二四日、善光寺に詣でる○三〇日、越後国に入り新井宿に泊る○八月一日、高田に着く。以後、日本海沿いに北上○九月一〇日、鼠ケ関を越え出羽に入る○二〇日、羽黒山に詣でる○二五日、吹浦・女鹿の関を越える○二九日、象潟の島々を眺める○一〇月一一日雄勝郡西馬音内に着く○一九日、柳田村草彅家に宿を乞い、滞在	『いほの春秋』『すわの海』『来目路の橋』『齶田濃刈寝』
五	一七八五	三二	一月、柳田で正月を迎える○四月九日、湯沢の山田某の家で久保田の真崎北溟に会う○一四日、小野小町の旧跡を尋ねる○一五日、院内銀山に行く○七月二二日、久保田の吉川五明を訪ねる○八月三日、大間越の関を越え津軽に入る○一〇日、床舞付近で天明飢饉の惨状を聞く○一八日、青森の善知鳥神社で占い、松前渡海を断念○二二日、碇ヶ関を越え秋田領に入る○二七日、南部鹿角の錦木塚に行く○九月五日、浄法寺の天台寺に詣でる○一〇日、花巻の医者伊藤修の家に泊り、滞在○一〇月一日、黒沢尻を出て、仙台領江刺郡に入る○四日、胆沢郡六日入の鈴木常雄を訪ねる	『小野のふるさと』『楚堵賀浜風』『けふのせはのゝ』

六	一七八六	三三	一月、胆沢郡徳岡の村上良知の家で正月を迎える○二〇日、平泉の中尊寺に詣で、常行堂の摩多羅神祭を見る○二六日、達谷村の山王の窟を見る○三月三日、小迫の勝大寺の神事を見る○七日、金田八幡社の量海に『和歌秘伝書』を授ける○二五日、大原の芳賀慶明を訪ねる○四月九日、山ノ目の大槻清雄を訪ねる○七月一九日、大島に渡り、計仙麻大島神に詣でる○八月一五日、松島で月見をする○一七日、塩釜神社の神官藤塚知明を訪ねる○一八日、仙台の国分町に泊る○九月一四日、真野の萱原に行く○一〇月二八日、秀衡六百年忌に中尊寺に行く○一〇月、大槻民治（清儀）に『凡国異器』を写させ、清雄に『和歌秘伝書』を授ける	『かすむこまかた』『かすむこまがた続（仮題）』『はしわのわか葉』『はしわのわか葉続（仮題）』『雪の胆沢辺』
七	一七八七	三四	一一月七日、真澄が送った真野の萱原尾花、植田義方に届く	
八	一七八八	三五	六月一八日、松前に渡るため鈴木常雄のもとを出立○二八日、盛岡で松前に行くという浪速の袁瓊奇治と道中を共にする○七月六日、馬門・狩場沢の関所を越え津軽に入る○一一日、三厩を過ぎ、上宇鉄のクマタカインの子孫四郎三郎の家に泊る○一三日、日が暮れ宇鉄を出船、翌朝松前藩福山に上陸。入国が難しい事情にあったが、吉田一元の計らいで滞在許される。その後、松前文子、下国季豊、佐々木一貫らと和歌の交流	『委波氏迺夜麼』『率土か浜つたひ』
寛政元	一七八九	三六	三月二三日、鈴木常雄宛に松前入国事情、近況の手紙を書く。常雄は後に真澄・季豊らからの手紙類をまとめ『蝦夷錦』と題する○四月二〇日、太田山に向け、生符の季豊宅を出立○二六日、江	『かたゐ袋』（一月序）『蝦夷喧辞辯』『えみしのさえき』『ひろ

			差の姥神の由来について宮司藤枝某に聞く○三〇日、太田権現に登り、円空仏を見る○六月六日、クナシリ・メナシのアイヌ蜂起の報を聞く。上ノ国の上国寺を訪ね松遥上人と語る○三〇日、福山に帰り、季豊邸に行く○閏六月頃、箱館・恵山方面に出立○一〇月一七日、戸井の運上屋を立つ○一九日、銭亀沢の蛯子のもとに至り滞在、昆布刈りを観察○一一月一八日、福山に着く	めかり』『愛瀰詩歌合』（一二月序）
二	一七九〇	三七	一月三日、福山神明社で歌会（鈴木常雄宛一七日手紙）○三月か、吉田一元自殺	
三	一七九一	三八		
四	一七九二	三九	一月一日、福山の天神社の下庵で正月を迎える○文子の館などで歌詠みの日々が続く○五月九日、西蝦夷地で鯡漁の海士、津波（四月二四日）の犠牲になると聞く○二四日、臼山に向け福山を出船○三〇日、サハラ（砂原）に着く○六月三日、シラリカのアイヌ、ウセツペの家に泊る○一〇日、アブタを出て、臼の潟をめぐり、円空仏および貞伝作阿弥陀仏を見たあと、臼山に登る○二五日、亀田村の鷹匠木下英世の家に泊る○七月一二日、キコナヰ（木古内）を出立し、福山に向う○一〇月六日、ラクスマンの根室来航の噂を聞く○七日、福山を出船し、下北の奥戸で下船する○八日、佐井の箭根社に詣でる○一二日、大畑の宝国寺に深阿上人を訪ねる○二二日、村林鬼工とも歌の贈答。この日、田名部に至る○二三日、川島恒方・中島公世らと会う○三〇日、山の湯	『智誌麼濃胆岨』『ちしまのいそ』『蝦夷廼天布利』『えぞのてぶり続（仮題）』『牧の冬かれ』

			(恐山)に登る○一一月二日、公世を通じて菊池成章の歌が届く○一二月三〇日、田名部で年を越す	
五	一七九三	四〇	春、ちゞりの浜・砂子又方面を歩く○四月一日、佐井から舟で牛滝に向う○四日、仏が宇多(仏ケ浦)を見る。二八日、脇野沢でハツヒランという蝦夷のことを聞く○五月三日、田名部に着く○二五日、宇曾利山に登る○六月二日、宇曾利山に湯あみに行き、滞在○二三日、地蔵会を見る○九月五日、異国間滞在中、幕府役人石川忠房・村上義礼の一行来る○一六日、下風呂の出湯に泊る○一〇月一六日、クナシリ事件の生き残り北村伝七より体験談を聞く○二八日、松前よりの文に、西蝦夷地ススツで二百艘の舟が浪に襲われ多数の犠牲者あり○一一月二七日、尾駮の牧を見るため田名部を出立○一二月五日、出土村を出て尾駮の牧の古跡近くまでいくが、雪が深く断念○一四日、田名部に戻る	『於久能宇良〳〵』『まきのあさつゆ』『をふちのまき』
六	一七九四	四一	一月、田名部におり、正月行事を詳しく記す○二月二日、宇曾利山に登る○三日、山子に案内され杣小屋に泊る○三月二三日、土田直躬が松前から帰り、宇曾利山で湯浴みしていると聞き、出かける○夏・秋、尾駮、千曳・石文の付近を歩くか○一一月一二日、大畑湊の医者今井常通を訪ねる○二二日、菊池成章より、貸与していた日記五冊返却される○閏一一月二〇日、田名部で越年することにし、和歌山叙容の家に移る○一二月一九日、成章より、真澄が調合し与えた目薬についての礼状あり	『奥の手風俗』『淤遇能冬隠』

七	一七九五	四二	一月、田名部で正月を迎える○三月二二日、馬門・狩場沢の関所を越え、南部から津軽に入る○二六日、椿崎に行き椿明神に詣でる○一〇月一五日、青森に滞在していた真澄、弘前へ旅立つ○一九日、入内の観音堂に至り、黄金山の神は耕田山のここかと思う○二三日、水木村の毛内茂粛を訪ね、同家で斎藤規房とも会う。以後、毛内家との和歌の交際深める○一一月二九日、青森に戻る	『津が呂の奥(仮題)』
八	一七九六	四三	一月、浅虫の出湯で正月を迎える○二月二〇日、水木の毛内の屋敷に至る○三月一日、毛内茂幹（茂粛の子）に同行し百沢寺に行く○二日、高照神社に詣でる○四日、規勇（規房の父）と久渡寺に行く○三月一五日、茂幹に誘われ松倉観世音に行く○二六日、茂粛に求められ、水木の館について「挙長亭の記」を書く○四月一四日、三内村の千本桜を見に行き、甕の破片など出土物を見る○五月六日、浪岡八幡宮に詣で、花山院少将筆の縁起を筆写する○六月二三日、安藤氏の旧跡を訪ねたあと、小泊に行く○七月六日、鰺ケ沢に至る○七月一六日、滞在していた深浦の竹越里圭の家を出て、椿崎を見物する○一一月一日、岩木山の沢奥にある暗門の滝を見る○五日、百沢村にいる斎藤規房を訪ねる	『津が呂の奥(仮題)』『栖家能山』『外浜奇勝（仮題）』『雪の母呂太奇』
九	一七九七	四四	一月、深浦の竹越家で正月を迎える○五月七日、深浦を出発○五月一八日、藩医小山内元貞に外瀬村の藩主薬園を案内される○二七日、唐糸姫を祀る初七日霊台寺跡、堰八明神など歩く○六月二〇日、採薬のため大鰐に至る。その後、大鰐から山通りに青森・	『都介呂廼遠地』『邇辞貴迺波末』

			浅虫まで薬狩りをする	
一〇	一七九八	四五	一月、平内の山里で正月を過ごす○三月半ば、浅虫の温泉に滞在○四月二六日、藩医山崎永貞とともに殿瀬村に行き、去年採集の草木の苗木など見る○五月一二日、永貞と弘前を立ち、相馬の沢を分け入る。以後、岩木山から深浦方面にかけ採薬○六月一三日、深浦で体調を崩し、西磯には行かず滞在○七月一一日頃、薬狩りを休み、弘前に中帰りする○二二日、津軽半島の採薬のため、永貞と弘前を出立	『追柯呂能通度』『外浜奇勝（仮題）』『邇辞貴迺波末』
一一	一七九九	四六	一月、藤崎の川越某の家で正月迎えるか○二月一四日、五所川原の閑夢亭で「雨中梅」の和歌を詠んだのはこの年か○四月二五日、弘前藩より採薬御用御免、賞金五百疋などもらう○九月二〇日、真澄が送ったマキリ、植田義方に届く	
一二	一八〇〇	四七	四月半ば、遠藤文石編『百韻翁草』に「三河の低馬」の名で序文寄せる	
享和 一	一八〇一	四八	一月、深浦の竹越貞易に「社参次第神拝進退伝」を与える○六月一二日、真澄が送ったロシア銀貨、植田義方に届く○八月二一日、弘前を去る○一一月四日、深浦を旅立ち、秋田に向う。竹越貞政（貞易か）が同道する○五日、大間越の関所を越える○六日、能代に着き、尾張屋（伊藤氏）に泊る○一三日、土崎永覚町の矢守某の家に行き滞在○一六日、竹越氏帰る○一二月半ば、久保田に移り、年の市を見る	『邇辞貴迺波末』『雪の道奥雪の出羽路』

二	一八〇二	四九	一月、久保田で正月を迎える○三月九日、七座山に登る○一二日、藤琴の加茂屋某らに案内され、平山（太良鉱山）に行く○六月二日、藤琴に戻る。一五日、再び平山に行き滞在○一〇月一二日、阿仁鉱山を出る○一六日、森吉山（守良大権現）に登る○一二月六日、湯の岱を出て、白糸の滝を見る○一六日、大滝温泉の奈良某の家に行く	『辞夏岐野莽望図』『雪能飽田寝』
三	一八〇三	五〇	一月、大滝温泉で新年を迎え、正月行事を記す○四月二一日、大滝の奈良某の家を出立○五月二日、大河某、武田成親らと白糸の滝に登る○四日、大葛鉱山に行く○六月二日、二井田に藤原泰衡の最期の地を訪ねる○一八日、釈迦内を出て松峯に登り、伝寿院で家宝の鈴を見る○二〇日、同所で峰入りを体験	『秀酒企の温濤』（白井真隅）『贄能辞賀楽美』
文化元	一八〇四	五一	一月、阿仁の川井で新年を迎える○八月一四日、久保田応供寺の湛然のもとを出立○一五日、天王村の天王社に詣で、脚摩乳・手摩乳の神事など記録する○二一日、船越の八竜社に詣でたあと、寒風山に登る○二七日、門前の浦の永禅院に至り宝物を見る○九月一〇日、芦崎の浦の姨御前社に寄る○一一日、能代の伊藤祐友の家に着く	『宇良の笛多幾』『阿仁迺沢水』『恩荷奴金風』
二	一八〇五	五二	七月四日、比内櫃崎の丸岡の家を出立○八月一〇日、森吉山に登る○一五日、マタギの根子村地主佐藤利右衛門の家に泊る○一六日、阿仁銀山の舘岡喜太郎の家に泊る○九月七日、阿仁の川井を出て、田代の布染屋松橋某の家に泊る○九日、新潟（田代の湖）	『美香弊の誉路臂』

			大滝・横滝を見る	
三	一八〇六	五三	二月二一日、能代を立ち、桧山に行く○二三日、浄明寺の獅絃らと母爺に登る○三月一五日、小町清水のある小町村付近を歩く○一九日、能代に着く○三月二四日、相沢光武に誘われ、桧山の散り桜の見物にでかけ、古城に登る○四月一三日、能代にあり、医者照井象賢らと荻野の沼などめぐる○五月七日、能代近くの椙沢権現のあたりで知人らと薬狩りをする○七月五日、能代を出る○九日、岩館の菊池某に泊り、翌日大越某とともに舟に乗り、笛滝を見る	『霞むつきほし』『宇良の笛多幾』
四	一八〇七	五四	春、山本郡岩河村長伝寺「番匠祖神」の軸に「白井真澄」の署名用いる○三月初、岩館を立つ○二二日、椿の浦に行く○二三日、母爺の薬師峯に登り、蔓菫を採取する○四月二〇日、横内村の人々とともに、猫森の観音十一面菩薩に詣でたあと、河内の近右衛門の家に行く○二四日、大柄の温泉に行く○二五日、同温泉の奥にある下夕滝、上滝を見る○二六日、陸奥の狭布の温泉に行こうと、能代を出立する○二七日、大館に着くが、松前渡りの軍装の人々で泊れず、雪沢の里まで行く○五月末、盛岡領の鹿角に入り、毛馬内に至る○八月一九日、十和田山に登ろうと毛馬内を出立○二〇日、級の木長根で十和田湖を眺めたあと、駒が嶺政福がいる大倉鉛山の役所に入る○二九日、休屋の青竜大権現に詣で、マタギの小屋に泊る○九月一九日、銚子大滝を見る	『雄賀良能多奇』『錦木(仮題)』『十曲湖』

五	一八〇八	五五	春、能代に滞在○夏の初、臼沢の山郷にあり、『百臼の図』を編集	『百臼之図』
六	一八〇九	五六	七月一日、五城目近く山内郷輪田（和田）の伊東某の家に昨夜より滞在○一〇日、今戸付近を歩き南朝頃の碑を見る○この年、民謡集『ひなの一ふし』を編集	『夷舎奴安装婢』『ひなの一ふし』
七	一八一〇	五七	一月、谷地中（五城目町）の佐藤某の家に滞在し、正月行事を記す○『比遠能牟良君』序にはじめて「菅江の真澄」を使用○一八日、今戸浦より入り、八郎潟の氷魚の網曳を見る○三月二一日、姨御前（手摩乳）のある芦崎に泊る○四月七日、真山の麓から真山に登り、さらに本山（赤神の嶽）に至る。鹿の食害を聞く○一〇日、真山の光飯寺で寺宝を見る○一四日、北浦の医者林宗鉄の松菊舎を訪ねる○二二日、温泉郷（湯本）の村長平賀のもとに泊る○五月半ば、北浦を出て平沢の石垣某に至り、滞在○六月、本山、真山などの祭りがあったが、風邪を引き見物できず○二四日、畠崎を出て塩戸の浦の海士の家に泊り、滞在○七月一三日、塩戸を出て、加茂の浦に着く○一七日、加茂から丸木舟で白糸の滝を見に出かける。また、門前の浦の永禅院に行き、薬師如来堂に入り寺宝を見る○一八日、門前を立ち、相川の小林某の家に至り、滞在○八月二七日、島田に逗留中大地震に遭い、山が崩れ竹林に逃れる○一〇月二五日、谷地中の浦（男鹿市）に出る	『比遠能牟良君』『雄鹿の春風』『小鹿の鈴風』『牡鹿の嶋風』『牡鹿の寒かぜ』
八	一八一一	五八	一月、宮沢の海士の家で新年を迎え、正月行事記す○三月半ばよ	『牡鹿の寒かぜ』『簷

			り岩瀬村の小埜氏の家にあり○四月初め、脇本の浦の神主伊東某のもとに行き、久保田の茂木知利と会う○五月一二日、小泉村の奈良某の家で、茂木、那珂通博、広瀬有利らと会合○夏、荒河光弘の別宅を訪ね「五城の目森明庵の記」を書く○七月初め、寺内の鎌田正家の家に滞在。この頃、久保田に出て藩主佐竹義和より仙北筋の巡遊を許される○七月末、高階貞房、菅江真澄の「鈴の図」を写す○八月一〇日、那珂通博に誘われ、江田純玉・広瀬有利らと黒沢の勝手明神に詣でる○秋、代表的な随筆『布伝能麻迩万理』が「椎屋」（久保田の住居）で起筆される	酒金棣棠』『勝手能雄弓』『布伝能麻迩万理』（序）
九	一八一二	五九	二月初、鎌田正家らと寺内の旧跡を訪ね歩く○三月初、再び正家らと寺内を歩く○春、寺内の梅の花湯を売るあるじのために「梅の花湯の記」を書く○七月一六日、那珂通博に太平山の月見に誘われ、正家および土崎の岩谷貞雅とともに寺内を出立○一九日、目長崎を立ち、七〜八人で太平山に登る○一〇月二七日、荒屋敷村を出発し、その後太平山など景勝地を写生して歩く	『水ノ面影』『月迺遠呂智泥』『雪能袁呂智泥』
一〇	一八一三	六〇	三月二〇日、仁別の大嶋多治兵衛の家に泊る○二一日、向村の長滝を見る○春、秋田藩の地誌、雪月花三部作を構想する（『花の出羽路の目』）	「あさひ川」（『布伝能麻迩万理』五）『花の伊伝波路』（序）
一一	一八一四	六一	五月一日、久保田を立ち、雄勝郡の調査に向う○四日、雄勝郡松岡山で狐火を見る○一七日、杉宮に詣でる○六月、杉宮で避暑、	『増補雪の出羽路』（雄勝郡一、夏五月）

			宝物を写生○八月一九日、檜山の高橋のもとを出て、朴ノ木台、赤滝など歩く○九月五日、板戸を出て川原毛温泉に至り、石硫黄を製する長の家に泊る○一〇月二〇日、雄勝郡菅生村佐藤太治兵衛宛手紙に、『秋田の刈寝』など二六冊を学館へ差出し尊覧に呈することになったと記す	『駒形日記』『高松日記』
一二	一八一五	六二	一月、柳田で正月を迎える○三日、杉宮の削花の神事を見る○三月、雄勝郡の調査を終え久保田に戻る○同月半ば過ぎの日、山本某の家を出て、山の手の吉野桜、北の丸の花の朝市などめぐる○四月一〇日、高階貞房宛手紙に大友直枝、鳥屋長秋ら国学の知人の近況を記す○七月八日、藩主義和、久保田城内で急死し、真澄衝撃を受ける○このため、『雪の出羽路雄勝郡』など草稿のまま中断する	『花のしぬのめ』
一三	一八一六	六三	春、久保田の大野氏市女、土崎湊の間杉辰明らと歌会○九月二一日、紀伊国加太浦の神主坂本直房（俳名吉彦）、真澄の久保田の旅館に来訪	
一四	一八一七	六四	五月二〇日、新々館（本誓寺）で、住職の是観、西勝寺の公教、真澄の三人で和歌を詠み合い、『道の夏くさ』を編む○六月、米代川の氾濫により北比内の小勝田村の埋没家屋出現○八月または九月一五日、寺内の鎌田正安と月見・紅葉折に出かけ、西来院の前に庵を構える尾張出身の盲法師即成を訪ねる○二五日、山崩れで出た調度類を見ようと、土崎の岩谷宗賀のもとを立つ	『埋没家屋（仮題）』『支干六十字六方柱ノ考』『をかたのつと』（断簡、『椎の葉』）

文政元	一八一八	六五	三月初、十二所の吹谷氏のもとにあり、鹿角の桜花見物に誘われる（あるいは翌年か）○五日、折橋の関を越え、鹿角の花輪に至る○一〇月一日、薬売買の帳面に、大館などでの自家製の薬の販売を記す。	『上津野の花』（『華能しらかみ』、四年説あり）『新古祝甕品類之図』『雪能夜万踰え』
二	一八一九	六六	秋田郡の村々を売薬しながら出土物の調査をしていたか○一二月一〇日、五城目の加賀屋彦兵衛のもとを出立、黒土村に至り、里長石井与右衛門の家に泊る○一九日、中津俣、長面などを経て脇村に至る	
三	一八二〇	六七	春、森吉嶽の麓に滞在○冬、久保田本誓寺の是観のもとに滞在○三〇日、久保田の中ノ町に移る	
四	一八二一	六八	一月、中ノ町で新年を迎える○一八日、是観と土崎湊に行き、舟木武定の家で歌会○閏一月一日、おたぎ町の武藤盛達を是観らと訪ね、歌会○七日、古河町の吉川忠行の家で歌会○二月一一日、本誓寺恵観から父是観の寿像に歌を書くよう頼まれる○二月二五日、是観、東本願寺門主の越後入りに拝するため出立。是観に二月初清書した「ひをのむらぎみ」を託し、東本願寺に献上するか	『華の山口』『槻のわか葉』（『華能しらかみ』）『久宝田能おちぼ』（序）『笹ノ屋日記』（『かぜのおちば』）
五	一八二二	六九	○三月二日、河辺郡の大戸村の保長松淵正治の家に至り、滞在○二九日、鳥屋長秋の「養老田の記」に「おゆのわかゆ田」を書き添える○四月一七日、大戸を出立し、久保田に来る○五月八日、長野坊の小野寺の館にあり、真澄のもとに越後の橘由之来訪○秋	

			の半ば、この頃より中屋敷の土屋琴斎のもとに滞在〇一一月一七日、琴斎の家から同町の伊藤氏のもとに移り、小柯亭（笹の屋）を営む〇一二月、明徳館に真澄の日記五〇冊余献納する	
六	一八二三	七〇	一月一日、笹の屋で元旦を迎え、人生で思い出深い人々の亡霊の名をあげ斎いまつる〇二月五日、岡見順平来訪〇二月一一日、肥前国佐賀の法師旭栄来訪〇二〇日、伊勢国の中西正高来訪〇六月二五日、『布伝能麻迩万珥』の一巻を笹の屋で書き終える〇この年、草稿のままであった『雪の出羽路雄勝郡』などを、翌年にかけて整理・編集する	『笹ノ屋日記』（『華能しらかみ』）
七	一八二四	七一	三月末、是観が錦木塚を見に旅立ち、歌を贈る〇五月九日、鳥屋長秋の家で、『布伝能麻迩万珥』の六巻を書き終える〇六月八日、同書の八巻を書き終える。ほどなく『布伝能麻迩万珥』全九巻完成か〇八月、『雪の出羽路平鹿郡』の編集のため、平鹿郡に赴き調査を開始〇一〇月二〇日、八沢木の大友家に移り、同家の「保呂羽山縁起」など古記録を調査〇一二月二三日、猿田村に移り越年	『さくらかり』下、『布伝能麻迩万珥』
八	一八二五	七二	一月、「鉢位山神社縁起」を書く〇二月、猿田村紫明神の縁起を書く〇七月二六日、遊覧著述のため、明徳館より合力銀・筆墨紙料を支給される〇一〇月二三日、明徳館より合力金を支給される	
九	一八二六	七三	春、横手付近を調査。五月までに平鹿郡の地誌完成か〇五月二九日、『月の出羽路仙北郡』の序を書く〇六月一三日、下荒川から	『雪の出羽路平鹿郡』

			面日村まで歩き、「面日日記」とする○七月一三日、小種村の村長加藤氏の家で『月の出羽路仙北郡』の一巻を書き終える○一二月二三日、同書の四巻の途中までを書き終える	
一〇	一八二七	七四	一月、神宮寺の里で新年迎え、正月行事を記録○六月二一日、外小友に入る○八月二五日、大曲属郷の『月の出羽路仙北郡』の十巻を書き終える	
一一	一八二八	七五	一月、六郷で新年を迎え、小正月行事を記録○八月一〇日、板見内村に入る。同村出原三郎兵衛の家に滞在中、真澄の肖像画描かれるか○一二月、野田村で歳末を迎える	
一二	一八二九	七六	春、長野村周辺を回村、それから雲然村に入る○六月二日、梅沢村に移り、まもなく発病○七月一九日、角館の神明宮、あるいは梅沢村で死去。寺内に移送し、鎌田正家の墓地に埋葬する。のち、三回忌に墓碑建立	『月の出羽路仙北郡』(二四巻まで清書、二五巻草稿)

主要参考文献（資料的なものを中心に掲載）

国指定重要文化財「菅江真澄遊覧記」（一九九一年、辻兵吉氏所蔵）※写本に国立公文書館所蔵本（内閣文庫本）、秋田県立博物館所蔵本（県庁本・図書館本）、東北大学附属図書館所蔵本などあり

秋田県指定有形文化財「菅江真澄著作」（一九五八年、大館市立中央図書館所蔵）

南部叢書刊行会編『南部叢書』六（真澄遊覧記）　南部叢書刊行会　一九二七年

深澤多市編『秋田叢書』三、五～一〇、一二　秋田叢書刊行会　一九二九～三三年、三五年

『来目路乃橋』（影印本・校訂本）　真澄遊覧記刊行会　三元社　一九二九年

※その後、一九三〇年にかけ『わがこゝろ』『伊那の中路』『奥乃手風俗』『菴の春秋』（以上三元社）、『ひなの一ふし』（郷土研究会）刊行

深澤多市編『秋田叢書別集』一～六（菅江真澄集）　秋田叢書刊行会　一九三〇～三三年

柳田國男『菅江真澄』　創元社　一九四二年　※『柳田國男全集』一二　筑摩書房　一九九八年

内田武志『松前と菅江真澄』　北方書院　一九四九年

内田武志編『菅江真澄未刊文献集』一・二　日本常民文化研究所　一九五三〜五四年
内田武志・宮本常一編訳『菅江真澄遊覧記』一〜五　平凡社　一九六五〜六八年
白山友正編『未刊菅江真澄遊覧記』　白帝社　一九六六年
小林文夫『陸中大原と菅江真澄』　草笛社　一九六七年
内田武志編『菅江真澄随筆集』　平凡社　一九六九年
内田武志・浅井敏・伊奈繁弌編『菅江真澄のふるさと』（私家版）　一九七〇年
※その後、『続菅江真澄のふるさと』（仲彰一・伊奈繁弌編、一九七七年）、『続々菅江真澄のふるさと』（同上編、一九八四年）発行
内田武志『菅江真澄の旅と日記』　未来社　一九七〇年
内田武志・宮本常一編『菅江真澄全集』一〜一二、別巻一（内田武志「菅江真澄研究」）　未来社　一九七一〜八一年
石井忠行「伊頭園茶話」『新秋田叢書』七〜一一　歴史図書社　一九七一〜七二年
『新編信濃史料叢書』一〇（「委寧能中路」「政員の日記」他）　信濃史料刊行会　一九七四年
秋田県立博物館編『菅江真澄と秋田の風土』　秋田県文化財保護協会　一九七五年
近藤恒次『賀茂真淵と菅江真澄』　橋良文庫　一九七五年
菅江真澄翁百五十年祭実行委員会編『菅江真澄と秋田』　加賀谷書店　一九七八年
浅野建二「菅江真澄と民俗芸能」一〜五（『文学』四七巻八・一〇・一一号〜四八巻一・二号）　岩波書店　一九七九〜一九八〇年

『菅江真澄研究』一～五八　菅江真澄研究会　一九八一年～二〇〇六年（継続）

岡崎市史編集委員会編『新編岡崎市史』一三（近世学芸）　岡崎市史編さん委員会　一九八四年

内田ハチ編『菅江真澄民俗図絵』上・中・下　岩崎美術社　一九八九年

田口昌樹『「菅江真澄」読本』一～五　無明舎出版　一九九四～二〇〇二年

稲雄次編『菅江真澄民俗語彙』　岩田書院　一九九五年

菊池武人編著『近世仙臺方言書・続翻刻編』（菅江真澄の方言抄）　明治書院　一九九五年

秋田県立博物館編『真澄紀行』（菅江真澄資料センター図録）　秋田県立博物館友の会　一九九六年

『真澄研究』一～一一　秋田県立博物館菅江真澄資料センター　一九九七年～二〇〇七年（継続）

堺比呂志『菅江真澄とアイヌ』　三一書房　一九九七年

「鄙廼一曲」（『新日本古典文学大系』62）　岩波書店　一九九七年

『菅江真澄没後百七十年記念遺墨資料展』　秋田県立博物館　一九九八年

磯沼重治編『菅江真澄研究の軌跡』　岩田書院　一九九八年　※「菅江真澄研究文献目録」を付す

『菅江真澄展』（図録）　豊橋市美術博物館　一九九九年

菅江真澄研究会編『復刻菅江真澄遊覧記総索引・歳時編』　秋田県立博物館　一九九九年

渡部綱次郎『近世秋田の学問と文化―和学編―』　古筆学研究所　一九九九年

新行和子（新行紀一編）『菅江真澄と近世岡崎の文化』　桃山書房　二〇〇一年

『真澄学』一～三　東北芸術工科大学東北文化研究センター

『かなせのさと』(菅江真澄資料センターだより) 一～三集(一～七〇号、継続) 二〇〇四年～〇六年
秋田県立博物館ミュージアムショップ 二〇〇六年
白井永二『菅江真澄の新研究』 おうふう 二〇〇六年
田口昌樹編『菅江真澄図絵集秋田の風景』 無明舎出版 二〇〇六年

著者略歴
一九五〇年青森県生まれ
一九八〇年立教大学大学院文学研究科博士課程単位取得退学
現在　宮城学院女子大学教授
主要著書
北方史のなかの近世日本　飢饉の社会史　アイヌ民族と日本人　近世の飢饉　飢饉から読む近世社会　蝦夷島と北方世界（編著）

人物叢書　新装版

菅江真澄

二〇〇七年（平成十九）十月一日　第一版第一刷発行

著者　菊池勇夫《きくちいさお》
編集者　日本歴史学会
代表者　平野邦雄
発行者　前田求恭
発行所　株式会社　吉川弘文館
東京都文京区本郷七丁目二番八号
郵便番号一一三―〇〇三三
電話〇三―三八一三―九一五一〈代表〉
振替口座〇〇一〇〇―五―二四四
http://www.yoshikawa-k.co.jp/
印刷＝株式会社 平文社
製本＝ナショナル製本協同組合

ISBN978-4-642-05241-2

『人物叢書』(新装版)刊行のことば

人物叢書は、個人が埋没された歴史書が盛行した時代に、「歴史を動かすものは人間である。個人の伝記が明らかにされないで、歴史の叙述は完全であり得ない」という信念のもとに、専門学者に執筆を依頼し、日本歴史学会が編集し、吉川弘文館が刊行した一大伝記集である。

幸いに読書界の支持を得て、百冊刊行の折には菊池寛賞を授けられる栄誉に浴した。

しかし発行以来すでに四半世紀を経過し、長期品切れ本が増加し、読書界の要望にそい得ない状態にもなったので、この際既刊本の体裁を一新して再編成し、定期的に配本できるような方策をとることにした。既刊本は一八四冊であるが、まだ未完である重要人物の伝記についても鋭意刊行を進める方針であり、その体裁も新形式をとることとした。

こうして刊行当初の精神に思いを致し、人物叢書を蘇らせようとするのが、今回の企図である。大方のご支援を得ることができれば幸せである。

昭和六十年五月

日本歴史学会

代表者 坂本太郎

朱舜水
池田光政
山鹿素行
井原西鶴
松尾芭蕉
三井高利
河村瑞賢
徳川光圀
契沖
市川団十郎
伊藤仁斎
徳川綱吉
貝原益軒
前田綱紀
近松門左衛門
新井白石
鴻池善右衛門
石田梅岩
太宰春台
徳川吉宗
大岡忠相

賀茂真淵
平賀源内
与謝蕪村
三浦梅園
毛利重就
本居宣長
山村才助
木内石亭
小石元俊
山東京伝
杉田玄白
塙保己一
上杉鷹山
大田南畝
小林一茶
大黒屋光太夫
島津重豪
狩谷棭斎
最上徳内
渡辺崋山
柳亭種彦

香川景樹
平田篤胤
間宮林蔵
滝沢馬琴
調所広郷
橘守部
黒住宗忠
水野忠邦
帆足万里
江川坦庵
藤田東湖
広瀬淡窓
大原幽学
島津斉彬
月照
橋本左内
井伊直弼
吉田東洋
佐久間象山
真木和泉
高島秋帆

シーボルト
高杉晋作
川路聖謨
横井小楠
山内容堂
江藤新平
和宮
西郷隆盛
ハリス
森有礼
松平春嶽
中村敬宇
河竹黙阿弥
寺島宗則
樋口一葉
ジョセフ＝ヒコ
勝海舟
臥雲辰致
黒田清隆
伊藤圭介
福沢諭吉

星亨
中江兆民
西村茂樹
正岡子規
清沢満之
滝廉太郎
田口卯吉
福地桜痴
陸羯南
児島惟謙
荒井郁之助
幸徳秋水
ヘボン
乃木希典
石川啄木
桂太郎
岡倉天心
加藤弘之
山路愛山
伊沢修二
秋山真之

前島密
成瀬仁蔵
前田正名
大隈重信
山県有朋
大井憲太郎
富岡鉄斎
大正天皇
津田梅子
豊田佐吉
渋沢栄一
有馬四郎助
武藤山治
坪内逍遥
山室軍平
南方熊楠
中野正剛
河上肇
御木本幸吉
尾崎行雄
緒方竹虎

▽以下続刊